墨人　著

本全集保留作者手批手稿

墨人博士作品全集【全60冊】

第四十七冊　沙漠王子

文史哲出版社印行

國家圖書館出版品預行編目資料

墨人博士作品全集 / 墨人著 -- 初版 -- 臺北市:文史哲, 民 100.12
頁： 公分
ISBN 978-957-549-987-7 (全套 60 冊：平裝)

1.現代文學 2. 中國文學 3.別集

848.6 100022602

墨人博士作品全集【全60冊】

第四十七冊 沙 漠 王 子

著 者：墨 人
出 版 者：文 史 哲 出 版 社
http://www.lapen.com.tw
登記證字號：行政院新聞局版臺業字五三三七號
發 行 人：彭 正 雄
發 行 所：文 史 哲 出 版 社
印 刷 者：文 史 哲 出 版 社
臺北市羅斯福路一段七十二巷四號
郵政劃撥帳號：一六一八〇一七五
電話886-2-23511028 · 傳真886-2-23965656

【全60冊】定價新臺幣 36,800 元

中華民國一百年（2011）十二月初版

ISBN 978-957-549-987-7 08992

墨人博士著作品全集　總目

一、散文類

二、長篇小說

三、中短篇小說散文合集

四、詩詞及論評

墨人的一部文學千秋史

張萬熙先生，筆名墨人，江西九江人，民國九年生。為一位享譽國內外名小說家、詩人、學者。歷任軍、公、教職。六十五歲始自從國民大會簡任一級加年功俸的資料組長兼圖書館長公職崗位退休，但已是中國文壇上一位閃亮的巨星。出版有：《全唐詩尋幽探微》、《紅樓夢的寫作技巧》、二百九十多萬字的大長篇小說《紅塵》、《白雪青山》、《春梅小史》；詩集：《哀祖國》；散文集：《小園昨夜又東風》……。民國五十年、五十一年連續以短篇小說，兩次入選維也納納富出版公司出版的《世界最佳小說選集》。七十歲時自東吳大學中文系教席二度退休，仍著述不輟，為國寶級文學家。墨人博士在臺勤於創作六十多年（在大陸時期已創作十年），並以其精通儒、釋、道之學養，綜理戎機、參贊政務、作育英才，更以其對傳統文學的精湛造詣，與對新文藝的創作，在國際上贏得無數榮譽，如：美國世界大學榮譽文學博士、美國馬奎士國際大學榮譽文學博士、美國艾因斯坦國際學院榮譽人文學博士（包括哲學、文學、藝術、語言四類）、英國劍橋國際傳記中心副總裁（代表亞洲）、英國莎士比亞詩、小說與人文學獎得主，現在出版《全集》中。

壹、家世·堂號

張萬熙先生，江西省德化人（今九江），先祖玉公，明末時以提督將軍身份鎮守雁門關，蒙古騎兵入侵，戰死於東昌，後封爲「河間王」。其子輔公，進士出身，歷任文官。後亦奉召領兵「三定交趾」，因戰功而封爲「定興王」。其子貞公亦有兵權，因受奸人陷害，自蘇州嘉定（即今上海市一區），謫居潯陽（今江西九江）。祖宗牌位對聯爲：嘉定源流遠，潯陽歲月長；右書「清河郡」、左寫「百忍堂」。

貳、來臺灣的過程

民國三十八年，時局甚亂，張萬熙先生攜家帶眷，在兵荒馬亂人心惶惶時，張先生從湖南長沙火車站，先將一千多度的近視眼弱妻，與四個七歲以下子女，從車窗口塞進車廂，自己則擠在廁所內動彈不得，千辛萬苦的從湖南長沙搭火車南下廣州，從廣州登商輪來臺。七月三日抵基隆，由同學顧天一先生，接到臺北縣永和鎮鄉下暫住。

參、在臺灣一甲子奮鬥的過程

一、初到臺灣的生活

家小安頓妥後，張萬熙先生先到臺北萬華，一家新創刊的《經濟快報》擔任主編，但因財務不濟，四個月不到便草草結束。幸而另謀新職，舉家遷往左營擔任海軍總司令辦公室秘書，負責紀錄整理所有軍務會報紀錄。

民國四十六年，張先生自左營來臺北任職國防部史政局編纂《北伐戰史》（歷時五年多浩大工程，編成綠布面精裝本、封面燙金字《北伐戰史》叢書），完成後在「八二三」炮戰前夕又調任國防部總政治部，主管陸、海、空、聯勤文宣業務，四十七歲自軍中正式退役後轉任文官，在臺北市中山堂的國民大會主編研究世界各國憲法政治的十六開大本的《憲政思潮》，作者、譯者都是台灣大學、政治大學的教授、系主任，首開政治學術化先例。

張先生從左營遷到臺北大直海軍眷舍，只是由克難的甘蔗板隔間眷舍改爲磚牆眷舍，大小一般，但邊間有一片不小的空地，子女也大了，不能再擠在一間房屋內，因此，張先生加蓋了三間竹屋安頓他們。但眷舍右上方山上是一大片白色天主教公墓，在心理上有一種「與鬼爲鄰」的感覺。張夫人有一千多度的近視眼，她看不清楚，子女看見嘴裡不講，心裡都不舒服。張先生自軍中假退役後，只拿八成俸。

張先生因爲有稿費、版稅，還有些積蓄，除在左營被姓譚的同學騙走二百銀元外，剩下的積蓄還可以做點別的事。因爲住左營時在銀行裡存了不少舊臺幣，那時左營中學附近的土地只要三塊多錢一坪，張先生可以買一萬多坪。但那時政府的口號是「一年準備，兩年反攻，三年掃蕩，五年成功。」張先生信以爲真，三十歲左右的人還是「少不更事」，平時又忙著上班、寫作，實在不懂政治、經濟大事，以爲政府和「最高領袖」不會騙人，五年以內真的可以回大陸，張先生又有「戰士授田證」。沒想到一改用新臺幣，張先生就損失一半存款，呼天不應。但天理不容，姓譚的同學不但無后，也死了三十多年，更沒沒無聞。張先生作人、看人的準則是：無論幹什麼都是「誠信」第一，因果比法律更公平、更準。欺人不可欺心，否則自食其果。

二、退休後的寫作生活

張先生四十七歲自軍職退休後，轉任台北市中山堂國大會主編十六開大本研究各國憲法政治的《憲政思潮》十八年，時任簡任一級資料組長兼圖書館長。並在東吳大學兼任副教授二十年、香港廣大學院指導教授、講座教授、指導論文寫作、不必上課。六十四歲時即請求自公職提前退休，以業務重要不准，但取得國民大會秘書長（北京朝陽大學法律系畢業）何宜武先生的首肯，六十五歲依法退休。當時國民大會、立法院、監察院簡任一級主管多延至七十歲退休，因所主管業務富有政治性，與單純的行政工作不同，六十五歲時張先生雖達法定退休年齡，還是延長了四個月才正式退休，何秘書長宜武大惑不解地問張先生：「別人請求延長退休而不可得，你為什麼反而要求退休？」張先生答以「專心寫作」，何秘書長才坦然不疑。退休後日夜寫作，因胸有成竹，很快完成了一百九十多萬字的大長篇小說《紅塵》，在鼎盛時期的《臺灣新生報》連載四年多，開中國新聞史中報紙連載最大長篇小說先河。但報社還不敢出版，經讀者熱烈反映，才出版前三大冊。當年十二月即獲行政院新聞局「著作金鼎獎」與嘉新文化基金會「優良著作獎」，亦無前例。《台灣新生報》又出九十三章至一百二十二章，只好名為《續集》。墨人在書前題五言律詩一首：

浩劫未埋身，揮淚寫紅塵，非名非利客，孰晉孰秦人？

毀譽何清問？吉凶自有因。天心應可測，憂道不憂貧。

二〇〇四年初，巴黎 youfeng 書局出版豪華典雅的法文本《紅塵》，亦開「五四」以來中文作家大長篇小說進入西方文學世界重鎮先河。時為巴黎舉辦「中國文化年」期間，兩岸作家多由政府資助出席，張先生未獲任何資助，亦未出席，但法文本《紅塵》卻在會場展出，實爲一大諷刺。張先生一生「只問耕耘，不問收穫」的寫作態度，七十多年來始終如一，不受任何外在因素影響。

肆、特殊事蹟與貢獻

一、《紅塵》出版與中法文學交流

《紅塵》寫作時間跨度長達一世紀，由清朝末年的北京龍氏家族的翰林第開始，寫到八國聯軍、滿清覆亡、民國初建、八年抗日、國共分治下的大陸與臺灣，續談臺灣的建設發展、開放大陸探親等政策。空間廣度更遍及大陸、臺灣、日本、緬甸、印度，是一部中外罕見的當代文學鉅著。墨人五十七歲時應邀出席在西方文藝復興聖地佛羅倫斯所舉辦的首屆國際文藝交流大會，會後環遊地球一周。七十歲時應邀訪問中國大陸四十天，次年即出版《大陸文學之旅》。《紅塵》一書最早於臺灣新生報連載四年多，並由該報連出三版，臺灣新生報易主後，將版權交由昭明出版社出版定本六卷。由於本書以百年來外患內亂的血淚史爲背景，寫出中國人在歷史劇變下所顯露的生命態度、文化認知、人性的進取與沉淪，引起中外許多讀者極大共鳴與回響。

旅法學者王家煜博士是法國研究中國思想的權威，曾參與中國古典文學的法文百科全書翻譯工作，他認爲深入的文化交流仍必須透過文學，而其關鍵就在於翻譯工作。從五四運動以來，中西文化交流一直是西書中譯的單向發展。直到九十年代文建會提出「中書外譯」計畫，臺灣作家才逐漸被介紹到西方，如此文學鉅著的翻譯，算是一個開始。

王家煜在巴黎大學任教中國上古思想史，他指出《紅塵》一書中所引用的詩詞以及蘊含中國思想的博大精深，是翻譯過程中最費工夫的部分。爲此，他遍尋參考資料，並與學者、詩人討論，歷時十年終於完成《紅塵》的翻譯工作，本書得以出版，感到無比的欣慰。他笑著說，這可說是「十年寒窗」。

《紅塵》法文譯本分上下兩大冊，已由法國最重要的中法文書局「友豐書店」出版。友豐負責人潘立輝謙沖寡言，三十年多來，因對中法文化交流有重大貢獻而獲得法國授予文化「騎士勳章」的榮譽。他於五年前開始成立出版部，成爲歐洲一家以出版中國圖書法文譯著爲主業的華人出版社。

潘立輝表示，王家煜先生的法文譯筆典雅、優美而流暢，使他收到「紅塵」譯稿時，愛得不忍釋手，他以一星期的時間一口氣看完，經常讀到凌晨四點。他表示出版此書不惜成本，不太可能賺錢，卻感到十分驕傲，因爲本書能讓不懂中文的旅法華人子弟，更瞭解自己文化根源的可貴之處，同時，本書的寫作技巧必對法國文壇有極大影響。

二、不擅作生意

張先生在六十五歲退休之前，完全是公餘寫作，在軍人、公務員生活中，張先生遭遇的挫折不少。軍職方面，張先生只升到中校就不做了，因爲過去稱張先生爲前輩、老長官的人都成爲張先生的上司，張先生怎麼能做？因爲張先生的現職是軍聞社資料室主任（他在南京時即任國防部新創立的「軍事新聞總社」實際編輯主任，因言守元先生是軍校六期老大哥，未學新聞，不在編輯之列）。但張先生以不求官，只求假退役，不擋人官路，這才退了下來。那時養來亨雞風氣盛行，在南京軍聞總社任外勤記者的姚秉凡先生頭腦靈活，他即時養來亨雞，張先生也「東施效顰」，結果將過去稿費積蓄全都賠光。

三、家庭生活與運動養生

張先生大兒子考取中國廣播公司編譯，結婚生子，廿七年後才退休，長孫修明取得美國南加州大學電機碩士學位，之後即在美國任電機工程師。五個子女均各婚嫁，小兒子選良以獎學金取得美國華盛頓大學化學工程博士，媳蔡傳惠爲伊利諾理工學院材料科學碩士，兩孫亦已大學畢業就業，落地生根。

張先生兩老活到九十一、九十二歲還能照顧自己。（近年以一印尼女「外勞」代做家事）張先生一伏案寫作四、五小時都不休息，與臺大外文系畢業的長子選翰兩人都信佛，六十五歲退休後即吃全素。低血壓十多年來都在五十五至五十九之間，高血壓則在一百一十左右，走路「行如風」，年輕人很多都跟不上張先生，比起初來臺灣時毫不遜色，這和張先生運動有關。因爲張先生住大直後山海軍眷舍八年，眷舍右上方有一大片白色天主教公墓，諸事不順，公家宿舍小，又當西曬，張先生靠稿費維持七口之家和五個子女的教育費。三伏天右手墊塡著毛巾，背後電扇長吹，三年下來，得了風濕病，手都舉不起來，花了不少錢都未治好。後來章斗航教授告訴張先生，圓山飯店前五百完人塚廣場上，有一位山西省主席閻錫山的保鑣王延年先生在教太極拳，勸張先生天一亮就趕到那裡學拳，一定可以治好。張先生一向從善如流，第二天清早就向王延年先生報名請教，王先生有教無類，收張先生這個年已四十的學生，王先生先不教拳，只教基本軟身功攀腿，卻受益非淺。

四、耿直的公務員性格

張先生任職時向來是「不在其位，不謀其政」。後來升簡任一級組長，有一位「地下律師」的專員，平時鑽研六法全書，混吃混喝，與西門町混混都有來往，他的前任為大畫家齊白石女婿，平日公私不分，是非不明，借錢不還，沒有口德，人緣太差，又常約那位「地下律師」專員到家中打牌。那專員平日不簽到，甚至將簽到簿撕毀他都不哼一聲，因爲爲他多報年齡，屆齡退休時想更改年齡，但是得罪人太多，金錢方面更不清楚，所以不准再改年齡，組長由張先生繼任。

張先生第一次主持組務會報時，那位地下律師就在會報中攻擊圖書科長，張先生立即申斥，並宣佈記過。簽報上去處長都不敢得罪那地下律師，又說這是小事，想馬虎過去，張先生以秘書處名譽紀律爲重，非記過不可，讓他去法院告張先生好了。何宜武祕書長是學法的，他看了張先生簽呈同意記過，那位地下律師「專員」不但不敢告，只暗中找一位不明事理的國大「代表」來找張先生的麻煩。因事先有人告訴他，張先生完全不理那位代表，他站在張先生辦公室門口不敢進來，幾分鐘後悄然而退。人不怕鬼，鬼就怕人。諺云：「一正壓三邪」，這是經驗之談。直到張先生退休，那位專員都不敢惹事生非，西門町流氓也沒有找張先生的麻煩，當年的代表十之八九已上「西天」，張先生活到九十二歲還走路「行如風」，一坐到書桌，能連續寫作四、五小時而不倦，不然張先生怎麼能在兩岸出版約三千萬字的作品？

原載新文豐《紮根台灣六十年》，墨人民國一百年十一月十三日校正）

墨人博士作品全集

文學是千秋藝業
秦皇漢武今何在
李白杜甫仍風流

全集共分四大類
一、散文類　二、小說類
三、文學理論類
四、新詩古典詩詞類

我出生於一個「萬般皆下品，惟有讀書高」的傳統文化家庭，且深受佛家思想影響，因祖母信佛，兩個姑母先後出家，大姑母是帶著賠嫁的錢購買依山傍水風景很好，上名山廬山的必經之地的「天后宮」出家的，小姑母的廟則在鬧中取靜的市區。我是父母求神拜佛後出生的男子，並寄名佛下，乳名聖保，上有二姊下有一妹都夭折了，在那個重男輕女的時代！我自然水漲船高了。我記得四、五歲時一位面目清秀，三十來歲文質彬彬的李晧子替我算命，母親問李晧子，我的命根穩不穩？能不能養大成人？李晧子說我十歲行運，幼年難免多病，可以養大成人，但是會遠走高飛。母親聽了憂喜交集，在那個時代不但妻以夫貴。也以子貴，有兒子在身邊就多了一層保障。母親的心理壓力很大，李晧子的「遠走高飛」那句話可不是一句好話。

到現在八十多年了，我還記得十分清楚。母親暗自憂心。何況科舉已經廢了，不必「進京趕考」，更不會「當兵吃糧」，安安穩穩作個太平紳士或是教書先生不是很好嗎？我們張家又是大族，人多勢眾，不會受人欺侮，何況二伯父的話此法律更有權威，人人敬仰，去外地「打流」又有什麼好處？因此我剛滿六歲就正式拜孔夫子入學啓蒙，從《三字經》、《百家姓》、《千字文》、《千家詩》、《論語》、《大學》、《中庸》……《孟子》、《詩經》、《左傳》讀完了都要整本背，在十幾位學生中，也只有我一人能背，我背書如唱歌，窗外還有人偷聽，他們實在缺少娛樂。除了我父親下雨天會吹吹笛子、簫，消遣之外，沒有別的娛樂，我自幼歡喜絲竹之音，但是很少聽到。讀書的人也只有我們三房、二房兩兄弟，二伯父在城裡當紳士，偶爾下鄉排難解紛，他是一族之長，更受人尊敬，因爲他大公無私，又有一百八十公分左右的身高，眉眼自有威嚴，能言善道，他的話比法律更有效力，加之民性純樸，真是「夜不閉戶，道不失遺」。只有「夏都」廬山才有這麼好的治安。我十二歲前就讀完了四書、詩經、左傳、千家詩。我最喜歡的是《千家詩》和《詩經》。

關關睢鳩，在河之洲，

窈窕淑女，君子好逑。

我覺得這種詩和講話差不多，可是更有韻味。我就喜歡這個調調。《千家詩》我也喜歡，我背得更熟。開頭那首七言絕句詩就很好懂：

雲淡風清近午天，傍花隨柳過前川。

時人不識余心樂，將謂偷閒學少年。

老師不會作詩，也不講解，只教學生背，我覺得這種詩和講話差不多，但是更有韻味。我也了解大意，我以讀書爲樂，不以爲苦。這時老師方教我四聲平仄，他所知也止於此。

我也喜歡《詩經》，這是中國最古老的詩歌文學，是集中國北方詩歌的大成。可惜三千多首被孔子刪得只剩三百首。孔子的目的是：「詩三百，一言以蔽之，曰思無邪。」孔老夫子將《詩經》當作教條。詩是人的思想情感的自然流露，是最可以表現人性的。先民質樸，孔子既然知道「食色性也」，對先民的集體創作的詩歌就不必要求太嚴，以免喪失許多文學遺產和地域特性。楚辭和詩經不同，就是地域特性和風俗民情的不同。文學藝術不是求其同，而是求其異。這樣才會多彩多姿。文學不應成爲政治工具，但可以移風易俗，亦可淨化人心。我十二歲以前所受的基礎教育，獲益良多，但也出現了一大危機，沒有老師能再教下玄。幸而有一位年近二十歲的姓王的學生在廬山一未立案的國學院求學，他問我想不想去？我自然想去，但廬山夏涼，冬天太冷，父親知道我的心意，並不反對，他對新式的人手是刀尺的教育沒有興趣，我便在飄雪的寒冬同姓王的爬上廬山，我生在平原，這是第一次爬上高山。

在廬山我有幸遇到一位湖南岳陽籍的閻毅字任之的好老師，他只有三十二歲，飽讀詩書，與民國初期的江西大詩人散原老人唱和，他的王字也寫的好。有一天他要六七十位年齡大小不一的學生各寫一首絕句給他看，我寫了一首五絕交上去，廬山松樹不少，我生在平原是看不到松樹的，我是即景生情，信手寫來，想不到閻老師特別將我從大教室調到他的書房去，在他右邊靠牆壁另加一桌一椅，教我讀書寫字，並且將我的名字「熹」改為「熙」，視我如子。原來是他很欣賞我那首五絕中的「疏松月影亂」這一句。我只有十二歲，不懂人情世故，也不了解他的深意。時任漢口市長張群的侄子張繼文還小我一歲，卻是個天不怕、地不怕的小太保，江西省主席熊式輝的兩個小舅子大我幾歲，閻老師的侄子卻高齡二十八歲。學歷也很懸殊，有上過大學的、高中的，多是對國學有興趣，支持學校的袞袞諸公也都是有心人士，新式學校教育日漸西化，國粹將難傳承，所以創辦了這樣一個尚未立案的國學院，也未大張旗鼓正式掛牌招生，但聞風而至的要人子弟不少，校方也本著「有教無類」的原則施教，閻老師也是義務施教，他與隱居廬山的要人嚴立三先生也有交往。（抗日戰爭一開始嚴立三即出山任湖北省主席，諸閻老師任省政府秘書，此是後話。）同學中權貴子弟亦多，我雖不是當代權貴子弟，但九江先組玉公以提督將軍身分抵抗蒙古騎兵入侵雁門關戰死東昌(雁門關內北京以西縣名，一九九〇年我應邀訪問大陸四十天時去過。)而封河間王；其子輔公。以進士身分出仕，後亦應昭領兵三定交趾而封定興王；其子貞公亦有兵權，因受政客讒害而自嘉定謫居潯陽。大詩人白居易亦曾謫為江州司馬，我另一筆名即用江州司馬。我是黃帝第五子揮的後裔，他因善造弓箭而賜姓張。遠祖張良是推薦韓信為劉邦擊敗楚霸王項羽的漢初三傑之首。他有知人之明，深知劉邦可以共患難，不能共安樂，所以悄然引退，作逍遙遊，不像韓信為劉邦拼命打天下，立下汗馬功勞，雖封三齊王卻死於未央宮呂后之手。這就是不知進退的後果。我很敬佩張良這位遠祖，抗日戰爭初期(一九三八)我為不作「亡國奴」，即輾轉赴臨時首都武昌以優異成績考取軍校，一位落榜的姓熊的同學帶我們過江去漢口。中共未公開招生的「抗日大學」(當時國共合作抗日，中共在漢口以「抗大」名義吸收人才。)辦事處參觀，接待我們的是一位讀完大學二年級才貌雙全，口才奇佳的女生獨對我說負責保送我免試進「抗大」一期，因未提其他同學，我不去。一年後我又在軍校提前一個月畢業，因我又考取陪都重慶中央政府培養高級軍政幹部的中央訓練團，而特設的新聞「新聞研究班」第一期，與我同期的有為新詩奉獻心力的覃子豪兄(可惜五十二歲早逝)和中央社東京分社主任兼國際記者協會主席的李嘉兄。他在我訪問東京時曾與我合影留念，並親贈我精裝《日本專欄》三本。他七十歲時過世，這兩張照片我都編入「全集」一百九十多萬字的空前大長篇小說(紅塵)照片類中。而今在台同學只有兩位了。

民國二十八年(一九三九)九月我以軍官、記者雙重身分，奉派到第三戰區最前線的第三十二集團軍上官雲相總部所在地，唐宋八大家之一，又是大政治家王安石，尊稱王荊公的家鄉臨川，（屬撫州市）作軍事記者，時年十九歲，因第一篇戰地特寫《臨川新貌》經第三戰區長官都主辦的行銷甚廣的《前線日報》發表，隨即由淪陷區上海市美國人經營的《大美晚報》轉載，而轉爲文學創作，因我已意識到新聞性的作品易成「明日黃花」，文學創作則可大可久，我爲了寫大長篇《紅塵》、六十四歲時就請求提前退休，學法出身的秘書長何宜武先生大惑不解，他對我說：

「別人想幹你這個工作我都不給他，你爲什麼要退？」我幹了十幾年他只知道我是個奉公守法的張萬熙，不知道我是「作家」墨人，有一次國立師範大學校長劉真先生告訴他張萬熙就是墨人，劉校長看了我在當時的「中國時報」發表的幾篇有關中國文化的理論文章，他希望我繼續寫，劉校長真是有心人。沒想到他在何宜武秘書長面前過獎，使我不能提前退休，要我幹到六十五歲多四個月才退了下來。現在事隔二十多年我才提這件事。鼎盛時期的（台灣新生報）連載四年多的拙作《紅塵》出版前三冊時就同時獲得新聞局著作金鼎獎和嘉新文化基金會「優良著作獎」，劉真校長也是嘉新文化基金會的評審委員之一，他一定也是投贊成票的。「世有伯樂而後有千里馬」。我九十二歲了，現在經濟雖不景氣，但我還是重讀重校了拙作「全集」我一向只問耕耘，不問收穫，我歷任軍、公、教三種性質不同的職務，經過重重考核關卡，寫作七十三年，經過編者的考核更多，我自己從來不辦出版社。我重視分工合作。我頭腦清醒，是非分明，歷史人物中我更敬佩遠祖張良，不是劉邦。張良的進退自如我更歎服。在政治角力場中要保持頭腦清醒，人性尊嚴並非易事。我們張姓歷代名人甚多，我對遠祖張良的進退自如尤爲歎服，因此我將民國四十年在台灣出生的幼子依譜序取名選良。他早年留美取得化學工程博士學位，雖有獎學金，但生活仍然艱苦，美國地方大，出入非有汽車不可，這就不是獎學金所能應付的，我不能不額外支持，他取得化學工程博士學位與取得材料科學碩士學位的媳婦蔡傳惠雙雙回台北探親，且各有所成，幼子曾研究生產了飛機太空船用的抗高溫的纖維，媳婦則是一家公司的經理，下屬多是白人，兩孫亦各有專長，在台北出生的長孫是美國南加州大學的電機碩士，在經濟不景氣中亦獲任工程師，我不要第三代走這條文學小徑，是現實客觀環境的教訓，我何必讓第三代跟我一樣忍受生活的煎熬，這會使有文學良心的人精神崩潰的。我因經常運動，又吃全素二十多年，九十二歲還能連寫四、五小時而不倦。我寫作了七十多年，也苦中有樂，但心臟強，又無高血壓，一是得天獨厚，二是生活自我節制，我到現在血壓還是60—**110**之間，沒有變動，寫作也少戴老花眼鏡，走路仍然「行如風」，十分輕快，我在國民大會主編《憲政思潮》十八年，看到不少在大陸選出來的老代表，走路兩腳在地上蹉跎，這就來日不多了。個人的健康與否看他走路就可以判斷，作家寫作如在八十歲以後還不戴老花眼鏡，沒有高血壓，長命百歲絕無問題。如再能看輕名利，不在意得失，自然是仙翁了。健康長壽對任何人都很重要，對詩人作家更重要。

一九九〇年我七十歲應邀訪問大陸四十天作「文學之旅」時，首站北京，我先看望已九十高齡的老前輩散文作家，大家閨秀型的風範，平易近人，不慍不火的冰心，她也「勞改」過，但仍心平氣和。本來我也想看看老舍，但老舍已投湖而死，他的公子舒乙是中國現代文學館的副館長，他也出面接待我，還送了我一本他編寫的《老舍之死》，隨後又出席了北京詩人作家與我的座談會，參加七十賤辰的慶生宴，彈指之間卻已二十多年了。我訪問大陸四十天，次年即由台北「文史哲出版社」出版照片文字俱備的四二五頁的《大陸文學之旅》。不虛此行。大陸文友看了這本書的無不驚異，他們想不到我七十一高齡還有這樣的快筆，而又公正詳實。他們不知我行前的準備工作花了多少時間，也不知道我一開筆就很快。

我拜會的第二位是跌斷了右臂的詩人艾青，他住協和醫院，我們一見如故，他是浙江金華人，卻體格高大，性情直爽如燕趙之士，完全不像南方金華人。我們一見面他就緊握著我的手不放，侃侃而談，我不知道他編《詩刊》時選過我的新詩。在此之前我交往過的詩人作家不少，沒有像他如此豪放真誠，我告別時他突然放聲大哭，陪我去看他的北京新華社社長族侄張選國先生，陪我四十天作《大陸文學之旅》的廣州電視台深圳站站長高麗華女士，文字攝影記者譚海屏先生等多人，不但我爲艾青感傷，陪同我去看艾青的人也心有戚戚焉，所幸他去世後安葬在八寶山中共要人公墓，他是大陸唯一的詩人作家有此殊榮。台灣單身詩人同上校軍文黃仲琮先生，死後屍臭才有人知道，他小我二歲，如我不生前買好八坪墓地，連子女也只好將我兩老草草火化，這是與我共患難一生的老伴死也不甘心的，抗日戰爭時她父親就是我單獨送上江西南城北門外義山土葬的。這是中國人「入土爲安」的共識。也許有讀者會問這和文學創作有什麼關係？但文學創作不是單純的文字工作，而是作者整個文化觀、文學觀，人生觀的具體表現，不可分離。詩人作家不能「瞎子摸象」，還要有「舉一反三」的能力。我做人很低調。寫作也不唱高調，但也會作不平之鳴、仗義直言。我不鄉愿，我重視一步一個腳印，「打高空」可以譁眾邀寵於一時，但「旁觀者清」，讀者中藏龍臥虎，那些不輕易表態的多是高人。高人一旦直言不隱，會使洋洋自得者現出原形。作品一旦公諸於世，一切後果都要由作者自己負責，這也是天經地義的事。

我寫作七十多年無功無祿，我因熬夜寫作頭暈住馬偕醫院一個星期也沒有人知道，更不像大陸的當代作家、詩人是有給制，有同教授的待過，而稿費、版稅都歸作者所有。依據民國九十八年一月十日「中國時報」A十四版「二〇〇八年中國作家富豪榜單」二十五名收入人民幣的數字統計，第一高的郭敬明一年是一千三百萬人民幣，第二名鄭淵潔是一千一百萬人民幣，第三名楊紅櫻是九百八十萬人民幣。最少的第二十五名的李西閩也有一百萬人民幣，以人民幣與台幣最近的匯率近一比四‧五而言，現在大陸作家一年的收入就如此之多，是我一九九〇年應邀訪問大陸四十天作文學之旅時所未想像到的，而現在的台灣作家與我年紀相近的二十年前即已停筆，原因之一是發表出版兩難，二是年齡太大了。民國九十八年（二〇〇九）以前就有張漱菡（本名欣禾）、尹雪曼、劉枋、王書川、艾雯、嚴友梅六位去世，嚴友梅還小我四、五歲，小我兩歲的小說家楊念慈則行動不便，鬍鬚相當長，可以賣老了。我托天佑，又自我節制，二十多年來吃全素，又未停止運動，也未停筆，最近在台北榮民總醫院驗血檢查，健康正常。我也有我的養生之道，每天吃枸杞子明目，吃南瓜子抑制攝護腺肥大，多走路、少坐車，伏案寫作四、五小時而不疲倦，此非一日之功。

民國九十八（二〇〇九）己丑，是我來台六十周年，這六十年來只搬過兩次家，第一次從左營搬到台北大直海軍眷舍，在那一大片天主教白色公墓之下，我原先不重視風水，也無錢自購住宅，想不到鄰居的子女有得神經病的，有在金門車禍死亡的，大人有坐牢的，有槍斃的，也有得神經病的，我退役養雞也賠光了過去稿費的積蓄，讀台大外文系的大兒子也生病，我則諸事不順，直到搬到大屯山下坐北朝南的兩層樓的獨門獨院自宅後，自然諸事順遂，我退休後更能安心寫作，遠離台北市區，真是「市遠無兼味，地僻客來稀。」同里鄰的多是市井小民，但治安很好，誰也不知道我是爬格子的，連警察先生也不光顧舍下，除了近十年常有人打電話來騙我，幸未上大當外，我安心過自己的生活。當年「移民潮」去不了美國的也會去加拿大，我是「美國人」的祖父，我不移民美國，更別說去加拿大了。娑婆世界無常，早年即移民美國的琦君（本名潘希真）、彭歌，最後還是回到台灣來了，這不能說台灣是「天堂」，以我的體驗而言是台北市氣候宜人，夏天三十四度以上的日子少，冬天十度以下的日子也很少，老年人更不能適應零度以下的氣溫，我只有冬天上大屯山、七星山頂才能見雪。有高血壓、心臟病的老人更不能適應。我不想做美國公民，做台灣平民六十多年，也沒有自卑感。

娑婆世界是一個無常的世界，天有不測風雲，人有旦夕禍福，老子早說過：「福兮禍所倚，禍兮福所伏。」禍福無門，唯人自招。我一生不起歪念，更不損人利己，與人爲善。雖常吃暗虧，只當作上了一課。這個花花世界是我學不完的大教室，萬丈紅塵其中也有黑洞，我心存善念，更不造文字孽，不投機取巧，不違背良知，蒼天自有公斷，我本著文學良心寫作，盡其在我而已，讀者是最好的裁判。

民國一〇〇年（二〇一一）辛卯七月二十九日下午六時二十三分於紅塵寄廬

1951 年墨人 31 歲與夫人曾麗春女士（30 歲）結婚十周年紀念合影於左營

墨人博士七十壽辰與夫人曾麗春女士合影。此照為大翻譯家、文學理論家黃文範先生所攝，並在照片背後題「南山北海惟仁者壽」。

民國二十九年(1940)作者
墨人在江西南城戎裝照。

1939 年墨人即自戰時陪都四川重慶奉派至江西臨川王安石家鄉，第三戰區前線任軍事記者創辦軍報，提供抗日官兵精神食糧。時年 19 歲。

2010 年「五四」作者墨人 91 歲在花蓮和南寺家人合影

2003 年 8 月 26 日作者墨人（中）在含鄱口觀山景點與
作者長女韻華、長子選翰、三女韻湘、二女韻真合影。

2005 年 2 月作者次子選良（右一）回台北與父（右二）及
作者夫人（中）三女韻湘（左二）二女韻真（左一）合影。

作者墨人在書房留影，時年八十五歲。

《墨人博士大長篇小說〈紅塵〉法文譯本封面照片》

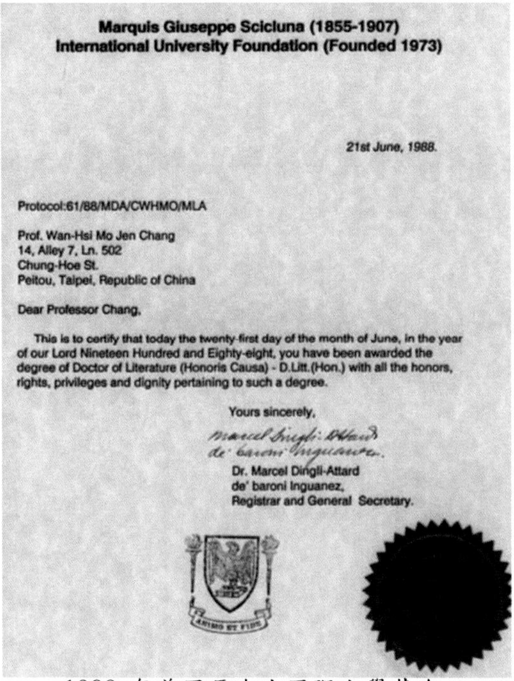

Marquis Giuseppe Scicluna (1855-1907)
International University Foundation (Founded 1973)

21st June, 1988.

Protocol:61/88/MDA/CWHMO/MLA

Prof. Wan-Hsi Mo Jen Chang
14, Alley 7, Ln. 502
Chung-Hoe St.
Peitou, Taipei, Republic of China

Dear Professor Chang,

This is to certify that today the twenty-first day of the month of June, in the year of our Lord Nineteen Hundred and Eighty-eight, you have been awarded the degree of Doctor of Literature (Honoris Causa) - D.Litt.(Hon.) with all the honors, rights, privileges and dignity pertaining to such a degree.

Yours sincerely,

Dr. Marcel Dingli-Attard
de' baroni Inguanez,
Registrar and General Secretary.

1988 年美國馬奎士國際大學基金會，授予張萬熙墨人教授榮譽文學博士學位證書。

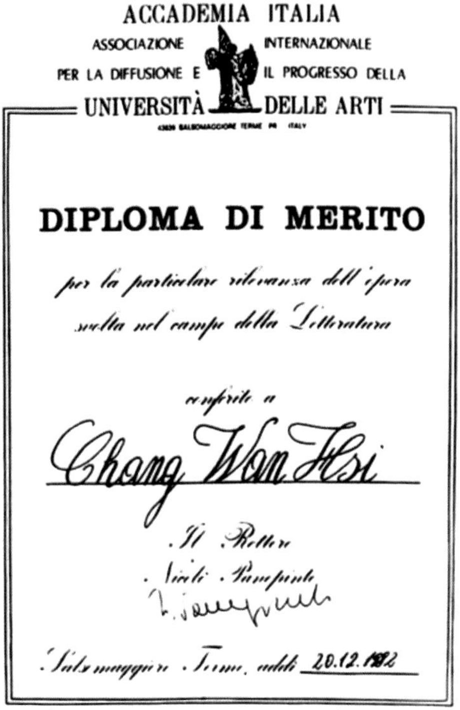

ACCADEMIA ITALIA
ASSOCIAZIONE INTERNAZIONALE
PER LA DIFFUSIONE E IL PROGRESSO DELLA
UNIVERSITÀ DELLE ARTI

DIPLOMA DI MERITO

per la particolare rilevanza dell' opera
scelta nel campo della Letteratura

conferito a

Chang Wan Hsi

Il Rettore
Nicola Pampinela

Salsomaggiore Terme, addì 20.12.1982

義大利出版英、法、德、義四種文字的「國際文學史」的 ACCADEMIA ITALIA, 1982 年授予墨人的文學功績證書。

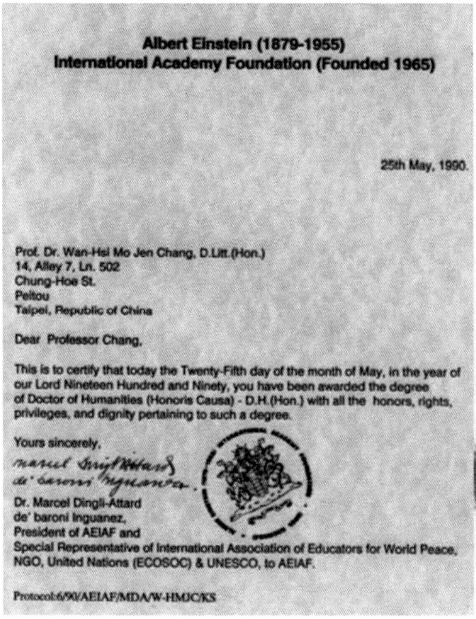

Albert Einstein (1879-1955)
International Academy Foundation (Founded 1965)

25th May, 1990.

Prof. Dr. Wan-Hsi Mo Jen Chang, D.Litt.(Hon.)
14, Alley 7, Ln. 502
Chung-Hoe St.
Peitou
Taipei, Republic of China

Dear Professor Chang,

This is to certify that today the Twenty-Fifth day of the month of May, in the year of our Lord Nineteen Hundred and Ninety, you have been awarded the degree of Doctor of Humanities (Honoris Causa) - D.H.(Hon.) with all the honors, rights, privileges, and dignity pertaining to such a degree.

Yours sincerely,

Dr. Marcel Dingli-Attard
de' baroni Inguanez,
President of AEIAF and
Special Representative of International Association of Educators for World Peace, NGO, United Nations (ECOSOC) & UNESCO, to AEIAF.

Protocol:6/90/AEIAF/MDA/W-HMJC/KS

1990 年美國愛因斯坦國際學院基金會授予張萬熙墨人教授榮譽人文學（含哲學文學藝術語言四種）博士學位

WORLD UNIVERSITY ROUNDTABLE
In Corporate Affiliation with the World University

Greetings

In recognition of Distinguished Achievement within the principles and purposes of the World University development, the Trustees of the Corporation, upon the nomination of the Secretariat, confer doctoral membership and this honorary award upon

Chang Wan-Hsi (Mo Jen)

The Cultural Doctorate in Literature

with all rights and privileges there to pertaining.

Witness our hand and seal at the International Secretariat Regional Campus, Benson, Arizona
April 17, 1989

President of the Board of Trustees

Secretary of the Board of Trustees

1989 年美國世界大學授予張萬熙墨人榮譽文學博士學位，文化大學創辦人張其昀（曉峰）先生亦獲此榮譽。

THIS PICTORIAL TESTIMONIAL OF ACHIEVEMENT AND DISTINCTION proclaims throughout the world that

DR. CHANG WAN-HSI (MO JEN)

is the recipient of the above-mentioned Honour, granted by the Board of Editors of the

2000 OUTSTANDING SCHOLARS OF THE 20TH CENTURY

meeting in Cambridge, England, on the date set out below, and that the Board also resolves that a portrait photograph of

DR. CHANG WAN-HSI (MO JEN)

be attached to this Testimonial as verification of the Honour bestowed.

2000 OUTSTANDING SCHOLARS OF THE 20TH CENTURY

First Edition

Signed and sealed on the

14th December 1999

Authorized Officer

1999 年 10 月張萬熙墨人博士榮登英國劍橋國際傳記中心《二十世二千位傑出學者》第一版證書。

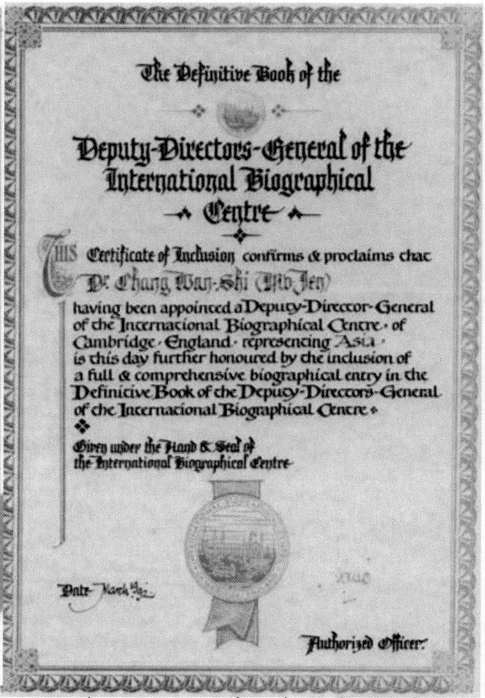
The Definitive Book of the

Deputy-Directors-General of the International Biographical Centre

THIS Certificate of Inclusion confirms & proclaims that Dr. Chang Wan-Shi (Mo Jen) having been appointed a Deputy-Director-General of the International Biographical Centre of Cambridge England representing Asia is this day further honoured by the inclusion of a full & comprehensive biographical entry in the Definitive Book of the Deputy-Directors-General of the International Biographical Centre.

Given under the Hand & Seal of the International Biographical Centre

Date March 1992

Authorized Officer

1992 英國劍橋國際傳記中心（I.B.C.）任張萬熙墨人博士為代表亞洲的副總裁。

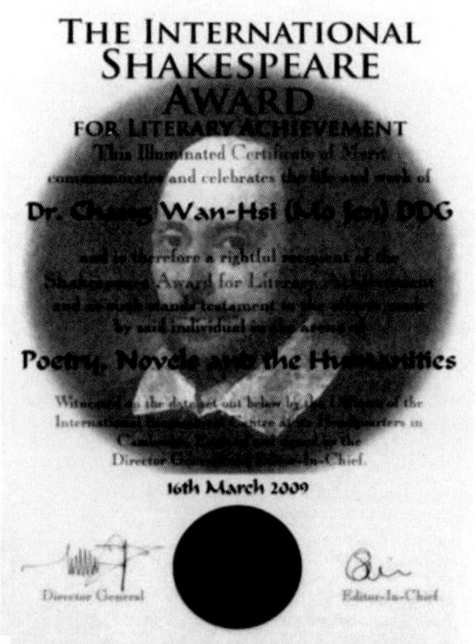
THE INTERNATIONAL SHAKESPEARE AWARD FOR LITERARY ACHIEVEMENT

This Illuminated Certificate of Merit commemorates and celebrates the life and work of

Dr. Chang Wan-Hsi (Mo Jen) DDG

and is therefore a rightful recipient of the Shakespeare Award for Literary Achievement

Poetry, Novels and the Humanities

16th March 2009

Director General　Editor-In-Chief

2009 年 3 月 16 日英國劍橋國傳記中心總裁與總編輯聯合授予張萬熙墨人博士國際莎士比亞文學成就獎。

International Biographical Centre Cambridge CB2 3QP England
Telephone: +44 (0) 1353 646600 Facsimile: +44 (0) 1353 646601

IBC

REF : LAA/MED/MW-13640

13 November 2002

Dr Chang Wan-Hsi (Mo Jen) DDG
14 Alley 7, Lane 502
Chung Ho Street
Peitou
Taipei
Taiwan

Dear Dr Chang

Please find enclosed the Medal in respect of the Lifetime Achievement Award which I hope meets with your approval.

Yours sincerely

M Whitehall

MICHELLE WHITEHALL
Personal Assistant to the Director General

Enc

英國劍橋國傳記中心(I.B.C.)2002 年頒發詩人作家張萬熙（墨人）博士終身成就獎，英文信及金牌正反面照片墨人早年即被 I.B.C.推選為副總裁。

沙漠王子 目次

爲墨人喝采

朱介凡

咱們在這裏，不是寫中國文學史。如果要說，墨人的小說寫作，在未來的歷史追溯上，會有他一頁。我想，現在提出這話，並不算言之過早。墨人今天孜孜懇懇，切守原則，不肯向市場歪風，低頭的苦幹精神，可以得到安慰。很有人爲他喝采。

墨人是絕無僅有的少數職業作家之一。記得他也在「筆陣」裏談過，國家社會，務要發展，創造條件，使多有些職業作家存在。目前，要想保持職業作家的身份，是十分不易爲的。而墨人有此興緻，更是持有此志向，信其必能窮且益堅，百折不撓。

我要特爲墨人喝采的，主要的有兩項：

一、墨人作品表現中國文化的色彩。不可諱言的，五六十年來咱們的小說寫作，在技巧上，多半吸收了西洋方法，跟固有的章回小說，顯現着差異了。論者都許爲進步。不過，除舊佈新，未流所及，每不免有一種偏向。什麼偏向呢？有少數作品，竟然不像創作，而近似翻譯。那作品中的人物個性，主題意識，字句修辭，情境表現，都不是中國的，儘管是用中國文字寫了出來。這種偏向，成爲一種趨勢，只有少數人敢逆勢而行。近十年來，墨人的長篇，短篇小說，就是大力衝破這種偏向而引人喝采。

二、反映時代且嚮導時代。好像長江、黃河的水流，墨人所處理的題材，不論寫那一方面，他這個作者，總不忘乘乎時代的主流，不在漩渦裏打轉，更不停滯在回流死水之中。假如不是這樣，你只玩弄玩弄技巧，似乎筆下生花，不肯挺身而出，忽視這時代的苦難，抹殺一個作者應肩負的任務，寫些消遣性的玩意，縱然市場歪風使你的作品成爲所謂暢銷讀物，你名利雙收了，可是，寫作的良心，能自安嗎？

此所以，我每讀墨人一次，必爲之喝采不已。在我，這已經延擱了兩三年的情意，今才筆之於書，願得「筆陣」發表出來。至於墨人的筆致，順乎自然，而「小說藝術」手法完美，已超乎抗戰前後一些知名的作品了。有人寫小說，未見其藝術手法，考其原因，不爲偷懶，卽爲火候不到，所以表現其概念化、生硬、粗糙，正如那手藝不到家的工匠，其製作不得謂之「成品」。

寫到此處，引來一個主要信念：德不孤，必有鄰！我敢說：咱們文學創作，那市場歪風，已經到了應該止步的時候了。凡求自安於寫作良心的朋友，必然已經體念到自己應該走的方向，不會老是那麼捏着鼻子哄眼睛。

人之好善，誰不如我！文學創作，誰都會朝着至高至善至美至眞的境界走的。
況且，墨人做了好榜樣。
咱們爲墨人喝采，墨人是更高興爲他人喝采的！

墨人兄：

誇稱學家[redacted]已經九十歲高齡的朱介凡先生，為「五．四」以來歷經二十世紀大動亂，仍能保持良知良能的[redacted]一百多年的歷史、文[redacted]化、文學的見証人，而且有為[redacted]其所當為，止其所應止的長者之風，[redacted]令人起敬。以上大作於發表於民國五十四年（一九六五）十月十六日中華日報副刊「筆陣」，你的重要作品長篇小說[redacted]的「白雪青山」、發表舉世罕見以及一百九十多萬字大長篇「紅塵」尚未出版，且祭二〇〇四年初出版的「皇與雅的發史」本地均未看到，但願他日能看到「墨人作品全集」。

二〇〇七年元月二十六日 紅塵寄廬

發表 《紅塵》 那時 「寒沉南山」

沙漠王子

一

秋季騎射比賽，報名參加的人如過江之鯽，尤其是在馬上有幾手絕招兒的騎兵教官，生怕獎品被別人拿去。

我也是學騎兵的，但是我沒有報名參加，大家都感到非常詫異。

「老廖，正月十五鬧花燈，你怎麼不亮亮箱底？」王教官問我。

「你們都是英雄好漢，我四兩棉花怎麼彈？」我說。

「我看你是一塊精猪肉，藏在盌底下？」王教官從頭到脚打量我。

「抬擧，抬擧。」我向他拱拱手。

「老廖，你是眞不參加，還是大姑娘上轎？」他盯着我問，生怕有詐。

「男人口，將軍箭，我說不參加就不參加。」我瞪他一眼，他哈哈地笑了起來，那得意的樣子眞看不順眼。我故意諷刺他一句：「你老和尚倒夜壺——秃，秃，秃！」

「老廖！」他忍住笑對我說：「說句私心話兒，整個邊幹班，我只躭心你這塊料。你不參加，所有的錦標不是我一個人統進口袋？」

「人外有人，天外有天，別做夢娶媳婦，專想好事。」我潑他一頭冷水。

「老廖，不是我誇海口，上講堂，我不是張鐵嘴，上馬背，我可是鼓上蚤。整個邊幹班，除了你和我，還有誰？」

「你別往我臉上貼金，我可不敢拉着何仙姑叫二姨。說不定會竄出一匹黑馬，爆個大冷門？」

「胖子不是一口兒吃大的，摩天寶塔不是一天砌成的，馬上的玩藝兒要是那麼容易，這盌教官飯也輪不到我吃。」他像癩蛤蟆鼓氣，一肚皮的不服。

當他聽到羅廣才也報名參加，他又大笑起來。我也感到有點詫異。

羅廣才是個老百姓，因爲他懂得蒙古西藏語文，所以纔請他來上這兩門課。他來這裡以後連課都沒有上過。王教官他們這些科班出身的教官，根本瞧他不起，背地裡總罵他是「老百姓」。甚至沒有誰願和他同房間，他只好和我睡上下舖。

「羅廣才眞是做夢娶媳婦！要是他能跑馬，黃羊早就上樹。」王教官輕視地說。

我不能替羅廣才辯護，因爲參加的人都是好手，王教官不必說，其他的人也沒有一個是弱者，只有羅廣才是例外。我以爲羅廣才是爲那筆數目不小的獎金沖暈了頭，他最近好像需要錢用。

王教官趾高氣揚地走後，我到寢室去找羅廣才，他正躺在上舖看信。我開門見山地問他：

「聽說你也報名參加比賽？」

他笑着點點頭。

「那些人都是高手，你摸過米桶沒有？」

「我瞎子吃湯圓，心裡有數。不知道他們怎樣高法？」

「打槍不用瞄，騎馬不用鞍。」

「的確不賴。」他用純粹的京片子讚了一句。

「你要想領那筆獎金，恐怕不容易？」

「黃羊上樹，自然費盡氣力。」他坦然一笑，鷂子翻身，跳下床來。

二

好馬早被人挑去了，留在廐裡的馬都是二三流的貨色，和一匹桀傲不馴的棗紅新馬。這匹馬曾經摔下過很多人，咬傷過馬夫，沒有一個人敢再領教，才把牠打入冷宮。

羅廣才看看那些馬，皺皺眉頭，最後牽出那匹沒有上鞍的新馬。

「這匹馬不能騎，小心牠把你摔死！」我警告他。

「園裡揀瓜，越揀越差。除了這匹馬以外，再沒有一匹夠格的馬。」羅廣才拍拍馬的背脊說。

他的手一拍，馬就蹦蹦跳跳，大聲嘶叫，張嘴想咬他。他把繮繩控緊，馬咬不到他，只好掀屁股，彈後腿，他用鞭子在牠屁股上一抽，牠又跳着打轉，大發野性。

「老羅，不要玩兒命，你想憑牠得獎金，說不定先送老命。」我看馬越來越野，再度警告他。

「老廖，我吃葱吃蒜不吃薑，牠越野我越要降住牠，看是牠狠還是我狠？」羅廣才也發了狠勁。

「多少人都栽在牠手裡，你別想出奇蹟。」

他望了我一眼，雙手在馬背上一點，縱身一躍，騎了上去。

我看了一驚，以前上了鞍，很多人都被牠幾下子摔下來，現在光着背脊，更難騎住。

果然他一騎上去，馬屁股直顛，後腿跳起幾尺高，打着圓圈，我手心揑了把汗。但是羅廣才的兩腿像兩塊夾板，夾住馬腹，手裡的繮繩拉得很緊，不管馬屁股掀得多高，都掀他不下去，馬頭反而漸漸被他拉起來。他朝着馬屁股上用力一鞭，馬一下躍過一丈多寬的深溝，沿着黃河岸邊奔跑。

我怕他出事，連忙騎了一匹馬追上去。

想不到那匹桀傲不馴的馬是一匹快馬，奔馳如飛，羅廣才又在牠屁股上猛抽，我的馬更追不上，牠四蹄揚起的黃沙，經風一吹，飄起幾尺高，幾乎使我睜不開眼睛。

羅廣才低頭彎腰伏在牠背上，牠除了向前奔跑以外，沒有別的辦法。當羅廣才經過比賽的場地時，幾個在那邊試馬試槍的教官，都以驚奇的眼光望着羅廣才和那匹馬。

羅廣才騎着馬一掠而過，沒有停下。我看他已經降服了那匹馬，就不再追他。他繼續向前奔跑，過了十多分鐘才跑轉來，一到比賽場地，他縱身一躍，輕輕飄下。馬乖乖地站着喘氣，不再撒野。

王教官奇怪地望着羅廣才，他曾經被這匹馬摔下過，羅廣才不用鞍子還沒有被牠摔下，這是他想不到的事。

我握握羅廣才的手，祝賀他降伏了這匹桀傲不馴的馬。同時把我的手槍給他，要他試試性能。他一看就笑着說：「這種槍我用過。」

「怎麼，你不是老百姓？」王教官歪着腦袋打量羅廣才。

「我是道地的老百姓。」

「怎麼你又會騎馬，又會打槍？」

「小孩兒辦家家酒，說不上會。」

羅廣才的謙虛，反而使王教官有點不好意思，也使他提高了警覺。

比賽的項目有三個，一是馬上手槍射擊，二是馬上馬槍射擊，這兩種射擊都規定馬在跑步中進行；三是障礙賽馬，馬跑上陡坡，奪下紅旗，再從陡坡上跑回原處。

抽籤的結果，羅廣才抽到最後一號——十七號。他和馬都佩著這個白布紅字號碼。

射擊比賽的三個靶相距二十公尺。依照先後次序開始射擊。

中秋後的蘭州，秋高氣爽，有點寒意，却是最好的運動季節。

一聲槍響，一號騎著馬，沿著白線跑出去，側著身子拍拍三槍，中靶不中環。以後幾號，依樣葫蘆，有的命中率相當高，但沒有一槍中十二環。直到九號王教官出馬，才打破紀錄，他一槍中紅心，一槍十環，一槍九環。大家都鼓掌歡呼。三十公尺的距離，又是跑馬射擊，能有這樣的成績，實在不容易。他打完以後，回到原地休息，還故意望望羅廣才，非常自負。他以後七個人，沒有一個趕上他。

羅廣才最後才出馬。這匹馬雖然不敢再顛再咬，可是一衝出去牠就拼命奔跑，比別的馬跑得快了將近一倍，別的馬都不是全力奔跑，牠好像屁股後面有一大群黃蜂在螫。

王教官他們看了非常高興，我替羅廣才揑了一把汗，馬跑得太快，能夠中靶就了不起。

可是他非常鎭定，啪啪啪三槍，兩槍命中紅心，一槍十環。當報分員把這個成績報出時，大家高興的跳起來。只有王教官一臉孔的尷尬，他望望我解嘲地說：

「今天眞是陰溝裏翻船。」

「你還可以在馬槍上多顯點功夫。」我知道他的馬槍是第一把手，他事先又在我面前誇過海口，不能不打圓場。

「要是我栽在這個活老百姓的手裏，我這盌教官飯眞不能吃了！」

「勝敗兵家常事，別看得那麼嚴重。」

「人要臉，樹要皮。要是我亮了箱底還壓不住羅廣才，四兩棉花怎樣『談』？」

「當騎射教官的不只你一人，天塌下來大家頂，你放心。」

羅廣才的馬衝了很遠才跑回來。他一跳下馬，很多人都把他圍住，恭維他，讚美他，他一點不驕傲，爽直的說：

「三關只過一關，還早。」

一號他們已經跑到馬槍射擊線去，觀衆也向那邊移動。羅廣才牽着馬，和我一道走過去。

「老羅，這一陣你能不能讓王教官一槍？」我輕輕的對他 說。

「爲什麼？」他睜大眼睛望着我。

「讓他好下台。」

「這是青石板上甩烏龜，硬碰硬，怎麼能讓？」

「王教官很愛面子，你也很愛面子？」

「誰不愛面子？何況這是光明正大的事，又不是偷鷄摸狗。」

「如果你只爲了那筆錢，我替你另外想想法子。」

「謝謝你，要是我能拿到這筆獎金，爲什麼不拿？何必要你想法子？要是王教官能拿到，自然歸他，這是天公地道的事。我打開天窗說亮話，我非常需要錢用，所以我要亮出看家的玩藝兒去爭這筆獎金。」

羅廣才的話正大光明，我不能再為王教官說什麼，這完全要看他們自己的眞工夫了。

我們走到馬槍射擊線時，一號已經騎馬衝出。這次他大有進步，一二兩槍命中了四五兩環，最後一槍命中八環。

其他的人也進步的多，退步的少。王教官第一槍中十環，二三兩槍命中紅心。王教官又有點得意，羅廣才有點躭心。

輪到羅廣才出馬時，他兩腿輕輕一夾。眞是君子一言，快馬一鞭，他這匹馬只給他那麼輕輕一夾，就沿着跑道直衝出去。不過沒有先前跑得那麼急。

馬的速度稍低，羅廣才打的更準，砰砰三槍，中了個滿堂紅。

「老廖，你的話不錯，眞是人外有人！我不是羅廣才的對手。」王教官激動的對我說。

「不要氣短，還有一次比賽。」我替他加油。

「老廖，這一關更不成，他那匹鬼馬，跑得比誰的都快。那麼陡的山坡，爬上去已經不簡單，下來時十九倒栽葱，我不想冒那個險。」

「你有鞍，他騎的是赤膊馬，比你更難，這一下說不定可以扭轉乾坤，何必打退堂鼓？」

王教官睜着眼睛望著我，眼珠閃亮，又躍躍欲試。他的馬是好馬，有轡有鞍，羅廣才的馬是光背脊，跑平川大道，還沒有太大的問題，上下六七十度的陡坡，怎麼騎得住？

羅廣才騎著馬跑回來，大家又圍著他。裁判員對他說。

「下一場比賽，可不是陽關大道，你要不要上鞍？」

羅廣才跳下馬，笑著搖搖頭：

「騎慣了赤膊馬，沒有鞍子舒服些。」

有幾位在一二兩場比賽成績不理想的人，不想冒這個險，都自動棄權了。到第三場出賽時，一字排開的只有十一位，王教官經我一再慫恿才上陣。

一面三角小紅旗在十幾丈高的陡坡上飄揚，坡地像癩痢頭，生著稀稀朗朗的荊棘、茅草和兩三尺高的小樹，這場比賽實在比前兩場艱苦很多。

槍聲一響，十一匹馬同時衝出，羅廣才的鞭子在馬屁股上猛抽，他的馬又像黃蜂螫著屁股，四蹄如飛，向前直衝，到坡下時，把所有的人馬都摔在後面，王教官也落後一馬多遠。

一上陡坡，羅廣才雙手抓住鬃毛，人貼在馬上。別人也依樣葫蘆，有兩個人爬到一半就滾下馬來，其他的人馬零零落落，三步一溜，兩步一滑，爬得很慢。

羅廣才一馬當先，王教官相差了兩個馬身，還是緊跟不捨。羅廣才躍上坡頂，奪下紅旗，觀衆一片歡呼吶喊。他把紅旗咬在嘴裏，帶轉馬頭，直下陡坡，馬彷彿倒吊起來。他身子向後一仰，雙手反抱馬的小腹，馬一步一步向前滑行，不時屁股一坐，才免掉倒栽葱。有一半人爬到一半就打退堂鼓，調轉馬頭下來，其中有兩個連人帶馬一直滾下坡來。上了坡頂的人有兩個不敢再下來，繞著大圈子走了。王教官和其他三四位教官，爲了面子，不得不硬著頭皮下來，一位朱教官忽然從馬頭上翻落，滾瓜一般直滾到坡下。幸好戴了鋼盔、手套，穿著皮夾克馬靴，不然一定會受重傷。

羅廣才的馬一滑下坡來，又四蹄如飛，他鯉魚翻身，腰幹一挺，坐了起來，第一個跑回起點，他雙手一按馬肩，躍下馬來，把紅旗交給裁判員，大家都向他道賀。

王教官到底不是弱手，他沒有倒栽葱。他第二個到達，他的總成績也是第二。但他還是非常喪氣地對我說：

「老廖，羅廣才不知道是從那兒蹦出來的？眞沒想到我會敗在他這個活老百姓手裡。」

三

羅廣才得了冠軍，大家都要求他表演，盛意難卻，他表演了一個花招；身子仰臥在馬背上，讓馬向前奔跑，自己向後射擊，砰的一聲，打中紅心，大家看得目瞪口呆。

羅廣才這一手，使王教官心服口服，因爲他根本不會。我越想越奇，和他睡上下舖三四個月，一點看不出來他會有這幾手絕招兒？

「老羅，你眞人不露相，今天你這幾手兒是那兒學來的？」晚上睡覺時，我悄悄的問他。我怕他是塞外的馬賊，借著大樹遮陰的。

「祖傳的。」他說。

「你府上是幹什麼的？」

他望望我半天沒有作聲，更引起我的疑心，我旁敲側擊，一再追問，他把手搭在我的肩上，激動的說：

「老廖，你是我獨一的朋友，我講出來你可不能再傳出去？」

「只要不犯大禁，我一定守口如瓶。」我不便直接說出「漢奸」這個字眼，用「大禁」兩個字代替。

「你放心！我決不是賣國賊。」他暸解我的意思，拍拍自己的胸脯。

「那你是幹什麼的？」

「你猜？」

「我猜不出來。」

「你看我是什麼地方人？」他指指自己的鼻尖問。

「你滿口的京片子，八成兒是老北平。」

他搖搖頭。

「最遠也不會過天津和保定。」

「離天津保定遠得很。」

「難道你是南方人？」

「那更相差十萬八千里。」

「那你一定是東北人了？」

他笑著搖搖頭。

「這不是，那不是，難道你是天上掉下來的，地下蹦出來的？」

「老廖，老實告訴你，我是蒙古人。」

我跳了起來，仔細打量他幾眼：黃皮膚，黑頭髮，黑眼睛，中等身材，和我有什麼區別？我是雙眼皮，他是單眼皮，如此而已。而他的北平話講得比我高明得多，怎麼會是蒙古人？

「我不信。」我用力搖頭。

「我不但是蒙古人，還是阿拉善和碩特旗的王子。」

我覺得他越說越離譜，既然貴爲王子，怎麼會在這兒當一名同中尉小教官？而且連姓名都是漢人的。

「你不要死人燈籠報大數，瞎吹牛。」我說。

「老廖，這眞是人倒楣喝涼水也塞牙，連你也纔相信我的話！」他感傷地說。

「老羅，既然你是王子，怎麼不在阿拉善和碩特旗等著當王爺？要到蘭州來和我這種小人物一道吃苦？」

「唉！就是因爲我的運氣不好，沒有當上王爺，纔不得不逃出阿拉善和碩特旗！」他感慨萬千地說。

「老羅，你戲台上吹鬍子，自己露了馬脚，怎麼能怪我不信？」我哈哈一笑。

「我露了什麼馬脚？」他睜大眼睛望着我。

「第一，王子當王爺，順風吹火，毫不費力，同運氣有什麼關係？第二，你既然是蒙古人，怎麼講得一口京片子？」

「老廖，這好比全本狸貓換太子，我得從頭唱起，不然你不會相信。」

「好，我騎著驢子看唱本。」

四

阿拉善和碩特旗的老王無子，他五十歲那年，選了兩個有繼承王位資格的王室近親小王子到王府來教養察看，由侍衛教他們騎馬、射箭、打槍，奠定了很好的騎射基礎。由從北平請來的御醫楊景華教他們讀漢書，講漢話。楊景華的女兒楊素娥伴讀伴玩。他們兩人的進步很快，能講能寫。這時巴彥哈達克，阿爾喀斯十三歲；巴彥哈達克，哈拉布魯圖十二歲；楊素娥十一歲。

老王非常喜歡他們兩人，他簡直不知道讓誰繼承他好？第二年楊景華建議把他們兩人送到北平蒙藏學校受正式教育，看將來誰的造就高？老王完全同意，同時把這個任務交給楊景華，楊景華很圓滿地達成這個任務。

他們兩人一到北平，眞像劉姥姥進了大觀園，大開眼界。除了唸書，就是吃喝玩樂。北平的好館子他們吃遍了，名勝古蹟，和以前的皇宮內院也玩遍了，他們還有兩個不變的節目：禮拜天跑馬；每天晚上泡在戲院裏。他們是兩個好騎士，不失蒙古人本色；也是兩個京戲迷。

北平六年教育，六年生活，他們簡直樂不思蜀，不想回到阿拉善和碩特旗那個風沙之地，但老王爺命令他們回去，他們就在抗日戰爭前夕，離開了北平。

他們完全長大成人。巴彥哈達克，阿爾喀斯長成一張馬臉，精明能幹，心思很深；巴彥哈達克．哈拉布魯圖長得比他漂亮，也比他高一點，英俊瀟洒，坦白熱忱，漢人的習氣很深。

楊素娥也是長得亭亭玉立的少女，眉清目秀，細皮白肉，但不嬌弱。她吃慣了牛的肉，羊的奶，也跑慣了馬。他們是青梅竹馬的朋友，兩位王子從小就喜歡她，久別重逢，兩人不約而同地愛上了她。但她心裏却鍾情於哈拉布魯圖。

老王的身體一天天衰弱，他的兩位繼承人回來了半年多，他還不能決定傳給誰？兩人各有優點，兩人他都喜愛，最後只好和王族長老商議，有的擁巴彥哈達克．阿爾喀斯；有的擁巴彥哈達克．哈拉布魯圖。雙方相持不下。老王怕引起衝突，當機立斷：

「讓他們各憑天命，抽籤決定。」

大家沒有異議。老王親自秘密做了兩個紅紙團，把他們兩人召來，用黑絨布蒙住他們的眼睛，讓他們當衆在他掌中拈取紙團，拈好之後，又把黑絨布解開，要他們當衆打開紙團。

他們兩人誰也沒有勇氣打開紙團，你望望我，我望望你，臉孔發白，最後由一位長老代他們拆開，老王當衆宣布巴彥哈達克·阿爾喀斯是他的繼承人。

阿爾喀斯心裡非常高興，臉上却不大看得出來。哈拉布魯圖垂頭喪氣的走開，王爺的美夢像個肥皂泡一般破滅了。

他悄悄地來到楊素娥的蒙古包，把這個壞消息告訴楊素娥，楊素娥臉色一陣慘白，半天沒有作聲。

他打量了她一眼，捉摸不定，開門見山地說：

「我明人不說暗話，跟太陽不冷，跟王爺不飢。以前我和阿爾喀斯是半斤八兩，現在他一步登天，我黃羊上不了樹。妳心裡怎樣決定，也不妨打開天窗說亮話。」

「我不在乎王爺不王爺，只看你是不是眞心？」她望望他說。

「我就是這個樣子，不會假殷勤。妳可以把我的心挖出來看看，是假是眞？」

她輕輕一笑，揮揮手：

「你回去，我見了血就頭暈。」

他抓住她的手，猛然在她臉上一親，迅速溜走。他想他剛才丢了一匹駱駝，現在得了一匹馬，還是半斤八兩。

巴彥哈達克·阿爾喀斯當上準王爺，對楊素娥更有野心，但他很少直接向楊素娥進攻，他暗中在她父親楊素景華身上下了不少功夫。

第二年春天，老王死了。巴彥哈達克・阿爾咯斯順理成章，當了新王。秋天，他舉行了一個全旗大賽會，盛況空前，阿拉善和碩特旗的所有好手，都來參加，因爲得了冠軍有三百匹駱駝，五百匹馬，兩千隻羊和一個大蒙古包的獎賞，一生吃用不盡。哈拉布魯圖也報名參加。結果他得到跑馬、套馬、射擊總冠軍，這完全出乎阿爾咯斯的意料之外，不賞，又怕失信於全旗蒙古人民；賞，又怕長了哈拉布魯圖的聲望和威風。美人愛英雄，那他在爭取楊素娥這方面更會居下風，要不是他在楊景華身上的功夫下得深，哈拉布魯圖已經和她結婚了。

最後他賞給哈拉布魯圖的是瘦駱駝、瘦馬、老羊和一個普通的蒙古包。

哈拉布魯圖心裡很不高興，他在楊素娥面前抱怨。楊素娥勸他：

「瘦死的駱駝比馬大，你不是普通人，又不靠此維生，何必斤斤計較，得罪王爺？」

「他把我當死馬，欺人太甚！」

「鷄吃螢火蟲，心知肚明。你就裝一次糊塗好了。現在阿拉善和碩特旗，誰不知道你是大英雄？」

他聽她這樣說，滿肚皮的怨氣一下子煙消雲散了。

春風吹過阿拉善和碩特旗的沙漠，消滅了舊的沙丘，堆起新的沙丘，沙漠上一層層黃色的沙浪，如海上的波濤，一眼望不到盡頭。

春風吹過阿拉善和碩特旗的草原，吹綠了遍地野草，牛、羊、馬群，在草原上逍遙，牛羊互相觸角，馬引頸長嘶，揚尾奔跑。

巴彥哈達克・阿爾咯斯又發動擧行了一次春季大賽。獎賞依舊，參加的人有兩三百，他想給巴彥哈達克・哈拉布魯圖一個下馬威，要他幾名最好的侍衞也報名參加，這些侍衞是老王從歷屆冠軍中挑選的，是他們兩人少年時的騎射教練。

三天比賽下來，巴彥哈達克・哈拉布魯圖，又擊敗了來自各地的對手和幾位侍衞，奪得冠軍。觀衆把他抬起來遊行，那幾位侍衞對他也非常的尊敬，這使阿爾咯斯大爲震驚。

他得的仍然是瘦駱駝、瘦馬……。

這次他沒有向楊素娥抱怨。可是第三天晚上，楊素娥卻悄悄地把他叫了過去，劈頭就對他說：

「你要快點逃走。」

「爲什麼？」他奇怪地望着她。

「王爺想整你。」

「整我？」他哈哈一笑：「憑什麼整我？」

「人怕出名猪怕壯，何況你還是個王子？」

「他已經穩坐釣魚台，還怕我奪了他的江山？」他鼻子裡哼了一聲，望了她一眼：「我看他是另懷鬼胎，我纔不上他的當！」

「不管他葫蘆裡賣的什麼藥，你非走不可！」

「我不走他敢怎麼？」

「他的帽子太大，你受不了。」

「他作十年清知府，我十年不犯法，他能加我什麼帽子？」

「我講出來你可不能生氣？」

他點點頭。

「他說你是私通日本人的奸細。」她輕輕地說。

他跳了起來，正要破口大罵，她連忙掩住他的嘴，把他按下來。

「誰告訴妳的？」他低沉地問。

「我父親。」

「你父親和阿爾喀斯一個鼻孔出氣，他怎麼會告訴妳？」

「他不忍心讓你吃暗虧，所以要我通知你走。」

「我看他是猫兒哭老鼠，我一走，他就可以放心作阿爾喀斯的老丈人了。」

「你放心，我的事我自己作主。」

「妳老虎口裡的猪，能作什麼主？」

「王爺有王爺的開門計，我有我的跳牆法，你放心走好了。」

「那你爲什麼不和我一道走？」

「要是王爺發現我們兩人逃走，他肯罷休？」她望着他說：「他有幾十個好侍衞，我們逃得出那一片沙漠？」

「一個人走還不是一樣？」

「只要我在，他會睜一隻眼閉一隻眼。」

他遲疑不決，他已經失掉一匹大駱駝，生怕再失掉她這匹馬。他終於忍不住問：

「我走以後，妳打算怎樣？」

「我會想辦法逃走。」

「男人說話將軍箭，女人說話時時變，我怎知道妳的話是眞是假？」

「頭上有青天，脚下有草地，難道妳要我賭咒發誓？」

他猛然把她往懷裡一摟，她像隻小綿羊樣地馴服。

當天晚上，他騎着快馬，衝進浩瀚的沙漠。

五

「我很同情巴彥哈達克．哈拉布魯圖王子。」羅廣才敍述完畢之後，我笑着說。

「他現在是羅廣才，不再是巴彥哈達克，巴拉布魯圖王子。」他兩手輕輕一按，躍上我的上舖。

「楊素娥小姐現在怎樣？」我扶着他的舖沿問。

「她已經逃到銀川。」

「她怎麼不到蘭州來？」

「欠了店飯錢，走不了。不然我不會參加這次比賽。」

「你怎麼不早對我講？我也好替你想想法字，羅漢請觀音，多少總能湊點兒盤川路費。」我責備他說。

「我不想丟這個人，要是我那些瘦駱駝、瘦馬，能弄到蘭州來，我還是個土財主。」

他說得很輕鬆，我聽了也好笑。

「你應該趕快到銀川去，把楊小姐接到蘭州來。」

「我已經上了假條，決定明天走。」

「人是英雄錢是膽，我再湊你幾個盤川路費。」

「謝謝你，老廖。」

「早點睡，早去早回，我很想見見楊小姐。」我拍拍他的肩膊。

「你應該叫羅太太，說不定她已經懷了小毛毛。」他在我耳邊輕輕地說。隨後又哈哈一笑，在舖上滾來滾去，像馬在草地上打滾。

六

第二天早晨吃過稀飯，他就騎着馬向北疾馳而去。

一星期後，他又騎着馬回來，馬背上多了一個女人，她自然是楊素娥。

她是一個相當俊俏的小姐，皮膚白嫩，眼如秋水，媚而有威。

「這是廖大哥，自己人，我們的事兒只有他一個人知道。」他介紹我和她認識。

她臉孔微微一紅，輕輕白了他一眼。

當天，羅廣才在附近租了一個窰洞和她住在一塊。我的上舖空了起來。

我悵然若有所失。

第二天我到窰洞去看他們，他們兩人熱忱招待，請我吃烤羊肉。酒酣耳熱之後，羅廣才附着我的耳朵輕輕地說：

「我還應該得個錦標。」

「憑什麼？」我反問他。

他指楊素娥微微隆起的小腹，做了一個鬼臉，哈哈大笑。

沙漠之狼

楊素娥生產之後，身體虛弱，嬰兒乳水不足，羅廣才的同中尉教官待遇，更是捉襟見肘。因此他自然想起他留在阿拉善和碩特旗的幾千隻綿羊、駱駝和馬。但是他一個人又不敢回去，怕阿爾喀斯害他。他同我商量，我很想到阿拉善和碩特旗去玩玩，我是漢人，又是正式軍官，陪羅廣才一道回去，阿爾喀斯決不敢再栽誣羅廣才是漢奸。

自從秋季騎射比賽，羅廣才露了底之後，邊幹班上上下下都很敬佩他，同情他。他的計劃得到上級的同意，准了我們兩人三週的事假，發了兩張差假證。有了護身符和我這個保鏢，羅廣才非常開心，再回蘭州他就是個大富翁了。

我什麼也沒有帶，羅廣才帶了一柄尖刀，準備在路上吃羊肉用。

我們騎着兩匹快馬，到達銀川時是次日下午，只好休息下來，準備日後的更艱苦的行程。

銀川和蘭州的情形不大相同，最顯著的是街上蒙古人多：綏遠鄂爾多斯七旗和寧夏阿拉善和碩特旗的蒙古商人，經常來這裏作生意。

傍晚我們在街頭漫步時，有兩個蒙古人一再打量羅廣才，因爲羅廣才和我一樣穿的軍服長統馬靴。等羅廣才一開口講蒙古話，他們兩人馬上摟住他，高興得不得了。羅廣才和他們又講了一陣，才笑着對我說：

「老廖，我們的機會很好，他們是阿拉善和碩特旗的，明天回去，路上吃用的東西都準備好了，我們禿子跟著月亮走，叨光。」

羅廣才還告訴我說那兩個蒙古人是大商人，經常帶大批牲口皮貨到銀川來賣。他並不認識他們，但他們都認識他，因爲以前兩次全旗大賽會，他出足了鋒頭，阿拉善和碩特旗幾乎無人不知，無人不曉。

他和那兩個蒙古人約好了明天會面動身的時間地點，仍然同我在街頭散步。他興奮得很，拉我到一家淸眞舘喝酒吃羊肉。

「老廖，我已經和他們講好，把牲口賣給他們。你想想看，四千隻羊，一千匹馬，六百匹駱駝，該值多少錢？」他高興地拍着我的肩膀說。這是他兩次賽會贏得的獎賞，雖然吃了一些，但是生的一定更多，這數字是有多無少。

我不知道行情，根本無法估計，只好搖頭。

「我可以買下蘭州一條[illegible]街，用不着住窰洞了！」他哈哈笑地說。

「他們兩人買得起？」

「他們有幫，幾個人一分就成。」

「好，爲大富翁乾杯。」我舉起杯子敬他的酒。

他頦子一仰，先將自己的滿杯酒一口喝光，笑着對我說：

「見財有份，你陪我走一趟回去我要送你一棟好房子。」

「我光桿一條，要房子幹什麼？」

他打量我一下，似笑非笑地說：

「你要是不嫌髒，我願意花三兩百頭羊，替你娶個好蒙古姑娘，我相信我們族裏的人會看在我哈拉布魯圖王子的面上，挑選一個出色的俏娘兒。」

「謝了，講句私話兒還要請你翻譯，那纔煞風景。」我笑著搖頭。

「無聲勝有聲，你纔會眉目傳情？」他笑着白我一眼。

我們又吃又喝，有說有笑。離開清眞館時兩人都有點搖搖擺擺，像兩隻鴨子。

第二天清晨，昨天遇着的那個蒙古人當中的一個，就來找我們。我們連忙起床，匆匆漱洗，便跟着他一道走。

原來他們有六個人，十幾匹駱駝。每匹駱駝都載滿了布匹、鹽和日用品。以及水囊、乾糧。銀川到紫湖，要經過賀蘭山，但是有公路可走，並不太困難。過紫湖以後，就進入沙漠，駱駝是唯一的交通工具，滿眼都是黃沙，高高低低的沙丘，彷彿山脉浪槽，不像我想像的那麼平坦。

據羅廣才說沙丘還會移動，要不是行走在沙漠中的老手，一定會迷路，終於餓死渴死。跟着這個駱駝隊，我們可以放心，他們像航海的水手。

離開紫湖的第二天，我們已經深入沙漠，除了滾滾的黃沙之外，什麼也看不見。如果是一個人走在沙漠中，即使不餓死渴死，也會寂寞死。

「這眞是鬼都不生蛋的地方，什麼也沒有。」我望望前後左右無盡的黃沙，禁不住抱怨地說

「你不要以爲這是鬼不生蛋的地方，可也有狼。」羅廣才說。

「狼？」我看看羅廣才笑了起來。「寸草不生，狼吃什麼？」

「吃人，吃駱駝。」羅廣才說。「單身漢旅客決不敢在沙漠裏過夜。」

「你那次漏夜逃出阿拉善和碩特旗，怎麼沒有被狼吃掉？」我以爲他是唬我，不大相信。

「我有一匹快馬，路熟運氣好，沒有遇上。」他說。

「如果我們沒有碰上這個駱駝隊，那不是去不了阿拉善和碩特旗？」

「所以動身時我要你挑一匹好馬，我也有把握碰上駱駝隊。」

駱駝隊的幾個蒙古人，身上都佩了吃羊肉的解手刀，還帶了長槍，顯然他們是可以自衛的。

日落時，那幾個蒙古商人選了一個大沙渦停留下來，搭起簡單的蒙古包。這裏避風，駱駝的氣味不致散得很遠，免得招引野狼。

吃過羊肉，乾糧，喝過生水之後，羅廣才忽然內急起來，他對那幾個蒙古人講了幾句話又拉

我一拉：

「走，陪我去方便一下。」

我也覺得有點內急，欣然同意，和他一道爬上沙丘。

不遠處有一列荒圮的土牆，露在黃沙外面有一人多高。我有點好奇，想過去看看，若干年前這可能是沙漠中的驛站。

「走遠一點也好，免得他們聞臭。」羅廣才幽默地說。

我們散步般地朝那列斷牆走去。騎了一整天馬，下來活動一下覺得很舒服。只是走在沙上，像踩在棉花簍裏，不大着實。幸好我們穿的是長統馬靴，黃沙灌不進來。

翻過一座小沙丘，走了幾分鐘就到了。

斷牆是沙土混合築成的，剝落了很多，不知道有多少年代？我想找出一點其他的遺跡，沒有辦到，可能全部埋在沙裏，除了這列兩三丈長的斷牆。

羅廣才沒有這份「考古」的興趣，他轉到斷牆的那一面去方便，我尋找了一會，什麼也沒有發現，加之暮色蒼茫，也準備蹲下身子方便一下。就在這個當時，我發現一隻雄壯的褐色的大狼，站在兩三丈外，兩眼露着鬼火般的綠光，死死地盯着我，我手無寸鐵，看了有點毛骨悚然，本能地把背脊貼着斷牆，同時大叫一聲：

「狼！」

羅廣才馬上從斷牆後面閃了出來，一手緊褲子，一手拔出尖刀，貼着土牆向我走來，同時對我說：

「不要慌，讓我對付牠。」

看他過來，我的膽子也為之一壯，後面的牆比我的頭還高，我對他說：

「你先繫好褲子，把刀給我。」

他把刀遞給我，雙手繫好褲子，又把刀拿過去，輕輕地對我說：

「這傢伙很壞，牠看我們有準備，決不會撲過來。」

狼眞的站着不動，既不進攻，也不退走。而天色已經黑了下來，我們也不敢動，因為一離開這座斷牆，我們就腹背受敵。

在黑暗中我們的視力又不行，是沒有辦法對付牠的。要是有枝手槍，我們就可以把牠解決，要是有手電，也可以把牠嚇退，我眞有點後悔沒有向那幾個蒙古人借支手槍。

我們和狼相持了幾分鐘，天已經漆黑，我們完全看不見狼的身形，只看見兩團閃着綠光的眼睛，狼向我們撲來我們也不知道。

「老羅，我們這樣下去不是辦法。」我輕輕地對羅廣才說，生怕被狼聽見。

「你有什麼更好的辦法？」他問我。

「我們可以向那幾個蒙古人求救。」

「別說他們不容易聽見，就是聽見了他們也不敢來。」

羅廣才想得不錯。他們知道有狼，更要全力保護馬和駱駝，要是馬和駱駝被狼咬死，他們六個人也全死在沙漠，他們決不會爲了我們兩人犧牲六個人的性命和全部財產。何況他們不知道究竟有多少狼？自然怕走在半途被狼撕掉。

「那我們不是等死？」

「三條兩條我倒可以對付，就怕來了一群，那就沒有法子。」

他這樣說我心裏七上八下。狼又開始作怪，牠在我們面前來囘走動，眼睛像兩團鬼火，游來游去。不知道牠耍什麼詭計？

牠走了一會，看我們還是貼着土牆不動，突然跑開，我以爲牠走了，心裏高興起來，羅廣才卻潑我一頭冷水：

「別高興，這不是好兆頭。」

果然，狼在沙丘上嗥叫起來，聲音淒厲悠長。以前看書曾經看過「鬼哭狼嗥」這種字句，我沒有聽過鬼哭，現在聽見這隻狼嗥叫，眞的汗毛都豎立起來。

「牠在招引同伴，我看我們是凶多吉少。」羅廣才說，也有點喪氣的樣子。

「你想你那幾千牲口，現在反而送掉我們兩條命，連老本都賠了！」我埋怨他說。

「老廖，不管怎樣，我們一定要同心合力，奮鬪到底。」他又鼓起勇氣激勵我。

「我赤手空拳，怎樣鬥法？」

「咬也咬牠一口。老廖，別洩氣，你要是用刀子，我就把刀子交給你。」羅廣才平靜地說：

「不是我怕死，我就想多殺幾頭狼。」

「你有把握殺死牠？」

「只要牠們接近我，保證一刀一個。」

我知道他不吹牛，上次騎射比賽前，誰也不知道他會騎馬打槍，結果沒有一個人是他的對手。現在他既然講出來了會用刀子，一刀一個應該沒有問題，我沒有這種把握，因此不敢接受他的刀子。

他看我沒有作聲，拍拍我的肩說：

「你的馬靴也很有用，你會不會連環腿？」

我只學過騎射，沒有學過國術，只會長靠，不能短打，現在是英雄無用武之地，因此我回答他說：

「我只會彈腿不會連環腿。」

「你要是有天橋賣攏把式的那兩腿也行。」

「我只打過足球二門，一脚可以把皮球踢過中線。」

「行！」他又拍拍我的肩：「我們手脚並用。」

他的話剛說完，我就聽見狼跑在沙上唰唰的脚步聲。跑到我們面前兩三丈遠的地方突然停住，四隻鬼火樣的眼睛盯着我們。羅廣才吁了一口氣說：

「幸好，只有兩隻。」

兩隻狼望了我們一會，一隻跑開。我們不知道那隻狼搗什麼鬼，牠要是再去邀同伴來那就糟了。

突然，我聽見土牆後面有蟋蟀蟋蟀的聲音，彷彿老鼠打洞，我心裏一怔，輕輕地說了一聲：

「糟糕！牠們前後夾攻。」

「冷靜一點，不要緊張。」羅廣才嘴裏雖然這麼說，聲音可不像平常那麼自然，我瞻前顧後，不免分神，羅廣才輕輕地對我說：

「你專心注意前面這兩條狼，後面這條由我對付，你不必過問。」

我接受他的意見，兩眼盯着前面這條狼，他悄悄地坐了下去，把背頂着土牆。

土牆後面的聲音越來越大，沙沙地如急雨打着屋脊，看樣子，牆很快就要被牠挖穿，我不知道羅廣才怎樣對付？

突然，我聽見一聲悽慘的哀號，這是狼的聲音，不是羅廣才的聲音，我心裏一塊大石頭落了下來。

在前面監視我們的這隻狼，聽見同伴幾聲哀號，連忙逃走，狼顯然受了驚駭，可惜我看不清楚牠狼狽逃跑的樣子。

「好了，前面這隻狼駭跑了！」我高興地對羅廣才說

「這是殺一儆百，牠敢不跑？」羅廣才得意地回答。

「究竟是怎麼回事？」我聽見狼還在繼續哀號，奇怪地問。

羅廣才哈哈大笑，掏出一枝土製的紙煙，點燃吸了一口，纔從容不迫地說：

「想不到牠的洞正打在我的屁股後面，牠的前爪在我屁股上抓了好幾下，越抓越痛，我受不了，靈機一動，把屁股移開，牠的前脚就伸了過來，我抓住牠的左脚，把尖刀從鎖骨中間插下去。你看，牠動也不敢動，只能乾嚎。」

我聽了也不禁大笑。我看不清楚，用手摸摸，摸到一隻毛茸茸的狼脚，脚上還在流血；摸到刀柄，刀柄平靠着土牆，刀身穿過狼脚，全部插進沙裏，穩穩當當。

「老羅，你這傢伙眞缺德！」我笑着駡他。

「缺德？」羅廣才哈哈一笑：「和狼不但要鬪狠，還要鬪智。你以爲這傢伙好鬪？牠比人還壞！不給牠吃吃苦頭，牠不知道厲害。」

牠大聲哀號了好久，終於聲嘶力竭，變成尖聲細氣的哼叫。

牠哼叫了一夜，我們也一夜未曾合眼。一方面是怕再有狼來，一方面也冷得睡不着。沙漠裏晚上的氣溫和白天相差很遠。

天一亮，那兩個蒙古人人就騎着馬找來。我們正不知道怎樣處置這頭狼好？一看見他們自然

非常高興。

羅廣才和那兩個蒙古商人講了一陣蒙古話，那兩個蒙古人哈哈大笑，差點掉下馬來。

我向那兩個蒙古人借槍，想把狼打死。羅廣才雙手把我一攔，不要我打。他向他們借了一根細東西的粗麻繩，打了一個繩套，把狼連頭頸嘴巴一齊鎖住，像套上狗嘴罩，結實得很。另外留了五六尺長的繩子牽在手裏，然後要把我刀子取出來。

刀子一取出，狼腿就縮了出去。牠想逃跑，羅廣才把繩子用力一拉，拉得牠在地上打了一個滾。牠那隻受傷的前脚不能落地，身體更不容易平衡。

這是一隻大公狼，就是我昨天晚上先發現的那一隻。

羅廣才拖拖拉拉把牠拖到沙渦。狼既叫不出來，也不肯走，我看見那樣子有點可憐，便對羅廣才說：

「不如打死牠算了，免得牠受活罪。」

「你別假慈悲！」羅廣才笑着罵我：「要不是我把牠制服，我們可能進了牠的五臟廟。」

「你帶着牠有什麼意思？」

「這叫做殺雞警猴，帶着牠我們可以平平安安走過沙漠。」他把繩子綁在鞍上，縱身上馬。

狼跟在他的馬後面，連拖帶跑，像帶着一隻拐子狗。

「你到底準備把牠帶到什麼地方？」我禁不住問羅廣才。

「我要把牠當俘虜帶回蘭州，讓素娥看看。」他笑着回答。

變性記

一

「毛先生，你有什麼困難？」虞大夫問毛白羽。

「大夫，我想變性。」毛白羽回答。

虞大夫上下打量他一眼，看他頭髮、眉毛、鬍鬚都很濃，皮膚也很粗糙，手大腳大，聲音重濁，是一個堂堂的男子漢，完全不像陰陽人，心裏有點奇怪。

「毛先生，我看你生理正常，沒有變性的必要。」虞大夫武斷地說。

「大夫，我的生理的確正常，是個不折不扣的男人，但是我希望變成女人。」毛白羽說。

「男人不好嗎？爲什麼要變女人？」虞大夫反問。

「男人是可憐蟲，女人的好處才多！」毛白羽大聲抗辯。

「我倒是第一次聽見你這樣說。」虞大夫莞爾一笑。

「大夫，不止我一個人這樣說，說這種話的男人越來越多。」

「理由何在？」

「理由可多！」毛白羽咳嗽兩聲，淸淸嗓子，振振有詞地說：「第一、女人不要當兵；第二、女人不要負担家庭生活；第三；咱們現在也流行「lady first，她們到處佔便宜，……」

「好了，好了。」虞大夫笑着搖手。

「大夫，這是眞情實話，一點不假。」毛白羽看大夫打斷了他的話，心裏很不高興。

「就是爲了這些理由，你想變成女人？」虞太夫望着他說。

「自然，我還有我個人的理由。」毛白羽理直氣壯地回答。

「你有什麼特殊理由？」虞大夫打量他。

「我的文章賣不出去。」毛白羽氣憤地說。

虞大夫有點驚訝，半天才說：

「你是寫文章的？」

「怎麼？我不像寫文章的？」他指指自己的鼻尖反問。

虞大夫抱歉地一笑，連忙解釋：

「毛先生，我不是懷疑你不會寫文章，相反的，我對你格外尊敬。同時我相信好文章一定賣得出去。

「大夫，恕我不敢接受你的恭維。隔行如隔山，大概你沒有賣過文章，所以你不知道行情。」

「對，我是外行，我不應該講這些題外話。」虞大夫笑着說：「我們還是回到本題吧。」

「好，」毛白羽連忙點頭：「我請求你答應給我動手術。」

「毛先生，問題不是這麼簡單。我先給你轉到神經科徐大夫那邊去好不好？徐大夫是台灣神經科的權威。」虞大夫笑着徵求毛白羽的意見。

「怎麼？你以爲我是神經病？」毛白羽兩眼瞪着虞大夫，有點生氣。

「不，不，不！」虞大夫連忙陪個笑臉。「我的意思是請徐大夫會診一下，如果徐大夫認爲沒有問題，我就給你動手術。這在我並不是一種太困難的事。」

「眞有轉科的必要嗎？」毛白羽不大相信他的話，又追問一句。

「當然有這個必要，不然我怎麼會替你轉科。」虞大夫一面說，一面用原子筆在空白病歷上作成紀錄，特別吩咐護士小姐把毛白羽帶到神經科。

徐大夫正在和一個神經兮兮的人在談話，那人天上一句，地下一句，又說有人要謀害他，他非常害怕，不敢出門。那個謀害他的人是大流氓，他特別來檢舉：：。

徐大夫很有耐性地聽他講話。護士小姐把毛白羽的病歷交給他，他點點頭，招呼毛白羽坐下，護士小姐退了出去。

那人嘮嘮叨叨，重重覆覆。徐大夫一面聽，一面處方，然後對他說：

「你不要怕，我一定替你抓住那個大流氓。」

徐大夫向他身邊一位年輕的實習醫生使了一個眼色，那年輕的醫生把那神經兮兮的人扶了出去。

他低頭看看毛白羽的病歷，要毛白羽坐在他的桌邊。上下打量了毛白羽一會，然後發問：

「請問你有什麼事要我幫忙？」

「徐大夫，我本來不是找你。大概虞大夫以爲我有神經病，所以把我轉到神經科來。」毛白羽憤憤地說。

「對，我看你好好的，不像個病人。」徐大夫順着他說：「你何必找虞大夫？」

「徐大夫，說來話長，一言難盡。」毛白羽深深嘆口氣。

「不要緊，你慢慢說好了。」徐大夫鼓勵他。

「你不討厭？」毛白羽望着他。

「這是我的職業，我怎麼會討厭？」徐大夫友好地回答。

「好吧，我從頭說起，請你看看我是不是神經病？」毛白羽清清喉嚨說。

二

毛白羽熬了一個通宵，天亮才上床睡覺。十點多鐘他的同事卓家鳳帶着妹妹卓慧珠來看他，敲了好半天的門才把他叫醒。

他半睜半閉着眼睛，踏着醉八仙的步子跑過來把門打開，看見卓家鳳後面站着一位年輕漂亮的小姐，他的精神陡然一振，連忙穿好衣服，掠掠頭髮，把他們請進房間。卓家鳳笑着對他說：

「白羽，我介紹一位你的忠實讀者——舍妹慧珠。」

「豈敢，豈敢——」毛白羽既高興又謙虛地說。

「毛先生，我最歡喜讀你的大作，想不到你是哥哥的同事！所以我要他帶我來見你。」卓慧珠大方地說。

「卓小姐，我是興之所至，胡亂寫寫。」毛白羽說。

卓家鳳看他桌上還攤着稿紙，密密麻麻寫了好幾千字，笑着問他：

「你昨天熬了夜？」

他笑着點點頭。

卓慧珠連忙走過去，伏在桌子角上閱讀。毛白羽說：

「卓小姐，那是初稿，還沒有修改，見不得人。」

「毛先生，我先讀爲快。」卓慧珠笑着回答。

卓家鳳因爲有事，也想讓他們兩人自由地談談，笑着對他們兩人說：

「你們兩位作者讀者多談一會，我有事先走一步。」

「家鳳，你不要走，等會我們一道出去吃飯。」毛白羽說。

「現在還早，我是外行，你們談寫文章的事我也插不上嘴，我趕着辦一件要緊的事。」卓家鳳說。

「哥哥，你還來不來？」卓慧珠問。

「說不定，」卓家鳳望望妹妹，「白羽不是外人，他請妳吃飯妳也不必客氣，下次我再還禮。」

「家鳳，我等你。」毛白羽說。

「不必。」卓家鳳搖搖頭。「能來，十二點以前我一定到；過時你就不必等候。」

說完他就邁開大步走了。

毛白羽招呼卓慧珠坐下，自已端着臉盆出去洗臉漱口。平時洗臉他是馬馬虎虎，這次他洗了又洗，漱了又漱，而且對着小鏡子把頭髮梳的整整齊齊，把鬍鬚刮的乾乾淨淨，彷彿換了一個人。他再回到房間時，卓慧珠已經看完他的大作，心裏十分佩服，又發現他和先前那種不修邊幅的名士派頭不一樣，更多了幾分好感。

「毛先生，我眞奇怪，有很多事情你想得出來我就想不出來；即使我想得出來，也寫不出來。這是什麼原故？」卓慧珠問。

「這沒有什麼巧，多讀一點，多寫一點就行。」毛白羽說。

「你教我寫好不好？」卓慧珠天眞地說。

「教是不敢當，只要妳有興趣，我可以提供意見給妳參考。」

「你答應給我批改，我就試試。」她單刀直入地說。

「我自已還沒有寫好，怎麼可以替妳批改？」他覺得她有一股壓力向他壓下，他自然反彈過去。

「你寫得不好，人家怎麼肯登？」她大胆地白他一眼。

「那是因爲老作家都沒有出來，寫的人少，編輯先生不願開天窗，拿它補白。」他用這套理由搪塞。

「鬼話！」她笑了起來：「編輯先生怎麼不拿我的補白？」

「妳沒有投稿，人家怎麼能補？」

「我不知道怎樣下筆？我也沒有這種勇氣。」她坦率地說：「要是稿子退回來，我不要鑽地洞？」

「何必那麼認眞？」他向她一笑。

「我做事只許成功，不許失敗，因此我要哥哥帶我來向你討教。」

「我不是編輯，拿什麼教妳？」

「教我寫作的訣竅。」

「沒有訣竅。」他搖搖頭。

「你好壞！」她嬌嗔地說：「我只想出出鋒頭過過癮，又不會搶你的飯碗，何必藏私？」

他被她說得笑了起來，安慰她說：

「只想出出鋒頭過過癮，那很容易。」

「你說得容易，登廣告還要自已花錢呢？」她嬌嗔地說：「何況他們登了你的大名，還要付稿費？」

「這是兩廂情願的事，誰也不吃虧。」他說。

「要是報紙肯登我的文章，我倒貼報舘幾個錢都願意。」她笑着說。

「寫文章的人都是窮光蛋，誰也不會做這樣的儍事？」

「儍？」她嗤的一笑：「一登龍門，身價百倍，一旦我成了大作家，他們求我時，我會要他們連本帶利加倍奉還。」

「妳這麼聰明，倒很可以作生意，何必學寫文章，往這條窄路上擠？」他打量她一眼，似笑非笑地說。

「作生意的方法很多，爲什麼一定要將本求利？」她笑着反問他，他被她問得一楞，一時答不上來，他從來沒有想到有不要本錢的生意。她看他像個乍聽春雷的呆頭鵝，又嗤的一笑說：「想不到你人比文章笨，寫文章才是最好的生意，而且不要本錢，名利雙收，生意人卽使一年賺幾千萬，也是有利無名。」

「原先我以爲妳哥哥聰明，想不到妳比妳哥哥還聰明十分。」他重新打量她，覺得她不但聰明，而且健美。長挑身材，曲線玲瓏。皮膚雖然不白，却是黑裏俏。大大的眼睛，有探險的精神和挑戰的意味，沒有半點女性的羞怯。

「你別取笑我，」她忽然嗲聲嗲氣地說：「我要是有半點聰明，不像你一樣，也是作家了？」這幾句話使毛白羽有點飄飄然，恭維他是作家的男朋友倒不少，女孩子恭維他是作家的卓慧珠算是第一人。但他到底不是那種得意忘形的輕骨頭，過後他又謙虛地說：

「我不過比妳癡長幾歲，要是妳從現在寫起，到了我這種年齡，自然是作家了。」

「你別哄我，」她故意天眞地一笑：「我根本不會寫，怎麼能成爲作家？」

「寫文章又不是什麼難事，只要妳有耐性就行。」

「耐性我是有的，寫出來人家不用那不是白費氣力？」她歪着頭，一手扶着他的肩膀，兩眼望着他說。

「不用，再寫。」他毫不考慮地回答。

「你也這樣？」她笑着問他。

「古今中外的作家都是這樣。」他說。

「我可不希望這樣。」她搖搖頭。

「妳想妳的稿子一出去別人就用？」他兩眼望着她。

「而且希望別人搶着要。」她抿着嘴似笑非笑。

「小姐，我可辦不到。」他搖搖頭。「除非妳眞的當了作家？」

「頭難，頭難，如果你肯帶着我走一段路，我相信我能辦到。」她很有信心地說。

「君子成人之美，何況妳是家鳳的妹妹？」他爽快地說。

「好，咱們一言爲定？」她迅速伸出手來。

他看了一眼，那隻手尖尖的長長的；他禁不住握住它，她用力一搖，又蜻蜓點水地在他臉上親了一下。

他起先有點惶惑，隨後看到她挑逗的眼神，不知那來的勇氣，他抱住她用力一吻。

她不怪他，臉也沒有紅一下。

以後她寫了兩篇散文，送來他看，他改了幾個錯字，潤飾了一下，和自己的稿子一道寄出去。

一星期後，他的稿子登了出來，她的稿子却退到他手上。她在報上看到他的作品，又趕到他這裏來，先向他道喜，又連忙問他：

「你的稿子登了出來，不知道我的怎樣？」

他怕她灰心，半天沒有回答。她有點生氣地說：

「到底怎麼？何必這樣陰陽怪氣？」

「妳答應我不生氣，不灰心，我纔告訴妳。」他說。

她的反應很快，鼻子裏哼了一聲：

「你賣什麼關子？我知道是退了！對不對？」

「退稿是家常便飯，妳不要把它當囘事。」他安慰她說。然後慢慢地從抽屜裏拿出那兩份退稿。

她看了退稿有點生氣，冷笑一聲：

「爲什麼只退我的不退你的？分明是我和編輯先生沒有交情。」

「妳別錯怪了人，他很公正，以前也退過我的稿子。」他向她解釋。

「我才不相信這鬼社會有公正的人，什麼事都講交情。」她憤憤地說。

「你不要一竹篙打倒一船人，」他笑着說：「我替妳介紹給別的編輯好了。」

她聽說介紹給別的編輯，又欣然色喜，同時乘機敲了他一竹槓，要他請吃晚飯，請看電影。他計算這篇稿費，足可以應付，慷慨答應。

這天晚上他們玩得很晏，她纔囘去，他躭心地問她：

「囘去遲了，妳家裏會不會講閒話？」

「我只要說和你在一塊，哥哥嫂嫂自然放心。」她坦然囘答。隨後她又叮囑他：「那兩篇稿子你一定要給編輯先生寫封懇切的信，推荐推荐，他纔會登。現在到處講人情。」

「好，我一定照辦。」他順從地囘答。

回來之後，他眞的給編輯先生寫了一封信，附在她的稿子裏面。他還怕退稿，又用她的名字寫了一篇散文，寄給別的刊物。

他因爲忙亂了一陣，幾乎把這件事忘記。一天卓慧珠拿了一份報紙興冲冲地來找他，一進門她就把報紙一揚，指着那篇他代寫的散文說：

「我的文章好像不是這一篇，這是怎麼搞的？」

「我一時興起，給妳代一次筆，妳不反對？」他笑着回答。

「嗨！我怎麼會反對？」她笑盈盈地雙手在他臉上一摸。「我只要名，稿費還是歸你。你一個月抽空替我寫一兩篇，這樣不就一步一步地上去了？名字熟了，還怕編輯先生不用我的？」

「難道妳自己不寫？」他捉住她的手問。

「我當然也寫。」她點點頭。「不過我寫的不一定會登，靠着你的大面子，一個月能登三兩篇，也就不錯，兩下一湊，這不更快了？」

「我寫了十幾年，纔有一點小名氣。妳何必這樣急於成名？」他問。

「你太老實！」她輕輕一笑。「名和利是分不開的，有名就有利，名氣越大，地位越高，稿費自然也更多，還有許多看不見的好處。誰像你這樣三更燈火五更鷄，一個字一個字地寫，沒有半點心機的？」

「唷，妳倒教訓起我來了？」他不禁失笑。

「本來嘛！」她把柳腰輕輕一扭，兩眼向上一翻：「你除了寫文章之外，在別的地方全不會下半點功夫。不然你不早是數一數二的大作家，拿了好幾個大獎，到美國去了好幾趟了？」

「要是妳寫了我這麼些年，妳不上天了？」他笑着說。

「那有什麼稀奇？」她鼻子裏哼了一聲：「我不照樣飛來飛去？像明星一樣？「九筒」「二餅」纔不在我眼裏。」

「妳人小鬼大，好大的口氣？」

「不信，你將來看好了。」她打賭似地說。

「妳有這番雄心，用在寫文章上面那太可惜！」

「嗨！你怎麼這麼老實？」她無可奈何地一笑，雙手挽着他的頸子說：「俗語說，行行出狀元。何況現在時代不同，寫文章照樣可以大名大利，誰叫你要窮兮兮？如果我是你，我會過得落花流水，隔三兩天報上就會有我的消息。」

「這樣說來，我倒要跟妳學了！」他望着她自嘆不如，他的心沒有想到寫文章以外的事。

「那是另一檔子事，你教我寫文章就行了。」她笑着在他臉上親了一下，又像小鹿一樣，輕盈地跳開。

他雖然不大喜歡她那麼世故勢利，可是她的聰明，大胆，健美，又使他入迷。他是個單身漢，對她自然產生一種慾望。他想如果能娶她，正好彌補自巳的短處。因此他誠心誠意指導她寫作。爲了幫助她早點成名，每月最少還替她寫一篇。

「卓慧珠倒底是個聰明人，經毛白羽口傳心授，進步特別快，不到一年功夫，她已經發表了二三十篇文章，有點小名，甚至有人封她爲女作家了。

毛白羽看她用不着自已介紹，她的文章也能發表，恐怕自已是鷄婆孵鴨兒，便正式向她求婚。她沒有拒絕，答應和他先訂婚，過一兩年再結婚，她的理由是要先建立經濟基礎，免得日後牛衣對泣。毛白羽想想也對，欣然同意。

訂婚後他們兩人常常同出同進。卓慧珠因爲毛白羽的關係，認識不少寫文章的人，更重要的是認識了好幾位編輯先生和出版人。

不到半年功夫，卓慧珠就投進了別人的懷抱，對方當然比毛白羽有力量得多。她要和毛白羽解除婚約，毛白羽非常生氣，大聲質問她：

「我那一點對妳不起？妳簡直忘恩負義！」

「別吹鬍子瞪眼睛好不好？」她一點也不生氣，笑嘻嘻地說：「君子絕交，不出惡言。咱們好來好去。我只是和你訂婚，又沒有賣給你，你發什麼脾氣？」

她這一說他反而語塞，但心裏還是很氣，過了一會又說：

「我知道妳飛上高枝兒了！但寫文章是自已的事，妳不要以爲專靠別人捧就可以成爲大作家？」

「廢話！」她馬上把臉一拉：「我有我的看法，我走我自已的路，我可以不管別人對我怎樣看法！如果你不服氣，你等着瞧好了，看我會不會成爲大作家？」

「哼！」他鼻子裏哼了一聲：「狗嘴裏吐不出象牙，憑妳這種氣質，妳也能成爲大作家？」

「好！毛白羽，你等着瞧好了！」她冷笑一聲：「現在是什麼時代？憑你這副老古板頭腦，你也想混下去？」

「用不着妳費心。好！我看妳的。」毛白羽有自信也有自尊，他覺得她還差得遠。話越說越傷感情，毛白羽爽快地在解除婚約啓事上蓋了章。

卓慧珠單揀高枝兒飛，飛上一枝又換一枝，自巳吃點暗虧也滿不在乎，甚至頗爲得計。果然她的名氣一天天大了，三兩年功夫就超過了毛白羽。可是毛白羽心裏還是不服氣，看見她一本本的書花枝招展地站在書攤上，他會嗤之以鼻。她在街上碰見他，也趾高氣揚，連正眼也不看他。時代的確變的太快，毛白羽愛惜羽毛，越來越不對勁。卓慧珠步步生風，名利雙收。一切如願，聲名眞的超過「二筒」「九餅」了。

到處是卓慧珠的大作，却很少看到毛白羽的文章。他兩鬢如霜，還討不起太太。卓慧珠手裏牽的一隻名貴狼狗，就夠他生活一年半載，而最使他難堪的事是最近他從一個十字路口穿街而過，差點被一輛黑色的小轎車撞死。他回頭一看，後座坐的正是卓慧珠，她身旁坐着一位他不認識的肥頭大耳的中年紳士，她看見他故意靠緊身邊的男人。司機罵他一聲「該死的寒酸鬼！」又故意把車頭向他一撞，他駭得連忙逃開，她却嗤的一笑。他眼睜睜地看着車子一溜烟地開走。

他想來想去，自已再不成器也不會輸給卓慧珠。唯一的原因自已是個男人，一個也賣文章的男人。

三

他[redacted]大聲地問徐大夫：

「徐大夫，虞大夫以為我有神經病，你是神經科的大夫，你看我是不是神經病？」

「[redacted]你不是神經病。」徐大夫笑着回答，「不過我勸你不要和女人一般見識。」

「大夫，這不關你的事，」毛白羽站起來說：「請你在病歷上註明，我好去找虞大夫。」

徐大夫笑着在病歷上寫了幾行英文字，他一拿到手就來找虞大夫。

恰巧虞大夫沒有病人，看見他進來便笑臉相迎：

「毛先生，徐大夫怎麼說？」

「虞大夫，請你自已看看病歷，」毛白羽把病歷遞給他：「反正我沒有神經病。」

虞大夫看了一下病歷，把它放在旁邊，又笑着對毛白羽說：

「毛先生，雖然你沒有神經病，我看你也沒有變性的必要？」

「虞大夫，如果沒有變性的必要，我決不會來麻煩你。」毛白羽說。

虞大夫看他意志非常堅決，不好峻拒。他想到緩兵之計，又笑着對毛白羽說：

「那你先住院吧，澈底檢查以後再說。」

毛白羽非常敏感，他望着虞大夫的臉上說：

「大夫，你眞的瞭解我的意思？」

「當然瞭解，」虞大夫連忙點頭：「凡是變性的人，都得先檢查體格，你自然也不例外。」

虞大夫開了一張條子要他去辦住院手續，他辦完以後，住進二〇三號房間。

晚上一位年輕的女護士拿着他的病歷來替他量體溫，她好奇地望望他，笑着對他說：

「毛先生，我在小學時代就拜讀過你的大作，我是你的忠實讀者呢！」

「不敢當，我已經沒有讀者了。」他平淡地搖搖頭。

「誰說的？」她嬌嗔地一笑：「我們有好幾位同事都歡喜看你的大作。」

「小姐，我已經是幾十歲的人了，妳別騙我！」

「誰騙你？」她彷彿受了委屈般地提高聲音說：「我說的是眞話。我們都奇怪怎麼越來越少見你的大作？」

「編輯先生不歡迎我的拙作，妳們怎麼能看到？」他坦白地說。

「唉！」她輕輕一嘆：「這眞想不到，我還以爲你惜墨如金呢！」

「小姐，妳還年輕，想不到的事兒多的很。」他笑着回答。

「毛先生，還有一件事情我更想不透：你堂堂的男子漢，爲什麼要變性？」

「現在女人吃香嘛！」

「毛先生，我是跟你說正經話。」她俏嫩的臉孔微微一整。

「小姐，天地良心，我也是說的正經話。」他連忙解釋。

她仔細打量他，還是猜不透，但又不便再問，只好把溫度計塞進他嘴裏。他不便講話，她站在床邊看着他。她想起他的作品是那麼富有人情味，怎麼會想到要變性？這眞有點不近情理。

過了一會，她從他口裏抽出溫度計，拿到眼前看看，她又找到了話題。

「毛先生，你的體溫正常得很。」

「我一切都很正常。」他笑着回答。

「我看就是變性這件事不大正常。」她笑着碎步跑開。

他望着她俏麗的背影，心裏有無限的感慨。要是年輕二十歲，遇着這樣的機會他一定會追。可是現在他有點討厭自已，他只希望早點變成女人，縱沒有她年輕漂亮，他覺得也比現在這樣又醜又老的男人身份吃香。

第二天，他驗了血，又到各部門作了一次全身檢查，有的人竊竊私語，有的人好奇地望着他。尤其是年輕的女護士，看他那麼好的男性身材，那麼大的年紀，有點好笑又有點可惜。

晚上，那年輕漂亮的女護士和虞大夫一道進來。虞大夫客氣地問他：

「毛先生，住在這裏有什麼不便嗎？」

「一切都好。」他坐了起來。

虞大夫也在他床沿坐下，親切地對他說：

「毛先生，我希望你把我當作朋友，你現在改變主意還來得及。」

「謝謝你，虞大夫。我不想改變主意。」他說。

「我坦白告訴你，檢查結果，你是百分之百的男人，變性手術比陰陽人困難得多。」

「虞大夫，我願意給你作個試驗。」

「可是我不敢保險這手術一定成功？」

「開死了拉倒，不要你負任何責任。」

虞大夫望了他半天，突然握着他的手，十分誠懇地說：

「毛先生，如果你不見怪，恕我說句直話——」

「你說好了。」他坦然回答。

「像你這種年紀，這副長相，[redacted]，縱然變成女人，也不會有什麼出路。」

「虞大夫，你放心。」他笑了起來。「你不要以為我又老又醜，要是變成女人，稿子就好賣了。再不濟事，台灣有錢的糟老頭子多的是，找張長期飯票總不成問題。」

護士小姐嗤的一笑，虞大夫轉身對她說：

「楊小姐，麻煩妳先替他打一針女性荷爾蒙。」

婚客

一

「咯——哦——咯——哦——」

天空一聲聲叫喚，此起彼應，像鵝聲一般嘹亮，而百花洲很少人家養鵝，鵝又不會上天，但天上却有成千成萬的鵝聲。

這種嘹亮悠長的聲音突然把楊幼齡吵醒，他一聽見這聲音就一個鯉魚挺身，立刻坐起，這聲音他十分喜愛，又十分耳熟，但已經暌違了六七個月之久。小燕子剛來，牠們就悄悄地走了，彷彿換班似的，準確無比。

「哦！雁來了！」楊幼齡雙手撫着胸口，望着屋頂心裏歡呼。明瓦還沒有透進光亮，他知道天還沒有亮。

他迫不及待地披着大棉襖悄悄地起床，摸索地穿好棉褲，但一時找不到棉鞋，摸來摸去只摸到父親的大棉鞋。他不敢點燈，生怕吵醒父親母親。

雁群彷彿從屋頂上飛過，他清楚地聽見雁翅撲動的沙沙聲，他的心也高興地卜卜跳。他沒有摸到鞋子，反而打翻了尿壺，騷氣冲鼻。

「幼齡，你又不小心。」他母親溫柔的責怪聲。

「娘，你醒了？」他高興地說：「你有沒有聽見雁叫？」

「我早聽見了，這是一批新來乍到的客人。」她說。

「不要慌，熱鬧還在後頭呢，又夠你高興半年的。」他父親楊大春說。

「爹，我先出去看看。」他兩脚塞進父親的大棉鞋，匆匆忙忙跑出房間。

他一打開大門，大黑狗來富就撲了上來，牠站起來比他還高。他抱着牠拍了兩下，又把牠推開，跑到外面來，外面的寒氣使他打了一個冷噤。

雁聲和沙沙的撲翅聲聽得更加清楚，他抬頭望天，只能模模糊糊地看見人字形一字形的黑影，牠們飛的很慢、很有次序。

「好大的霧！」楊幼齡自言自語地對着天上的雁群說：「小心撞到楊樹梢上。」

由於霧大，雁叫的更勤，彷彿彼此關照。過了一羣又一羣。他仰着頭望了半天，不知不覺天已經大亮，雁還沒有過盡，牠們一直向南飛，前面十來里就是鄱陽湖濱，那裏有水有草，楊幼齡知道牠們會飛到那種地方。吃飽了喝足了再回到百花洲的沙灘上休息。自然牠們也會吃百花洲青葱的麥苗豆苗。

一直到吃早飯時，雁羣纔漸漸稀少，人字一字沒有先前那麽長，有幾隻孤雁零零落落掉在雁羣後面。

「幼齡，你數淸沒有？這批雁一共有多少？」他母親笑着問他。

「娘，少說也有幾千幾萬，怎麼數得淸？」他回答。

「今年冬天一定很冷。」她說。

「娘，我們的小麥蠶豆又會吃掉不少。」楊幼齡說。

「匀糧待客，讓牠們吃一點沒有關係。」她摸摸兒子的頭說：「只要明年夏天不漲大水，不破壩，我們就不愁吃不愁穿的。」

「娘，你要爹給我買管統，我想打幾隻。」

「小孩子不可以起殺心，雁是吃草長大的，礙着你什麼事情？」她白了兒子一眼。

「娘，你沒有看見牠們落在沙灘上多美人？好大一隻！」他用手比畫着：「我想抓幾隻回家來養又抓不着，眞急人！」

「雁是天上飛的，自由自在慣了，不要打牠們的歪主意。」她拍拍兒子的頭說：「牠們是在這裏作客，對客人應該客氣，要是客人不上門，那多沒有意思？老鴉麻雀我們都不打，何況是雁？而且雁最重情義，打死一隻，另外一隻就孤獨一世，你怎麼可以作這種事？」

他抬頭望天，正有一隻孤雁掉在一字形的隊伍後面一丈多遠，「咯——哦——咯——哦——」地叫着，有幾分悽涼的味兒。

二

大北風翻江倒海，長江的浪掀起三四尺高，個個白了頭，捲了邊。天上彤雲密佈，看來像一缽厚厚的魚凍子。傍晚，風息，雲層結得更厚更低，彷彿要壓到頭上來。

麻雀在屋簷下凍得唧唧叫，烏鴉縮頭縮頸地站在老楊樹的枯枝上。每一棵老楊樹上都落了幾十隻黑烏鴉，像一團團黑色的音符。

雁從湖濱地區一隊隊飛回百花洲來，天空寫滿了人字一字，牠們在無人的沙灘上空低飛盤旋，緩緩落下。

天黑以後，雁完全落在沙灘上休息睡眠，天空一片寧靜。

楊幼齡的堂兄「半吊子」楊幼芹來邀他去捕黃鼠狼，他欣然答應。楊幼芹沒有帶弓，只帶了一個魚網，楊幼齡奇怪地問：

「又不是打漁，你怎麼帶網？」

「今天我想打雁。」半吊子輕輕地說。

「打雁要鎗要銃，魚網有什麼用？」

「我們沒有鎗，沒有銃，我想用網試試。」半吊子抖抖魚網說：「要是能夠接近，一網起碼可以網住幾十隻雁。」

「雁有打更的，怎麽能夠接近？」

「山人自有妙計。」

「你三國讀的再熟，也用不到這上面來。」楊幼齡望望半吊子說。

楊幼芹雖然不愛讀聖賢書，但三國演義、西遊記、水滸，七俠五義……這些書他却讀的滾瓜爛熟。他又不肯種莊稼，別人忙的不得了，他却抱着三國演義什麽的躺在大楊樹下悠哉游哉地閱讀，他文不能作八股，武不能挑擔，所以大家叫他「半吊子」。其實他有很多地方是冬烘先生和莊稼漢所不及的，譬喻說捕黃鼠狼，他能自己製弓，自己想出妙法，把黃鼠狼捉住，別人就辦不到。用魚網捕雁，也是他想出來的。

「是么是六，現在自然難說，等會試了纔見分曉。」半吊子說。

楊幼齡問他是什麽法子，他不肯講，只是哄着楊幼齡一道去找雁。楊幼齡白天抓不到雁，晚上一人個又不敢去，半吊子邀他正好，所以他興高彩烈地跟着半吊子走。

天很黑，彷彿要下雪的樣子，好在是平地，路又熟，他能知道雁落在那個沙灘。

「要是眞能捉到雁，你怎樣賞我？」楊幼齡忽然問半吊子。

「二一添作五，對分，這總天公地道？」半吊子回答。

「我只想弄一對活的養。」楊幼齡並不想吃雁肉，也沒有想到牠値多少錢一隻，他只想養着玩。用鎗打就不會有活的。

「雁是候鳥，養不活，乾脆醃起來吃，不然就送上街去賣錢。」半吊子說。

「我們養的鴨子都沒有人吃，雁怎會有人買？」百花洲沒有人吃雁，楊幼齡以爲雁沒有人要

「不但有人買，城裏還能賣好價錢。」半吊子見多識廣。

「你騙我！」

「誰騙你？」半吊子在黑暗中望了楊幼齡一眼：「大雁可以賣塊把大洋一隻。」

「要是今天晚上能打一網雁，那不是可以發個小財？」

「可不是！」半吊子得意地說：「要是能把百花洲的雁一網打盡，那就是個大富翁。

「我看這個財發不成！」楊幼齡突然想起母親的話。

「爲什麼？」半吊子問。

「百花洲的人都是觀音菩薩，誰讓你打雁？」

半吊子楞了一下，過後遺憾地說：

「我們這地方的人眞是死腦筋，有財都不肯發。」

天上開始飄着雪花，他們匆匆趕到堤上，伏在堤上向江邊一望，一片黑暗，看不見沙灘，也看不見雁羣。半吊子伏在堤上靜聽，過了一會，聽見遠處有搧翅和梳毛的聲音；天上有沙沙的聲音，那是巡邏的孤雁。半吊子輕輕地囑咐了楊幼齡幾句，就帶着他悄悄地溜下沙灘，摸到一個沙窩裏面，停了下來，半吊子抽出一根小香，小心地擦根洋火點燃。天上巡邏的雁突然大聲驚叫，他連忙把香火遮住。沙灘上的雁一片嘈雜，驚慌的飛起，在天上飛了一圈，沒有發現什麼，又落

到原處，過了一會，半吊子又突然把香火一亮，天上的孤雁又大聲驚叫，他又連忙把香火掩住，沙灘上的雁聽見報警又驚飛起來，飛了一圈沒有發現什麽又落回原處。半吊子這樣作了三次，雁羣受了三次虛驚。第四次他亮了一下香火，天上的雁沒有驚叫，沙灘上的雁也沒有飛起，他高興地把香火往沙裏一插，輕輕地對楊幼齡說：

「牠們已經中了山人的妙計，你等在這裏，我去活捉。」

他提着網，悄悄地向雁羣摸過去。沙很厚，很軟，他走一步就陷進兩三寸深，棉鞋裏灌滿了沙，他的脚步發出細微的沙沙聲。他也聽見雁羣梳毛和搧翅的聲音，越走近聽得越清楚，牠們沒有熟睡，他躭心會被發覺。

他剛看到一大片黑影時，雁羣突然驚叫飛起，翅膀鼓動的風沙有點逼人，但他趕上一步，把網撒過去，同時大叫楊幼齡過去。

楊幼齡三步兩步跑過去，以爲他網到了雁，半吊子擦了一根火柴，火光一閃，楊幼齡看見網裏空空的，只有凌亂的雁毛。却冷不防頭上落了一泡屎，他大叫「倒楣！」半吊子哈哈大笑。

雁還在他們頭頂上飛，「咯－哦－咯－哦－」地大叫，像打翻了黃蜂窩。半吊子望着頭上的雁羣嘆口大氣說：

「嗨！我要是有鎗有銃，最少打了一二十隻。」

這羣雁有兩三千，擠在一塊，一時飛不開，亂打也會打下來。

楊幼齡把頭埋在沙裏乾洗，擦了半天纔擦掉臭氣。

雪愈下愈大，像飄着滿天的雁毛。

三

一夜之間，已經變成了一個粉粧玉琢的世界，到處是一片白。老楊樹上的烏鴉縮頭縮頸，在大雪中簡直不敢睜開眼睛，麻雀都躲進屋簷裏面的窩裏，頭也不敢伸出來。

天空也沒有雁叫，只有大雪紛飛。

楊幼齡偷偷地溜到沙灘上去，他看見好幾羣雁落在沙灘上，把頭塞進翅膀裏面，雪蓋在牠們的背脊上，脚埋在雪裏，只有背脊下面和雪地上面露出一層褐色的羽毛，牠們一下不動，彷彿僵了一般。

「要是我有一枝槍，一管銃，這一下我該打多少?」他心裏這樣想，慢慢向牠們走近。

他放眼望去，這幾羣雁眞有上萬隻，和鵝一般大小，牠們都擠在一塊，「這次我該能逮兩隻活的。」他心裏一陣高興，差點笑出聲來。

雪有三四寸深，沙又是軟的，他又穿着長棉袍，走起來十分吃力。這時他突然想起他的大黑狗，要是把牠帶了來，牠也許會衝過去咬住一兩隻。

他吃力的向雁羣一步步走近，雁一直沒有發覺，他暗自高興，他想把全身撲下去，一定可以壓住兩三隻。可是當他離雁羣只有一丈多遠時，突然有一隻雁伸出頸子拍拍翅膀，一下子就發覺了他，牠驚叫一聲，所有的雁都撲撲地飛起，他失望而又驚奇地望着牠們，羽毛夾着雪花飄在他的身上，肩上又落了一泡雁屎。他頭上有幾千隻雁盤旋，他趕快逃開，抓起一團雪把雁屎擦掉。

他悄悄地跑回去，不敢作聲。

天一放晴，空中又寫滿了一字人字，充滿了「咯哦咯哦」的叫聲，牠們顯得格外歡欣興奮。烏鴉也飛下老楊樹，在雪地覓食。小麻雀餓極了，跑進堂屋裏來，楊大嬸抓了一把麥子洒在地上，讓牠們啄食。

「娘，要是雁肯下來，我看你也會餵。」楊幼齡說。

「上天有好生之德，牠們也是一條命。」楊大嬸笑着回答。「天寒地凍，難道看着牠們餓死？」

四

楊大春帶着兒子上街去辦年貨。半吊子也提着三隻黃鼠狼皮去賣。這都是立冬以後打的，可以賣好價錢。

街上賣獐子兎子野雞野豬的不少，還有從廬山打下的老虎豹子。最多的是雁，一個街口上擺了好幾百隻。楊幼齡却是第一次看見。那些雁胸脯飽滿，很肥，楊幼齡提起一隻，十分沉手，他笑着對他父親說：

「爹，比我們家裏的大雄雞重的多！」

「小老弟，你府上的雄雞有幾斤？」賣雁的人笑着問楊幼齡。

「四五斤。」楊幼齡誇耀地說。

「牠有七八斤，」那人指指雁說：「十八兩老秤。」

「你賣多少錢一斤？」半吊子問。

「我們論個兒賣，大的八毛，小的五毛，只合毛把錢一斤，便宜得很。」

「還是太貴。」

「老弟，」那人賣老地說：「我無田無地，就靠打野味過日子。」

「天上那麼多雁，你這筆財可發不完？」

「牠們靈得很，不會等你去打的。」

「你是怎樣打法？」半吊子想套他的口氣。

那人望望他，神秘地一笑：

「對不起，這是謀生的秘密。」

半吊子提起一隻雁，仔細翻翻傷口，好像是散子打的。他放下雁，對那人說：

「我想買管銃，你能不能割讓？」

「不行，吃飯的傢伙怎麼能讓人？」那人笑着回答。

半吊子抓抓後腦殼，連忙堆個笑臉：「老哥，我再請問你一下，雙管鳥槍那裏有的賣？」

「上在漢口，下在上海。」那人爽快地回答，又揶揄地一笑：「要好幾十塊大洋一枝，那是爺們玩的。」

「你別門縫裏看人！」半吊子有點生氣：「爺拚掉兩畝地，總該買得起！」

楊大春半天沒有作聲，看半吊子說出這種話，馬上啐他一口：

「你發的什麼瘋？賣地買槍，我要你老子揭你的皮！」

半吊子不敢作聲，悻悻地走開，楊大春向那人低低頭，堆着笑臉說：

「對不起，年輕人不知天高地厚。我們耕讀傳家，從來不玩槍玩銃，打擾你了。」

楊大春拔脚要走，那人也十分客氣地說：

「老哥，生意不成仁義在，扯幾句野話也不要本錢。你要不要買幾隻雁臘着過年？」

「對不起，我們不吃野味。」楊大春搖搖頭。

「老哥，臘雁勝龍肉，下酒妙無比。你要我特別克己，不論大小，減五分錢一隻。」

楊幼齡拉拉楊大春的衣袖說：

「爹，買一隻回去嘗嘗！」

「去你的！」楊大春白了兒子一眼：「要是吃甜了嘴你也會打雁的歪主意。」

他拖着兒子走開。半吊子正把三隻黃鼠狼皮賣給一家毛筆店，得了六塊龍洋，他高興地往板帶裏一塞，向楊幼齡神秘地一笑。楊幼齡不知道他懷的什麼鬼胎，當着父親的面又不便問。故意拿話氣他：

「芹哥，你一個冬天也打不到十隻黃鼠狼，神氣什麼？人家一夜之間打了那麼多雁，抵得上一次小熟，那纔過癮。」

「小孩子不要眼淺！」楊大春教訓兒子：「人要安份，人家也不能一年四季打雁，這不過是一陣風，你只看見人家吃肉，沒有看見人家喝粥，所以眼紅。再說，走多了夜路總會碰見鬼，打多了雁總有一天會被雁啄瞎眼睛。天理循環，好歹都有個報應。」

楊幼齡不敢作聲，半吊子向他眨眨眼睛。

楊大春辦了一大批年貨，塞滿了兩籮筐，扁擔兩頭還掛了幾條兩三尺長的大鯉魚，金鱗紅尾，十分好看。楊幼齡手裏還提了兩大包糕餅糖果。半吊子兩手空空的什麼也沒有買。走過一家樂器店，楊幼齡指着洞簫問他：

「芹哥，你不是說要買一管簫嗎？」

半吊子除了愛讀小說，胡琴、笛子、簫，樣樣都會，笛子簫吹的尤其好，他那管舊簫有點走音，本來他想賣掉黃鼠狼的皮買一隻新簫的。

「現在我改變了主意。」半吊子向楊幼齡一笑。

「我看你是想做賊？」楊大春望望半吊子說。他對這位良不良，莠不莠的侄兒也有點失望。

半吊子一點也不生氣，他把兩手往長棉袍的袖筒裏一抄，搖搖擺擺地跟着楊大春走。

他們回家時太陽已經下山，天氣特別冷，沙灘上的雪還沒有融盡，家家炊烟嫋嫋，天空寫滿了人字一字，一片「咯—哦—咯—哦—」的雁聲。半吊子站在堤上，仰望天空數不清的歸雁，自言自語地說：

「要是打下一半，我就是百花洲的大富翁。」

「芹兒，死生有命，富貴在天。不要打歪主意！」楊大春回頭望望侄兒說。

「芹哥，你赤手空拳，也想吃天鵝肉，做發財夢？」楊幼齡等父親走遠，輕輕地問半吊子。

半吊子笑着把腰一拍，低下頭附着楊幼齡的耳朵說：

「我一年打十隻八隻黃鼠狼，積他三年五載，自然可以托人在上海買根雙管鳥搶，還怕打牠不下來？」

「芹哥，你說話不算話。」楊幼齡揶揄他：「你的黃鼠狼都在寶桌上輸的精光。」

「今年過年我要是再賭寶，你就把我十根手指統統砍掉！」半吊子伸出雙手，放在楊幼齡的面前。

楊幼齡揚起小手掌，笑着砍了下去：

「好！說到做到，天上取寶。」

五

半夜，楊幼齡突然被「嘭—砰—砰—」的聲音驚醒，他從來沒有聽過這種聲音。辨辨方向，好像來自那天晚上他和半吊子網雁的大沙灘。

楊大春夫婦也被這不尋常的聲音吵醒。楊大春說：

「奇怪，該不是有人打雁吧？」

「百花洲從來沒有人打雁。」楊大嬸說。

「說不定是江北佬過江來打呢？」

「他們打雁也不能打過界？」

「財迷心竅，還管那麼多？」

「爹，說不定是打搶？」楊幼齡插嘴。

「胡說！」楊大春馬上擋住：「朗朗乾坤，清平世界，百花洲從來沒有出過强盜賊。」

「你睡覺吧，不要胡思亂想。」楊大嬸對兒子說。

他們兩人也不再講話。楊幼齡一直睡不着。聽到五更鷄叫，他就悄悄地爬起來，打開大門，外面還是黑黑的。他有點怕，黑狗却撲到他身上來，他的胆子突然壯了不少，他這條狗胆大力大，聰明勇敢，比人還强，他在門角裏摸到那根手指粗的鐵棍，反手把門帶上，溜了出來。

天亮時他爬上了長堤。他向沙灘望了一眼，沙灘上沒有一隻雁，却有不少淩亂的雁毛，在寒風中打轉。他跑下沙灘一看，有很多脚印和血跡，江邊還有船靠岸的痕跡。

他的黑狗沿着江邊跑，邊跑邊嗅，突然在水裏卸起一隻死雁，楊幼齡趕過去，從牠口裏拉出那隻大雁，他存細檢查一下，右邊的翅膀打斷了，胸口也受了傷。

「運氣不壞，沒有白來。」他把雁在手上掂了幾下：「比我家的大雄鷄還重！」

他提着雁一口氣跑回家，在門口碰上母親，楊大嬸問他：

「你這是從那裏偷來的？」

「娘，不是偷來的，是在江邊檢的。」於是他把經過情形告訴她。

「我們不吃野物，你檢回來幹什麼？」

天氣十分寒冷，鼻尖凍得發痛，寒氣幾乎使他無法呼吸，他嘴裏呼出的熱氣凝成了薄霧。狗在他身邊跳來跳去，他朝着沙灘方向走，狗又在前面引路。

漸漸地有點濛濛亮，有雁起飛，雁起的比人早，牠們開始在天空盤旋，成了隊形以後就向南飛，牠們知道鄱陽湖有水有草，牠們吃得又肥又壯，羽毛發亮。

由於天氣太冷，又想先去看看現場的情形，他跟着黑狗小跑，本來他怕王家的黃狗咬人，一個人走他總是繞過王家，現在帶了黑狗，他就抄近路，王家的黃狗見了他的黑狗只躲在門口窮叫，不敢過來。

「娘，人家說雁肉勝過龍肉，妳讓我嘗嘗新。還有十天過年，臘起來給爹下酒也是好的。」

「不能讓你吃甜了嘴，免得將來你也殺生害命。」她搖搖頭，望望天上的雁群。

「大嬸，妳不要送給我。」半吊子三步兩步趕過來。「我沒有吃過龍肉，看看牠是什麼味道。」

楊大嬸只好給他，楊幼齡眼巴巴地望着半吊子，半吊子在他頭上一拍，笑哈哈地說：

「我不會忘記你這個大功勞。」

楊大春知道有人到百花洲來打雁，心裏不安，而且怕他們今天晚上再來。起先他想約幾個人晚上在沙灘上守候，準備勸阻，但是天寒地凍，沒有人願意晚上守在江邊喝大北風。於是他自己釘好一個木牌，吩咐兒子在上面寫了這麼幾行字：

雁是遠客，於人無害；

仁人君子，勿開殺戒。

他看兒子寫的一筆顏體字，眉開眼笑，又拍拍兒子的頭說：

「快拿到江邊去釘好，免得雁再遭刼。」

楊幼齡扛着木牌，一爬上長堤，就看見沙灘上落了好幾堆雁。那些雁一發現他，就驚驚慌慌地起飛，遮天蔽日，他望着滿天的雁說：

「別怕，我是你們的救星。」

六

大除夕，楊幼齡家裏有一桌寳，楊大春作寳官。

半吊子站在旁邊看，忍着沒有下注，他身上有二十多塊賣黃鼠狼的銀洋。楊大春平時不賭，也不贊成子侄賭，今天他的賭興很好，而且一再勸半吊子下注：

「幼芹，今天除夕，寳又好，你怎麼不下？」

「我不想賭。」半吊子說。

「今天不湊湊熱鬧，明天我就禁賭。」楊大春笑着說。

「芹哥，你下幾寳看看？」楊幼齡也慫慂他。

「輸了怎麼辦？拿什麼買雙管鳥槍？」半吊子輕輕地說。

「說不定贏呢，那不是可以提前買？」

這句話一下打動了他的心，他剛吃過臘雁，口頰還有餘香，想起街上那幾百隻雁就是幾百塊白晃晃的銀洋，百花洲的雁盈千盈萬，何止幾百？他一高興，連忙從板帶裏摸出一塊袁大頭，往碟子前面一放。

第一次他贏了，第二次他也贏了，以後就輸的多，贏的少。一輸他就不服氣，而且想翻本，不肯再停手，偏偏他的寳路和寳官的相反。楊大春看準他下對了路就賣，他不服氣就調頭，盅子一揭開，果然輸了。楊大春看他下錯時，就不賣，爽利地把盅子揭開，把他的吃掉。最後他輸的精光，而且沒有人肯借賭本。

散場時，楊大春望望他，似笑非笑地說：

「輸光了也好，免得再打歪主意。」

七

木牌釘好之後沒有人再打雁，半吊子買槍的錢也輸光了。早晚的天空寫滿了人字和一字，充滿了「咯—哦—咯—哦—」的聲音。

冬去春來，桃紅柳綠，吃得肥肥壯壯，羽毛發亮的雁，一隊隊向北飛去。

雁一走，燕子又穿着漂亮的大禮服，剪着春水，穿過柳條，倏忽而至。

楊幼齡突然看見一對燕子在他門口飛來飛去，他不禁歡呼起來。他母親連忙把一扇關着的大門拉開，那對燕子穿梭一樣地飛進屋來，落在樑上的窩裏，呢呢喃喃。楊幼齡仰着頭看得發呆。楊大嬸把手輕輕地放在他的頭上，笑着說：

「牠身上沒有四兩肉，你不要打歪主意。」

楊幼齡如夢初醒，搖着母親的手笑說：

「娘，牠們都是妳的嬌客，我還敢動一根毛？」

歲寒圖

三個月未寫隻字的杜天仇，故意和自己過不去。早晨起的很晏，早飯後又看看中英文報紙，連小廣告也一字不漏。看完兩份報紙，就到了吃午飯的時間，吃過午飯又往床上一躺，一睡又是兩三個鐘頭，起來又看相書，聊齋，一天的光陰很容易打發過去。晚上更躺在床上看聊齋，他希望看個好心漂亮的狐仙和女鬼來投懷送抱，然後留下黃金白銀或是傳給他點金術，飄然而去，那他就用不着計算字數過日子。他實在厭煩了這種鬼事，這三個月來連筆也懶得摸，信也不寫。

可是每天晚上他也是呼呼大睡，從來沒有夢見狐仙和女鬼。他自己也很奇怪，怎麼這樣能睡？以前不是這個樣子，「大概這盌飯眞的不能吃了？」他心裡常常這樣想。

他太太每天早晨六點鐘就受驚似的一骨碌爬起來，預備小兒子上學的早飯，再趕着洗衣買菜。忙完之後，總在八點多鐘。過去她早晨不和他嘀咕，這天却沒有好氣地把他推醒，大聲地說：

「你這樣吃了睡，睡了吃，幾個月沒有摸一下筆，又百事不管，怎麼得了？……」

「大清早唧哩哇啦，擾人清夢，妳這是什麼意思？」他睜開惺忪的睡眼，也沒有好氣地說。

「你說什麼意思?今天老黃連靑菜也不肯賒，潑我一頭的冷水，我挺在那裡走也不是，不走也不是，眞丟人死了!馬上又過年開學，老大的康徽素也打完了，這會子不說一萬，也得八千，你叫我怎麼對付?……」她說着說着哭了起來。

他看見太太那副委屈樣子和老黃的勢利眼，就一句話也不說。老黃是老鄰居，五年前只有幾十塊錢的本錢，賣賣生地瓜，生活很苦。現在買了一棟三開間的瓦屋，電視機、冰箱、收音機、樣樣齊全。再加上一輛賣菜的三輪機車，搶盡了附近的生意。這幾年單是他家的菜錢老黃也賺了兩三萬。因此吃得肥肥胖胖，又紅又白。可就是太勢利，認錢不認人。有錢眉開眼笑，沒有錢馬上兩眼一瞪，樣子難看得很。他眞不敢領教，幸虧是他太太。

他默默地爬起來，她太太又一頓訴說:

「你的朋友得獎的得獎，拍電影的拍電影，過得行雲流水，你一下都不動腦筋;人家約你寫長篇，你也一口回絕，現在連筆也不摸一下，你這究竟是和誰過不去?」

「和我自己過不去。」他不慍不怒地回答。

「你一個人餓死活該!拖着這麼一家子眞要人的命!」

要是十年前他會馬上回答她:「那我們離婚好了!」現在他連這種話也懶得說。逕自去漱口洗臉。

他飯也不吃，騎着洋馬出去。究竟應該到什麼地方去?他自己也不知道。他忽然想到山東老鄉開的「大陸豆漿店」去吃早點，那裡的豆漿燒餅油條十分道地，眞有大陸風味。可是摸摸口袋，連五毛的角子也沒有。想到大陸豆漿店牆壁上貼的紅紙條子：「本小利微，至親好友，賒欠免言。」他就沒有勇氣去。

他騎着車子在馬路上兜來兜去，沒有目的，可也不想回去。他慢慢地踏着，像是散步，悠閒地欣賞來去如飛的轎車、計程車、巴士，以及後座載着年輕漂亮的女人的本田機車，大家都是那麼匆匆忙忙，彷彿大火燒着屁股。這就是工商業社會？這就是人生？這就是所謂「起飛」？他想不透，只覺得人像着了魔一樣，跟着一個無形的東西轉，幾乎連思想的時間都沒有，人變成了賺鈔票的機器，吃鈔票的機器，這樣活着究竟有什麼意義？想着，想着，不知不覺來到三叉路口。突然一輛紅色的計程車斜裡衝來，閃避不及，只好把車頭微微一偏，避免頂頭直撞，但計程車還是撞着他脚踏車的前輪，他只覺得身子一震，人和車子同時彈飛出去，又猛然落地。他定神一看，前輪撞跌得像個大元寶。來往的車子很多，他怕車子從他身上輾過去，連忙提起脚踏車退到路邊。那輛計程車本來停了一下，看他自己提起車子站在路邊，司機一笑，開着車子一溜烟地走了。他這才發現手在流血，脚也有點痛。他又全身上下運動一下，幸好沒有折骨或脫臼的感覺。看看車輪撞的歪歪扭扭，他覺得這眞是奇蹟；手指只傷了一道小口，沒有大碍，他用手絹把血揩掉，包好。路人驚奇地望着他，好笑，一位老人嗨了一聲，說句「命大！」

車子不能再騎，他也無法揹回家。他向兩邊街上打量一下，恰巧一百公尺左右的地方有一家車行，他把車子連拖帶提弄了過去。一身油膩的夥計看看歪歪扭扭的車輪，又打量他一眼，說一聲「你先生命大。」

「老弟，命大的坐轎車，不用脚踏。」他笑着回答。

他把車子交給夥計，講好了價錢，約好了取車的時間，拔脚就走。走到巴士，他摸摸小口袋，回數票沒有帶在身上，又沒有碰見熟人，他只好開着十一號車子走。走路他不在乎，抗戰時他一天走過一百二十里的山路，現在還沒有老掉牙，十幾站路他自信還能走，然脚掌有點痛，咬咬牙也能忍受。

他太太看他騎着車子出去，兩腿空空的回來，歪着頭問：

「怎麼？你把車子賣了？」

「那種老爺車有誰要？」他笑着回答。

「車呢？」她又補上一句。

「有點毛病，放在車行修理。」

「越是沒有錢，越會花錢，看你拿什麼去取！」太太眼一瞪，頭一扭，轉身就走。

他想想又好氣又好笑，心裡在說：「總算沒有讓妳做寡婦，妳還不知足？」

他又躺在床上看聊齋，滿眼狐鬼，忘記饑餓。看到「賈奉雉」一章，不禁會心地一笑。

吃午飯時，太太又嘀嘀咕咕，他懶得理會，後來煩了，他才輕描淡寫地回答：

「今天我少吃了一頓，有一天我會完全不食人間烟火。」

「你不吃我和孩子可要吃。」她氣鼓鼓地說。

他望望她和四個孩子，狼吞虎嚥，吃的非常有味，要想他們戒飯，恐怕不大可能？他只好裝聾作啞。

放下盌筷，在屋子前後轉了一圈，他又往床上一躺，準備大睡。他太太趕來把被子一掀：

「你白吃白喝，連筆也不摸一下，今天也別想挺屍！」

要是十年前，他會一脚把她蹬的仰面朝天，現在越看她越可憐，不願和她計較。他想起好幾天沒有去和李醉白聊天，既然不能睡覺，不如去和他聊聊，比爬格子有意思得多。他比李醉白雖然小十多歲，可是兩人最談得來。

李醉白是一家報社的編輯，工作輕鬆，一千多塊錢的薪水剛好夠他住旅館。孩子的教育費和自己的生活費完全靠他寫稿，他斷絃已久，兒子都在南部住校，一個人租房子住一切都不方便，而且容易失竊，因此率性長期住旅館，一個月反而可以逼出幾萬字來。以前失業幾年，住在家裡却一字未寫，弄得一身是債。

杜天仇走上李醉白住的那家旅館的三樓，一轉彎就發現李醉白和一位女的坐在房門口，兩人面對面的坐着，隔得相當遠。李醉白穿着睡衣，灰白的頭髮蓬亂如草，鬍鬚也幾天未刮，顯得精神萎靡。那女的背影看來十分年輕，身材窈窕。李醉白一看見杜天仇便如獲大赦似的站起來招呼那女的也站了起來，回頭望了杜天仇一眼。杜天仇發覺她長的很秀氣，大約二十來歲。

李醉白只平淡地向那女的介紹了一下杜天仇，說是「杜先生」，不像別的朋友連名帶姓都說出來，而且要加上「大作家」三個字。他對杜天仇介紹那女的也只說「周小姐」三個字，聲音輕而含糊，要是新朋友準會聽不出來。

那女的看見杜天仇和李醉白走進房間，站在門口向李醉白像蚊子一樣嗡了一聲：「我走了。」臉上有點紅暈，眼睛裡有點艾怨。

李醉白沒有送她，只隨便點了點頭。她一走他就把房門關上，舒了一口氣。

「這位小姐是你的什麼人？」杜天仇笑着問李醉白。

「讀者。」李醉白平淡地回答。

「我看不像普通的讀者？」杜天仇望着李醉白笑。

「我坦白告訴你，她纏了我好幾個月。」李醉白遞給杜天仇一杯茶，慢慢坐下。

「你眞的不解溫柔，那麼年輕漂亮的小姐，你怎麼讓她挺在門外？」杜天仇責怪他。

「瓜田李下，我不想惹一身騷。」李醉白一笑，精神煥發，不像剛才那種睜不開眼睛的樣子。

「今天她來找你有什麼事？」

「她要我搬到她家裡去住。她說她家裡房子大，人口少，比住旅館舒服。」李醉白捧着茶杯，像說別人的故事。

「她對你這麼關心，你怎麼好像連和她說話的精神都提不起來？」

「我故意裝蒜。」李醉白笑了起來：「讓她把我看成老朽，免得她神魂顛倒。」

杜天仇哈哈大笑，接着問他：

「黛來的艷福，你又是孤家寡人，何必拒人千里？」

「她比我的大兒子還小，我這麼一大把年紀，自己活的都不耐煩，何必？」

「她今年多大年紀？」

「她今年才二十一歲。我坐五望六，老夫少妻，那怎麼可以？」李醉白捧着茶杯苦笑。

「人家一百二十歲還生孩子。你的身體好，沒有關係。」杜天仇打趣地說。昨天他在報上看到南美洲有個老頭子一百三十七歲，最小的兒子才十六歲。

「多活一天多受罪，我不想做老烏龜。」李醉白也輕鬆地笑了。

「現在醫藥發達，臺灣人壽平均增加了二十四歲，算命的說你的壽命九十七歲，九十七加二十四，你最少活一百二十一歲，還早的很。」杜天仇知道李醉白歡喜算命，所有的命單都批他高壽。

「算命的也和我搗蛋。」李醉白笑了起來：「個個說我長壽，就沒有一個說我發財。」

「他們還說你明年紅鸞星動，你現在正好未雨綢繆。」

「一個人都活不下去，我實在不想再婚。」李醉白搖搖頭。「我對你說實話，像周小姐這樣的讀者，還有好幾位，我都沒有理會。」

李醉白隨手拿出三封信給杜天仇看，其中有兩封還附了照片，都很年輕漂亮，信也寫得文情並茂。杜天仇看過之後笑着對他說：

「就憑這一點你就可以自豪。」

「文字孽，沒有什麽意思。」李醉白搖搖頭：「我寫文章是爲了吃飯，她們看成羅曼蒂克，牛頭不對馬嘴，你說，我那有心情談什麽鬼的戀愛？」

杜天仇笑了起來。一想到他只比自己少個太太，少個孩子，多個職業，兩下相抵，彼此彼此，都是靠一枝筆，他的笑聲突然中斷。李醉白又接着說：

「說眞的，只要能夠活命，我決不寫一個字。」

「我已經三個月沒有提筆。」杜天仇說。

「那是好事。」李醉白連忙讚嘆。

「可是已經好到沒有一粒米。」杜天仇望着李醉白笑。

李醉白不禁微微一怔。杜天仇又接着說：

「奇怪，今天早晨撞車，偏偏不死。不然一了百了，倒很省事。」

李醉白忙問是怎麽回事？杜天仇源源本本告訴他。他聽了哈哈一笑：

「幸虧沒有死，不然我一個人活着更沒有意思。」

兩人同時笑了起來，又都笑出了眼淚。李醉白忽然想起什麼似的對杜天仇說：

「我拿幾篇文章給你看看。」

他隨手在抽屜裡拿出三本雜誌，先翻出兩篇短文章給杜天仇看，一篇是罵幾個作家的，一篇是專捧一個作家的，兩篇作者名字不同，筆調却是一樣，杜天仇看完之後，李醉白偏着頭問他：

「你猜是誰寫的？」

「這倒難猜。」杜天仇沉思了一會說。

李醉白又對他說：

「不忙說出來，我們兩人各自寫在手掌心上，然後一對，看看我們的看法是否相同？」

杜天仇讚成這個辦法，低頭想了一會，說聲「得了」，連忙拔出鋼筆將那兩篇文章作者的眞實名字寫在左手掌心，李醉白早己寫好。兩人同時把手掌一亮，竟是不謀而合，名字相同，兩人大笑。

「惡劣，惡劣！」李醉白搖搖頭：「匿名捧自己，罵別人，什麼玩藝？」

隨後他又翻出另一篇長文，指給杜天仇看：

「這是局外人寫的，倒很客觀。」

杜天仇一口氣把這篇文章看完，把雜誌退還，笑着對李醉白說：

「剛才我們猜的那位，罵得最慘！」

「他以為人人可欺，不知道別人是心存忠厚。想不到走多了夜路終於碰見鬼。」李醉白說，隨後又嘆口氣：「如果我的生意不垮，我一個字也不會寫。說實話，我對寫作這一行最無興趣。縱然寫出第二部紅樓夢來又有什麼意思？曹雪芹活得多麼窩囊？」

「我和你的想法有點不同。」杜天仇說。

「怎麼？你說來聽聽？」李醉白望着杜天仇笑。

「我希望有了錢以後再慢慢地寫。」杜天仇說。「花十年二十年功夫，寫出二十年前就想寫的那一部，然後束之高閣，安心地死。」

「那我們去算個命吧，看什麼時候能夠發財？」李醉白笑着提議。

「你找到了名家？」杜天仇問。

「聽說程太乙很靈，我已經打聽到他的地址。」李醉白隨手在口袋裡摸出一張紙條，上面寫了陳太乙的地址和電話號碼。

「那就不妨去試試。」杜天仇說：「不過我沒有錢。」

「只要一百塊錢一個，我墊。」李醉白慷慨地說。隨即拿起電話，打了過去，講了幾句。

「在家，我們現在就去。」李醉白放下電話高興地說。

兩人一道出來，走到旅館門口杜天仇笑着對李醉白說：「要是眞的發財你打算怎樣？」

「第一件事我就摔掉這枝筆。」李醉白認眞地說。隨後又問杜天仇：「你呢？」

「吃飽了，喝足了，玩夠了，我再動筆。一個月寫三五天，一天最多寫三兩百字。如果我不得「cancer」，大概還有三四十年好活，總可以寫完那部東西。」

「好吧，但願程太乙通神，讓咱們兩人各行其是。」李醉白笑着說。

三十分鐘後，他們到了程太乙的公館。這是一座漂亮的洋樓。程太乙是業餘算命，看來有幾分書卷氣。

他先給李醉白推算，四柱八字一排好，就說李醉白命帶文昌，長生，幹筆墨生涯可以，而且壽元很高。但是財運不好，絕對不宜作生意。李醉白聽了兩眉打結，一臉的苦笑。不等他算完，就請他替杜天仇算。

程太乙心裡有點不高興，笑着對李醉白說：

「李先生，你的八字如此，我說的是直話，你雖然不會發財，但文昌長生非常可貴。」

「文昌長生有什麼可貴？」杜天仇插嘴。

「文昌主人聰明智慧，可享大名；長生就是長壽，我看李先生可以活上百歲。」程太乙說。

「文章不值錢，虛名有什麼用？不如早死。」李醉白連連搖頭。

程太乙又替杜天仇算，排好八字後又打量杜天仇和李醉白一會，笑着對他們說：

「奇怪，兩位的貴造大同小異。不過杜先生下面有個好運，會改弦更張。」

「什麼時候進好運？」杜天仇連忙問。

「明年冬至。」程太乙說。

杜天仇嘆了一口氣，望着程太乙說：

「程先生，我今年就過不去，還能等到明年冬至？」

「杜先生，鴻運如此，不可强求。」

「找個小公務員幹，可不可以？」杜天仇生氣地說。

「那也沒有閣下的份。」程太乙搖搖頭。

李醉白拿出兩百塊錢，往枱子上一放，兩人拔脚就走。走出門外，兩人又好氣又好笑。杜天仇對李醉白說：

「你想發財倒先破財，這一下就去掉你兩三千字。」

「如果命中眞的註定煮字療饑，我眞不想活。」李醉白垂頭喪氣。

「他說你命帶長生，壽元高得很。」杜天仇說。

「我吃幾斤巴拉松總死得掉？」李醉白生氣地說。

杜天仇嗤的一聲，不禁失笑。

他們兩人又一道回到旅社，很不開心。過了一會李醉白黯然地說：

「我太太死了幾年，一直未葬。今年過年以前，縱然不能讓她下土，最少也要把她火葬，把骨灰帶到臺北來存放。偏偏就沒有一點財運，眞的嘔人。」

「死的不能安葬，生的不能過年，我們彼此彼此。」杜天仇解嘲地說。

李醉白的同事錢笑生突然闖了進來，一看見杜天仇也在這裡十分高興。他是個兜得轉，吃得開的人，身兼四五個事，今年還得了一筆獎金，名利雙收。他一坐定，就問他們最近寫些什麼東西？

「他什麼也沒有寫，」李醉白指指杜天仇說：「我想摔這枝筆又摔不掉，眞的窩囊。」

「不寫不行，光是埋頭寫也不行。」錢笑生點燃一枝烟說。

「那怎麼辦？」杜天仇笑着問他。

「戲法人人會變，各有巧妙不同。」錢笑生指着杜天仇說：「就以你老兄來說吧，作品不談，單是看相你就可以發財。」

「我只懂得一點皮毛，對寫作可能有點幫助，靠它發財談何容易？」杜天仇說。

「你以前隨便替我看看，例比那些老江湖靈得多。要是你肯下海，我當你的經理人，保險比你寫文章强一百倍。」錢笑生拍拍胸脯說。

「這是兩回事，我還沒有想到要走那條路。」杜天仇說。

「放心，對你的大名沒有一點妨碍，你還可以照樣寫你的文章，一切由我替你計劃，包你吃的好，住的好，還有漂亮的小姐侍候……」

杜天仇哈哈大笑。李醉白笑着對他說：

「老錢是眞有辦法，不是胡吹。」

「怎樣？咱們兩人就合作一下？」錢笑生望着杜天仇笑：「發個小財，砌棟洋樓……」

「我笨嘴笨舌，不是這塊料。」杜天仇笑着回答。

「你老兄眞是有財都不肯發，那有什麼辦法？」錢笑生笑着搖頭。「我要是有你這一手，只利用晚上三四個鐘頭，每天就可以撈它千兒八百。」

「錢難賺，屎難吃，你說的太容易。」杜天仇用力搖頭。

「我說了戲法人人會變，各有巧妙不同。」錢笑生彈彈烟灰，神秘地一笑：「平地起高樓的事我看的太多！就以寫作來說，請勿見怪，恕我直言，像你們兩位，都是頭戴石臼玩獅子，吃力不討好。要是別人，早就名利雙收了……。」

杜天仇望着他笑，一點也不生氣。李醉白還笑着說：

「你的話完全正確，咱們實在跟不上這個時代。」

杜天仇聽了哈哈大笑，隨後又對錢笑生說：

「錢兄，我寧可同你合作看相……」

「眞的？」錢笑生跳了起來，一把抓住杜天仇的手。盯着他問。

杜天仇笑着回答：

「富而可求也，雖執鞭之士，吾亦爲之；如不可求——」

「怎樣？」錢笑生連忙問。

「從吾所好。」杜天仇曼聲回答。

錢笑生把杜天仇一推，指着他的鼻尖笑罵：

「頑固，頑固！窮命，窮命！」

三人大笑一陣。錢笑生忽然想起什麼似的看看手錶，右脚一頓，笑着對他們兩人說：

「糟糕！只顧和你們胡扯，差點兒忘記開會。」

聲音未落，人已跑出門外，又脚步咚咚地跑下樓梯。

杜天仇和李醉白不禁失笑。

旅館的女侍送上一封信來，是李醉白在高雄的兩個兒子寄來的，一個在上高二，一個在唸高三，他們兩人聯名向他問安，同時要一個月的伙食費和零用錢。李醉白看了一笑，又微微縐起眉頭。他的兒子十分孝順，這是他唯一的安慰。他把信遞給杜天仇看，杜天仇掠了一眼，問他需要多少錢？李醉白說：

「伙食費每人三百五，零用錢每人一百，一共得九百塊。說不定台中的老大這幾天也會有信來？那就得一千多。」

「那得兩個短篇。」杜天仇忖度地說。

「糟的是現在頭腦裡空空如也。」李醉白茫然地望着天花板，抓抓頭皮說。

「那我不打擾了，你安靜地想想吧。」杜天仇站起來告辭。

「說眞的，我情願和你聊聊天，實在不想寫什麼鬼東西。」李醉白握握杜天仇的手說。

「我改天再來長談。」杜天仇邊說邊退出房間。李醉白也不遠送。

走到街上，迎面撲來一陣寒風，杜天仇不禁打了一個寒噤。這是今年的第三個寒流，氣溫突然下降到七度，傍晚的風有點像刀口，街上的行人都縮頭縮頸地急走，爛報紙彷彿着了魔一樣，隨風起舞，打轉，甚至像芭蕾舞星金鷄獨立地旋舞。

杜天仇的肚子在唱空城許，他匆匆地趕到公共汽車站，擠上巴士，擠在人群中間，覺得暖和多了。

回到家裡，看到桌上有兩封信。一封信是老朋友許子玉問候起居的信，一封是約稿的信。編者請他以李後主和大周后小周后的宮庭生活，寫一部三十萬字的長篇。還特別說明「稿費千字百元，並可預支五千，連載後負責介紹出版，版稅另算。但須香艷細膩，年前先交五萬字。」他望着信考慮了半天。一是過年不到二十天，他趕不出五萬字；二是他從來沒有寫過這類小說，不想搶別人的生意。最後他把信輕輕一揉，悄悄地塞進字紙簍。不巧被他太太看見，趕了過來，指着他的鼻子問：

「你發什麼神經病？你不想活命？」

「我已經坐四望五，現在死也不算短命。」他笑着回答。

「你不想活，我和孩子可不想死！」

「現在醫藥進步，你們都會長命百歲。」

「我們不想吃長生藥，只要吃飯。」

他不禁啞然失笑。飯實在重要，他的肚子又在咕咕叫了。

「謀生的辦法很多，妳何必一定要逼我爬格子？」他心平氣和地反問。

「你走慣了獨木橋，還能上陽關大道？」她也反問他。

「好吧，明天我就改行。」他突然想起錢笑生那番話，就用來作個緩兵之計。

「你先說給我聽聽，看看遠水能不能救近火？」她一步也不放鬆。

「我還沒有吃飯，妳讓我吃了再說好好不？」他望着她說。

「飯在桌上，你自己不會去吃？」她頭一扭，故意走開，不再逼他。

飯桌上只有一樣泡菜，飯也是冷的。他用開水泡泡，吃得津津有味。同時想到聊齋上的賈奉雉，希望海上也突然來一隻仙舟，把他接走，他就用不着再編一套話來搪塞太太，也不必顧慮明天的油鹽柴米了。

泥龍

一

林彥博像游魂一樣在大街上晃來晃去。他兩手塞在晴雨兩用的舊大衣口袋裏，背微微弓着，頭髮未梳，鬍鬚未刮，而面目仍然俊秀，看來還有幾分名士派頭。

他毫無目的地閒逛，他自嘲地說他是壓路機，幾乎每天華燈初上以後，他就出來壓馬路，看看五顏六色的百貨，花花綠綠的書攤，以及和他摩肩而過的少男少女……。

他忽然毫不經意地看到騎樓上懸着一塊「青雲居士論命」的橫牌，他駐足打量了幾眼，想想四年來都沒有固定的工作，是不是命運作怪？年輕時他覺得雙手可以扭轉乾坤，豪氣可以干雲。這幾年來顚顚倒倒，風雨飄搖，他才知道個人力量有限，而且渺小得像一隻小螞蟻，隨時可以被人踩死。他對於自己越來越沒有信心。

「命？難道眞的萬般皆是命？」他想到很多人同他談到命，而且越是知識份子越愛談這個問題。「也許是眞有點道理？」

他像第一次進黑咖啡舘一樣，懷着幾分好奇的心理，沿着窄梯，爬上樓去。

他一跨進房門，就看見一位七十多歲的老人和一位中年人在下象棋，悠閒得很。老人看他進來，連忙把棋盤棋子收起，請他在旁邊坐下。他說明來意之後，老人就舖開一張印有「青雲居士命苑」字樣的白紙，請他報出自己的年月日時，老人就按着天干地支排好四柱八字，然後在年柱上寫上「正官」，月柱上寫上「正印」，時柱上又寫上「正官」。在四柱底下又寫上「文昌」、「長生」、「食神」、「比肩」……這些字樣，再在下面寫出流年大運。通盤看了一下，又在旁邊寫出「官印相生格」五個大字。

林彥博一竅不通，像看天書一樣望着紙上的那些文字。看別的書他能一目瞭然，心領神會，對於這種「哲學」，他像隔着萬重山，五里霧，對於青雲居士有點莫測高深。

他在迷迷惘惘時，青雲居士突然對他說：

「林先生，貴造天干官印相生，命中財旺生官，稟性仁厚，急公好義，智慧極高，能言善辯，權威甚佳，富貴兼全。……」

林彥博受寵若驚，但一想到目前的處境，連忙打斷青雲居士的話：「老先生，不瞞你說，在下腦筋倒不算笨，人也有點傻勁，就是富貴無分……」

青雲居士一頓，望了他一會，又笑着說：

「閣下今年三十七歲，目前這個運稍有一點官煞混雜，陰晴不定。現在我要請教一句：你有沒有結過婚？」

「不瞞你說，一個人都活不下去，還有能力結婚？」林彥博坦率地一笑。

「我告訴你，你紅鸞星動。很可能因妻發跡，因妻發財。」

林彥博眼睛一亮，高興地說：「眞有這回事？」

「有此現象，」青雲居士點點頭：「閣下好自爲之。」

林彥博彷彿打了一支強心針，喜不自勝。以後的事他就懶得問，又有老婆又發財，人生夫復何求？

付過錢，他就匆匆地趕回朋友劉紀羣的宿舍。他失業以後，一直寄住在劉紀羣的單身宿舍裏，在劉紀羣的對面架了一張單人床。白天劉紀羣上班，多半是他一個人霸佔這間寢室。

劉紀羣正躺在床上開電晶體收音機。他一進門就把電晶體收音機搶過來關上，坐在床沿上興沖沖地對劉紀羣說：「紀羣，我報告你一個好消息。」

「什麼好消息？難道你眞的中了五十萬？」劉紀羣身子一挺，坐了起來。他知道林彥博寧可不穿褲子，每期總得買一聯愛國獎券。

「五十萬早給人家包了，那有我的份？」林彥博兩肩一聳。

「除此之外，還有什麼鬼的好消息？」劉紀羣瞪着兩眼望着他。

「你猜猜看？」林彥博故意賣個關子。

劉紀羣上下打量他一眼，隨便問了一句。

「莫非檢到女人的皮包？」

「我沒有偏財運，那有這麼好的事情？」

「你也沒有打搶的勇氣，有什麼鬼的好消息！」劉紀羣白了他一眼。

他這才將算命的事源源本本地告訴劉紀羣，劉紀羣聽了也很高興，在他肩上一拍：「好小子，要是眞有這種事，我也去算個命！」

「各人造化不同，你不一定能發老婆財。」林彥博得意地說。

「要是你眞有那種狗屎運氣，靠老婆發跡，老朋友，我多少也能沾點兒光？」

「青雲居士說我是富貴命，一朝春雷動，自然帶你上青雲。」林彥博飄飄然地回答。

二

林彥博本來是名士派頭，不修邊幅。自從算命以後，他便注意儀表，天天早晨修面，舊西裝也燙的筆挺。他給人捉刀的稿費，剛好分到了一筆，還有一個月的臨時代課鐘點費，又可以維持一段日子。

有了那麼一個因女人發跡發財的希望，他的心不再是一潭死水，時刻蠢蠢欲動。一個人在房間裏怎樣也坐不住，白天也要出去蹓躂幾次，希望能夠出現奇蹟。

一連兩個禮拜，毫無動靜。他所遇見的小姐，都是那麼矜持，那麼高不可攀；尤其是熟識的小姐，對他都沒有興趣，他請她們看電影、喝咖啡，她們都借故推辭。他幾乎心灰意冷，暗罵青雲居士胡言亂語。

一天他參加一個朋友的婚禮，有一位年輕的小姐和他同席，恰巧坐在他的上手，大家互相介紹之後，他知道她姓唐。他覺得她溫柔大方，雖不是國色天香，倒也在中人以上，要是競選中國小姐，說不定也可以入圍。她對他也特別注意，他替她夾菜時她一定笑着說聲「謝謝」，聲音十分清脆，兩人談話又很投機。散席時還一道出來，很愉快的分手。

星期天看下午七點鐘電影時，恰巧又碰見她，她正想託人代買電影票，他排在前面，替她多買了一張。

兩小時的電影，他們談了更多的話，瞭解更多，而且她接受了他下次的邀約。他回來時自然把經過情形告訴劉紀羣。

「大學生，董事長的千金，要是眞的成功，那靑雲居士簡直是活神仙！」劉紀羣說。

「看情形倒很像那麼回事？」林彥博興奮地說。

「機會難得，你要好好地抓住」。劉紀羣說。「果眞到手，這一下子你就掉進金銀窖裏去了！」

「說實話，我有點心虛。」林彥博又冷靜下來。

「你應該鼓起勇氣。」

「四年前，琍琍把我摔的好慘。」林彥博始終沒有忘記他和楊琍琍的那段往事，本來他們兩人已論嫁娶，後來他一失業，她對他就漸漸冷淡，終於把他摔掉，這雙重打擊，使他一度想跳淡水河。

「不要想那些陳年濫帳，」劉紀羣鼓勵他：「這是個新的開始，青雲居士既然說你紅鸞星動，因妻得財，因妻發跡，這眞是一舉兩得，說不定老丈人會給你當廠長總經理？」

劉紀羣說得儼然像那麼回事，林彥博也不禁失笑。

「不過這次你不能直鉤兒釣魚。」劉紀羣特別提醒他。「多少得運用一點技巧。」

「我總不能冒充教授，總經理？……」

「運用之妙，存乎一心。只要你隨時向我報告，我會給你參謀參謀。」

劉紀羣雖然那麼說，林彥博可沒有在唐麗卿面前要手段，不過特別小心謹愼，體貼殷勤。也許眞的是一見鍾情，唐小姐對他特別好，知道他沒有固定工作後，態度也未改變，而且答應替他在父親的公司裏弄個適當的職位。林彥博心裏雖然高興，但他瞭解世道人心，不想唐突冒昧。他審愼地對唐麗卿說：

「暫時不必驚動令尊，如果我眞需幫助時再說。」

「不瞞你說，我父親沒有唸多少書。現在事業越來越大，錢越賺越多，的確需要有頭腦有學問的好幫手。」唐麗卿坦白地說。

「如果妳認爲我對令尊眞有幫助，那就不妨試試。」他望着她說：「不過妳怎樣啟齒？」

她臉孔微微一紅，停了一會，忽然把頭一昂說：「我會直說。」

林彥博這一喜，情不自禁把她摟在懷裏。他覺得青雲居士的話是在一步步地應驗。

可是這次分手之後，她第一次失約，他寫了幾封信去，也如石沉大海，他急得像熱鍋上的螞蟻，想不出是什麼原因。他不得不把這情形告訴劉紀羣，隨後又問他：「你看她會不會出事？」

「要是出事，自然會見報。」劉紀羣說：「在台北放個屁都會有人知道。」

林彥博被他說得一笑，隨後又責怪他：

「我和你說正經話，你怎麼尋我開心？」

「我說的是正經話，誰尋你開心？」劉紀羣笑着回答。

「那她爲什麼失約？爲什麼不回信？」

「也許她有別的事情？也許她生病？」

「那我怎麼辦？」

「等。」

「等什麼？」

「等她來信。」

「她不來信呢？」

「看樣子她對你是一片眞心，無論如何都會來信。」

林彥博只好等，除了等以外他也沒有別的法子。只是心急如焚，失魂落魄，而且神經過敏。聽見一點響動，他就以為是郵差送信。有一次看見一個陌生人在宿舍前走過，朝他望了兩眼。因為不是唐麗卿，他懶得理會。

他在房間裏坐不住就往外跑，在街上蕩來蕩去，特別注意年輕的女人，希望碰上唐麗卿。可是一連幾天，他連唐麗卿的影子也沒有看見，倒是發現一個穿牛仔褲的青年如影隨形地跟着他。他覺得自己不是什麼幫的人物，不和他們爭地盤，不搶收保護費，所以坦坦蕩蕩，毫不介意。

他整整有兩個禮拜，沒有見到唐麗卿，沒有收到她片紙隻字，他忍不住又寫了一封長信給她。他覺得她和楊琍琍的氣質不同。楊琍琍老練、世故、勢利、虛榮；她純潔、渾厚，相信她不會玩弄他。

果然，第三天他接到她一封短信，約他晚上八點在公路局東站見面，一切面談。他接到這封信，彷彿中了第一特獎，也不告訴劉紀羣，不到天黑，就趕到東站，買了一份晚報，邊看邊等。他想像這次見面時歡樂的情形，心情就有點緊張激動。他有千言萬語要對她講，他想她一定也有很多話向他傾訴，說不定還會掉幾滴眼淚。像她這樣初戀的女孩子是很會流淚的。

等着，等着，起先覺得時鐘太慢，快到八點時，心情又有點緊張，看看自己的錶，又看看車站的鐘，伸着頭東張西望。八點到了，還不見唐麗卿的影子，他急得團團轉。突然有人在他後面拍拍他的肩膀，他以為是唐麗卿，猛然回頭，却是一位二十來歲穿着學生服的青年。他似曾相識，一時又想不起在什麼地方見過。那青年人却笑着對他說：

「林先生，我姐姐害急性盲腸炎，住在榮民醫院，不能行動，她要我來接你去。」

「怎麼？我一點也不知道！」林彥博驚愕地說：「要不要緊？」

「早動過手術，現在沒有關係。」青年人邊說邊向他招手：「來坐我們的車子去。」

他像着了魔一樣，跟着那個年青人走近一輛黑色的新驕車，青年人拉開車門，讓他先進去，他有點受寵若驚。他剛一坐定，那青年人緊跟着進來，坐在他的旁邊，同時司機旁邊也坐進來另一位青年人。這人肩寬背闊，身體棒得很。林彥博沒有看見他的臉，車子開動以後，坐在司機旁邊的青年回頭望了林彥博一眼，林彥博發現他顴骨上有一道一寸多長的疤痕，兩眼懾人心魂，林彥博不禁一怔，輕輕地問坐在他旁邊的青年那是誰？

「是我大哥。」他旁邊的青年回答，同時拍拍坐在前面的青年人的肩膀：「喂，你還沒有和林先生打招呼嘛！」

那青年人回過頭來，伸出一隻大手和林彥博一握，咧嘴一笑。林彥博這才定心。

林彥博心中想念唐麗卿，向坐在身邊的青年人頻頻探問她的情形。那青年人很會講話，有問必答，兩人談得十分投機，最後那青年人笑着在他肩上一拍：

「不必急，你馬上就可以見到我姐姐，我們決不作蠟燭，讓你們kiss, kiss！」

說罷哈哈大笑，前面的青年也哈哈大笑。

林彥博羞的面紅耳赤。他忽然發覺這不是去榮民總醫院的路，是去奇岩新村的路，這條路比較偏僻，而他們現在又正走在黑暗的山坡邊沿。

「怎麼？不是去榮民總醫院？」

「條條大路通羅馬，何必一定要走石牌？」他旁邊的青年調侃地說。

他覺得有點不對勁，車子突然停住，燈也熄掉。

「下去，車子出了毛病。」他身邊的青年把他輕輕一推，前面的青年恰好把車門拉開，把他拖了出來。

「你們這是做什麼？」林彥博驚叫起來。

「識相點，別作聲！」抓住他的青年人驚告他，他覺得這人的力氣很大。

「對不起，我身上沒有錢。鋼筆手錶你儘管拿去。」

「放屁！誰要你的鋼筆手錶？」那青年人冷笑：「我們早知道你是個窮光蛋，怎麼你癩蛤蟆想吃天鵝肉？」

「對不起，我不知道你是什麼意思？」林彥博聲音發抖。

「明人不作暗事，我老實告訴你！」那青年用力把他往上一提，他覺得兩腳離地，隨後又把他往下一篤，腳跟震得他後腦發痛：「以後不許你再纏唐麗卿！」

林彥博沒有作聲，站在他後面的那個青年人說：

「我姐姐明年暑假出國留學，你別做夢，想當我爸爸的秘書，一步一步地爬上來。告訴你，你連當工人也不夠資格！誰要你這臭小子？」

「少和他廢話，動不動手？」抓住林彥博的青年人問。

「問問他肯不肯和我姐姐一刀兩斷？」站在林彥博後面的青年人說：「要是肯，只給他一頓拳腳，不肯，就給他幾刀子！」

林彥博聽說嚇得渾身發抖，白刀子進，紅刀子出，那不要命？縱然不死，他也住不起醫院。因此連忙聲明：

「請兩位高抬貴手，我沒有勾引唐小姐，我答應和她斷絕來往就是。」

「好，還算識相。」站在他後面的青年人說，隨卽在他腰上揍了兩拳。那抓着他的青年人又劈面一拳把他打倒，跪在他身上結結實實揍了幾下。他想喊叫，嘴巴又被按住。他越掙扎，拳頭打的越重。最後他們兩人跳起來，警告他說：

「今天只給你吃點小菜，不許聲張，如果報案，先要你的狗命！」

說完雙雙上車，車燈一亮，車子嗚的一聲溜走。

他慢慢地掙扎着爬起來，鼻子流血，胸口酸痛。這是兩站之間的空地，他望望兩頭都沒有車來，掏出手帕先把臉擦乾淨，然後一拐一拐地向最近的招呼站走。這時他突然想起那和他坐在一塊的青年就是那天穿牛仔褲跟着他的青年。但他想不透唐麗卿爲什麼要做圈套整他？也許是受騙

?也許是被迫?

他一身痛楚，又氣憤又傷心，禁不住流下兩行酸淚。

他在招呼站等了沒有多久，就有一部開往台北的公路車，他搭了上來。車掌小姐和乘客都驚奇地瞪着他，他從司機旁邊的反射鏡中看到自己鼻靑臉腫。他一聲不響地走到後座右角坐下。

車到台北，他不敢再坐公共汽車，叫了一部三輪拖回劉紀羣的宿舍。

劉紀羣一看見他連忙走過來抓住他問：

「是怎麼回事?」

「別提!碰見了大頭鬼!」他往床上一坐，垂頭喪氣。

劉紀羣一再追問，他才說出經過的情形。劉紀羣又好氣又好笑，問他想不想報復?

「算了，打落門牙和血呑!」他搖搖頭說。

「要不要找青雲居士算帳?」劉紀羣又問。

「這也不能怪他，他算的很像那麼一回事。誰知道中途變卦?」

「說不定有人搗鬼?」劉紀羣說。

「不要瞎猜。」林彥博搖搖頭：「只怪我太窮，那班傢伙太勢利。」

「那這件事就這樣吹了?」

「算了，不中五十萬，再也不談這種鬼事！」

三

林彥博治療保養了個把月，身體才完全好。

他進行了好幾個工作都沒有成切，因爲他找不到有力的八行書。日常生活都靠劉紀羣支持。他更加潦倒，更加心灰意懶。

一天下午下班時，劉紀羣帶了一份China Post回來，揚着報紙對林彥博說：

「彥博，你先看看，等會我陪你去請教這位名相家。」

林彥博看到第八版上有一篇長文介紹一位看相的，還刊出他正在替一位客人看相的大照片。文中說明了這位大相家本身的奇遇和最近斷言一位客人的遭遇奇準的故事。林彥博看過之後，把報紙交還劉紀羣，沒有說一句話。

「我陪你去看看，到底你什麼時候可以轉運？」劉紀羣熱心地說。

「算了，我這個倒楣相有什麼可看的！」林彥博搖搖頭。

「彥博，說眞的，不是我捧你。論相貌，你儀表堂堂，不應該潦倒；論學識能力，你也比我強，無論如何，你的成就最少應該在我之上。」劉紀羣說。

「別提，別提！」林彥博連忙搖手：「你還有個好娘舅，我有什麼？要不是你這個老朋友，我早在街上打流。」

「彥博，不能以成敗論英雄。雖然目前你不得意，但我總覺得你終非池中之物。說不定將來我要靠你提拔，提拔。」

「你別找我窮開心好不好？」林彥博自嘲地說：「要是我眞的攀上了那位闊丈人，那就脫胎換骨，不是這個窮命了。」

「說眞的，我陪你去看看名相家吳太極，也許你有新的機遇？老是躲在房子裏孵豆芽總不是辦法。」劉紀羣拉他。

「我這個窮相，不看也罷。」他懶散地站起來。

「吳太極是行家，落眼便知。我這個外行，也替你惋惜。」劉紀羣拖着他往外走。

「我連餬口的錢都沒有，人家也要吃飯，不會奉送。」林彥博說。

「我有。」劉紀羣拍拍口袋：「今天就在你身上投資，將來是一本萬利。」

「你別打如意算盤，將來很可能還要你送我一副棺材。」林彥博說。

「該打，該打！」劉紀羣在林彥博肩上敲了兩下：「一拳打得死老虎的年齡，怎麼這麼洩氣？」

兩人談談扯扯，跟着大伙兒擠上了公共汽車，坐了九站路，在吳太極那一站下車，很容易就找到了吳太極的寓所。

名家到底不同，已經有兩位客人在座，還有一位洋人。吳太極看得很仔細，談得也很有道理。雖然有些術語他們兩人不懂，但一解釋也就恍然大悟。林彥博覺得相理比命理好懂些。

林彥博對於那個洋人很感興趣。中國人有兩句俗話：「窮算命，富燒香。」中國人算命看相不足爲奇，美國人是濶少，怎麼也信這一套？

看完了美國人，吳太極纔望着他們兩人說：

「那位先看？」

劉紀羣把林彥博一推，把他推到吳太極對面坐下，吳太極望了他一眼，就笑着說：「閣下是富貴相。」

「吳先生，恐怕你看走了眼？」林彥博調侃地說。他覺得吳太極像個書生，像個有慧根的人，那雙秋水眼，似乎眞可以看透別人的心靈。但他人窮氣大，忍不住頂撞一句。

吳太極並不生氣，仔細端詳他的五官，又看看他的雙手。然後問他：

「閣下今年貴庚？」

「三十七。」林彥博回答。

「目前正走中陽。兩眼秀美，應該起發。」吳太極說：「而且印堂紫氣隱約，準頭驛馬明亮，必有大好機會：最遲不出三月。」

「吳先生，不瞞你說，我已經碰得焦頭爛額。」林彥博說。

「時機未到，自然白費氣力。」吳太極一笑。

「吳先生，我不問富貴，只問會不會餓飯？」林彥博又說。

「閣下金木二星堅實聳長，輪廓分明，而且明珠朝海，出納官整齊有致，有稜有角，唇紅齒白，怎麼會餓飯？」

「現在我就朝不保夕。」

「放心，不久定有大好機會。」吳太極輕鬆地說：「閣下三停平等，五官端正，氣宇軒昂，聲音清亮，而且掌中智慧線特長，管樂之才，豈能久困？」

「吳先生，我雖是外行，我也有這種看法。」劉紀羣插嘴。「他的學識能力樣樣都比我強。」

林彥博離座而起，把劉紀羣一拉，自嘲地說：

「你別在這裏胡扯，要不是你，我連相金都付不出來！」

「林先生，你不要英雄氣短，」吳太極笑着安慰他：「三個月以內你一定有大好機會，到那時候你再來印證印證。」

劉紀羣付了錢，兩人一道出來。劉紀羣對吳太極的預言極感興趣，笑着打趣。

「彥博，到時候你飛黃騰達，可別忘記我啊？」

「你信他的鬼話？」林彥博白了劉紀羣一眼：「好機會那有我的？這次不再挨揍就算萬幸。」

劉紀羣想起他那次被人打得頭青臉腫，不禁噗嗤一笑。

四

劉紀羣的單位裏要用一個臨時雇員，薪水六百，什麼都沒有。他已經和主官講好了，想介紹一個朋友來幹，但是遲遲不敢和林彥博開口，怕委屈了他，後來別的同事又推荐了好幾個人，主官有點礙難，催他馬上決定，他只好徵求林彥博的意見。

「爲了我個人的尊嚴，我不能幹；爲了減輕你的負擔，就是工友我也得幹。」林彥博說。

「你不要考慮我，你要考慮你將來的出路。也許還有更好的機會？」

「吳太極說的三個月時間已經到了，風不吹，草不動，還有屁的好機會？」林彥博說。

「他說了你是管樂之才。一個臨時雇員，事情太忙，又只有那幾個錢，我怕委屈你？」劉紀羣說：「最好我們一道去和吳太極印證一下。如果還有更好的機會，就不必幹，萬一沒有好機會，就暫時委屈一下再說。」

林彥博的心裏也很矛盾，不好決定。只好和劉紀羣一道找吳太極印證。

吳太極還記得他們，這時恰巧沒有別的客人，一看見他們進來，就站起來歡迎，笑容可掬地問林彥博：

「林先生，是不是春雷響動了？」

林彥博沒有馬上回答，劉紀羣却搶着說：

「吳先生，機會是有一個，就是太差。」

「什麼機會？」吳太極問。

劉紀羣不好意思說，林彥博却坦然地回答。

「一個臨時雇員。」

「待遇多少？」

「六百，一切在內。」

吳太極沉吟了一下，又看看林彥博的氣色，微微一嘆說：

「如果依閣下的部位格局來講，斷乎不只這麼一個芝蔴小事。但是以目前的實際情形而論，一個臨時雇員也很不容易。閣下不妨暫時屈就一下。」

「這樣說來你不是看相，是就事論事了？」林彥博說。

「老弟台，看相也得審時度勢。」吳太極一笑：「要是大陸未丟，縣太爺你也不肯幹。此地藏龍臥虎，擠在一塊施展不開，因此大家的命都要打個打折。你老弟好比纏了一身泥的青龍，怎麼飛得起來？」

「這樣說來我們都是蚯蚓了？」劉紀羣笑着插嘴。

「那也不是。」吳太極搖搖頭：「現在大陸上不正鬧紅衛兵嗎？遲早會翻船的。一旦回到大陸，那就是龍游大海，虎入深山了。」

「吳先生，我看你也不是此道中人？」林彥博說。

「到台灣來以後，我才以此餬口。」吳太極說。

「那你以前是幹什麼的？」劉紀羣問。

「竹字頭的小差事。」吳太極淡然一笑。

兩人一聲不響，悄悄地退了出來。走上大街，劉紀羣輕輕地問林彥博：

「臨時雇員你到底幹不幹？」

「這樣看來還是一份優差，我又不會算命看相，怎麼不幹？」林彥博自嘲地說：「幸好這次沒有挨揍，算是祖上有德。」

兩人都笑了起來，林彥博笑出了眼淚。

祖孫父子

一

陳老太太虔誠地在「陳氏歷代祖宗之位」前點燃三柱大香，然後笑着對老伴兒陳念祖說：

「老頭子，你先來磕個頭吧，但願列祖列宗保佑開先他們一路平安飛到臺灣。」

陳念祖手裡提着一個乾淨的墊子，笑眯眯地走上前，把墊子對正祖宗神位放下，恭恭敬敬地跪下去磕了三個頭，站了起來，讓到一邊，右手向陳老太太一伸，笑容可掬地說：

「請！」

陳老太太也恭恭敬敬地跪下去磕了三個頭，隨手提起墊子，望着陳念祖在紅紙上寫的「陳氏歷代祖宗之位」那一行顏字，端詳了一會，讚揚地說：

「你這幾筆字和老家那個祖宗牌位的字眞是半斤八兩。」

「嗬！妳這一抬舉，我這塊老臉皮也掛不住。」陳念祖笑着說：「父親是進士出身，他那筆何字我還差得遠。」

「我看你比開先又强的多，他的洋文雖好，中國字寫的比我還不如。」陳老太太說。

陳念祖望望自己的手筆，摸摸嘴巴，也有幾分得意。過去他住的是公家宿舍，那種格局的房子連安一個祖宗神位都辦不到。今年爲了準備兒子媳婦回國，他特地把十幾萬元的退休金和幾萬塊錢的積蓄提出來，買了這棟一樓一底獨門獨院的花園房屋。樓下有一個十六蓆的大客廳，他第一件事就是在正中設了一個祖宗神位，而且親筆書寫，他想給兒孫一個印象，他們在國外久了，恐怕他們數典忘祖。有了這個祖宗神位之後，陳老太太每逢初一十五必定上香。自兒媳動身回國的那天起，她是每天早晚上香，叩頭。今天兒子自東京起飛，預計三兩個鐘頭以後就可以抵達臺北，在去松山機場之前，她又上了三柱香，希望列祖列宗保佑他們平安無事。最近飛機失事很多，她實在提心吊膽。

「現在是他們的世界，洋文好才吃香，中國字不會寫都沒有什麼關係。」陳念祖從自我陶醉中慢慢清醒過來，解嘲地說。「要不是開先弄了兩個洋博士，在美國幹得很好，也沒有這麼多大學爭聘他當教授。」

「你多少也幫了他一點忙。」陳老太太說。

「不是我幫他的忙，是他們利用我這個父親的關係，爭取開先夫婦回國。」陳念祖笑着說。

「老頭子，別說寃枉話，」陳老太太白了丈夫一眼：「我們兩老比誰都希望兒子媳婦回國。」

「妳想抱孫兒嘛！自然比誰都急。」陳念祖調侃太太。

「說眞的，」陳老太太感概地一笑：「我們都七十了，還有幾年好活？不趁現在看看我的么兒，說不定就沒有機會囉！」

陳念祖高興地嘆了一口氣，望着太太說；

「幸好當年把開先帶了出來，不然送終的人都沒有哩！」

陳老太太聽了這句話，臉色馬上黯淡下來。他想起大兒子陳開元，他們來臺灣時他正上大學四年級，是學校裡的「前進份子」鬧風潮的首腦人物，他們要他同到臺灣來，他不但不聽，反而批評父親是「頑固份子」。他故意幾個星期都不回家一次，聽說他還改名「陳新」，表示同一切舊的關係一刀兩斷。他們動身時要求見他一面，他也不理。後來聽說他當了[redacted]黨，非常活躍。三年前他還向陳念祖夫婦一再指名廣播，勸他們「覺悟」，他們聽了又傷心，又好氣，又好笑。但是去年又聽說他被自己的兒子告密，遭到整肅，不到二十年功夫，就得到報應。他那一九五○年出生的兒子，現在該是紅衛兵了？他們兩老都沒有見過這個孫兒的面，甚至不知道他叫甚麼名字。如果一旦相見，他一定不會認他們這兩個祖父母，甚至鬪爭一番。想着，想着，眞不知人間何世？陳老太太重重地嘆了一口氣。

「好端端的妳嘆甚麼大氣？」陳念祖奇怪地望着太太。

「我想起了開元。」陳老太太揉揉眼睛說。「還有，那沒有見過面的孫兒，現在該有十五六了吧？」

「可不是？也許正當紅衞兵呢！」陳念祖兩手一攤，搖頭嘆氣。

「唉！眞是家門不幸！」陳老太太說；「不知道當初是什麼鬼迷了開元的心竅？」

「那是個大傳染病。」

「唯願列祖列宗保佑他們父子兩人。」陳老太太說着又不自禁地跪下去叩了兩個頭。

「他們不要祖宗，我看妳這兩個頭是白磕了。」陳念祖黯然地說。

「不管他們怎樣不孝，我盡我的心，」陳老太太撣撣膝蓋說。「唯願三粒胡椒有一粒辣，老么不像老大。」

「果眞一樣，我們活着也沒有什麼意思。」陳念祖說。

「老頭子，我們別胡思亂想吧，說不定開先快到了？」陳老太太强作歡笑地說。

「好吧，我們馬上到飛機場去。」陳念祖眞的高興起來。

陳老太太囑咐下女幾句，就和丈夫一道出來。

他們年齡大了，不敢和年輕人擠公共汽車，叫了部計程車，直開松山機場。

時間還早，西北航空公司的班機一小時以後才會降落。他們並不後悔來的太早，高興地在候機室踱來踱去，談着卽將回到他們身邊的兒子媳婦和孫兒孫女。

陳開先是高中畢業就出國的。那時陳念祖從大陸帶來的老本還有不少，美國方面又有人照顧，他運用了很多人事關係讓兒子提早出國。那時的陳開先只是十七八歲的孩子，去國十五年，現在，已經三十二三了。早已成家立業。雖然有照片寄回來，但本人究竟如何？倒很費猜測。媳婦孫兒孫女更未見過面，媳婦是在大陸淪陷以前去美國的，據說那時她才六歲，完全受的美國教育。

「時間過的眞快，難怪我們會老。」陳念祖從懷裡掏出兒子的全家福看看，笑着對老伴兒說。

「恐怕他都不認識我這個老娘了？」陳老太太高興地揉揉眼睛說。

「那時我的頭髮還沒有白，」陳念祖指指自己的頭髮說：「現在眞是白髮三千丈了。」

「你這又言過其實；」陳老太太望着丈夫一笑：「待會兒見了兒子媳婦，還要充充少年，免得他們看見我們老態龍鍾着急。」

「妳說的是，不要讓他們見了我們就想到棺材。」陳念祖打趣地說。

候機室的人越來越多，陳念祖的幾位老朋友也來了，他忙着和他們打招呼，感謝他們的盛意。不久幾位大人物也來了，他們都是來歡迎陳開先夫婦的。先忙着向陳念祖老夫婦道喜。兒子媳婦一下飛機，幾位大人物一湧上前，把他們圍在中間，陳念祖夫婦反而擠不上去。後來一位大學校長讓開路，他們才會見兒子媳婦，兩老都喜極而泣。

兒子衣冠整潔，十分英俊，標準的西方紳士風度。媳婦也很漂亮，除了皮膚長相完全是中國人外，言談舉止全盤西化，她和歡迎的大人物以英語交談。也指着陳念祖夫婦對兒子女兒說「

grandfather, grandmother」。陳念祖聽得懂，不大介意，陳老太太聽不懂洋話，她感到很窘，睜大眼睛望望兒子，丈夫。陳念祖看見人多，連忙遮掩過去。

她看五歲的孫兒三歲的孫女十分可愛，又喜上眉梢。她伸手對孫女兒說：

「婆婆抱，婆婆抱。」

孫女兒似乎聽不懂，睜大眼睛望着她，隨後又往媽媽懷裡一躲。陳開先替女兒翻譯，女兒也只怯生生地望了陳老太太一眼。

回到家裡，陳老太太又忙着上香，笑着對兒子說：

「你們一路平安，都是祖宗保祐。來，你領着他們先向祖先磕個頭。」

陳開先望望太太面有難色，太太望着正中的紅紙黑字，向丈夫說了幾句英語，陳開先陪着笑臉對母親說：

「媽，我們信教，不拜祖先」。

「這是什麼話？」陳老太太目瞪口呆地望着兒子：「你們又不是土裡蹦出來的，怎麼能不敬祖先？」

陳念祖連忙打圓場，笑着說：

「兒子媳婦在外國住久了，剛回來還不習慣。只要我們以身作則，慢慢地他們自然瞭解。」

「那我們代他們磕個頭，謝謝祖宗，請祖宗原諒他們年輕不懂事。」

於是他拉着陳念祖一道磕頭。然後領着兒子媳婦上樓看房間。

樓上有三房一廳和衛生設備，窗明几凈，家具齊全，床鋪下女也早巳鋪好，眞像新房。陳念祖怕兒子媳婦不滿意，還特別解釋了幾句。兒子又向媳婦解釋，看樣子他對太太是由愛生怕，一點不敢得罪。媳婦偶爾講了兩句廣東話，陳念祖老夫婦都聽不懂。兒子望着父母一笑，隨後又和太太兒女以英語交談，陳老太太像聽外國人講話，覺得他們不是自巳的骨肉。

把他們料理停當之後，陳念祖老夫婦兩人才走下樓來。陳老太太半喜半憂亦莊亦諧地對老伴兒說：

「唉！老頭子，想不到接回來一屋的假洋鬼子？」

二

陳開先對太太百依百順，出門替她穿大衣，回家時替她提着大包小包的東西，對她講話也輕言細語，和顏悅色，看來像個僕人。回來兩天，他們四人談話時還一直是用英語，兒子叫媳婦「瑪琍」，媳婦叫兒子「亨利」，孫兒叫「約翰」孫女叫「南西」。陳老太太聽來非常刺耳。心裡有種說不出來的酸溜溜味道。他簡直有點想哭。她盼了十幾年才盼到兒子回來，誰知回來之後，她覺得兒子完全變了，不再是她的兒子了。

「當初我本不想讓開先出國，你偏要洋迷信，彷彿兒子不鍍金鍍銀，就沒有臉見人。現在好了，他有頭有臉了，連祖宗也不要了，有了老婆連娘也不要了。……」陳老太太對丈夫嘮叨。

陳念祖看見兒子媳婦孫兒孫女本來十分高興，但兩天下來，他也覺得他們之間好像隔了一道牆。不過他希望這情形會慢慢改善，媳婦和孫兒孫女會學會國語，語言的障碍一去，情感自然容易溝通，因此他委婉地對老伴兒解釋。

「他們還是剛剛回來，你不要太急，人會慢慢改變的。」

「我看不慣開先那副當差的樣子！」陳老太太用力搖頭。「男子漢大丈夫，怎麼好在女人面前低三下四？」

「妳不知道，那是洋規距。」陳念祖笑着說：「洋人興『lady first』，所以他才那個樣子。」

「你在我面前放甚麼洋屁？」陳老太太鼓着眼睛望着丈夫：「我們是中國人，中國人有中國人的禮數。就算時代進步，男女平等，女人也不能騎在男人上頭。」

「好、好、好，算妳有理。」陳念祖笑着點頭。

「還有媳婦取洋名字我不說，怎麼開先也叫什麼亨利？孫兒孫女依照家譜命名，應該是『國强』，『國華』之類的名字才對，怎麼也扯不上『約翰』，『南西』，這不是數典忘祖？」

陳念祖望着她半天沒有作聲，他沒有理由反駁，隨後支吾地說：

「說不定那是隨便取的乳名？」

「縱然是乳名，爲什麼不叫『寶寶』，「毛毛」？偏要叫『約翰』，『南茜』，就算月亮是外國的圓，難道名字也是外國的香？」

「那天我們和開先談談，替孫兒孫女取個譜名好了。」陳念祖順着她的口氣說。

陳老太太聽見丈夫附和，彷彿幫了她一手，更理直氣壯地說：

「既然是陳家的子孫，又回到國內，自然要依老祖宗的規距。」

陳開先挽着太太，牽着孩子從樓上下來。陳開先對母親說：

「媽，我和瑪琍去國賓飯店吃飯，約翰南西請妳照顧一下。」

「你們放心去好了，我會照顧。」陳老太太看見孫兒孫女高興地回答。

陳開先夫婦對兒子女兒講了幾句英語，揚揚手，笑着出去。

陳老太太摟着孫兒孫女一邊一個。孫兒孫女和她嘰哩哇啦，她聽不懂，望着他們苦笑，她教他們國語，他們也聽不懂，小眼睛骨溜溜地轉。她又好氣又好笑，望着陳念祖說：

「老頭子，這簡直是兩個小洋鬼子。你有什麼辦法把他們變成中國人？」

「讓他們多和別人家的小把戲玩玩，自然會講國語。」陳念祖說：「小孩兒學什麼都快。」

陳老太太聽老伴兒這樣說，連忙把孫兒孫女帶出去，哄着外面的孩子和他們玩，她希望孩子三兩天就會說中國話，她好逗着他們玩，免得像現在這樣隔着一重山。

孩子們很容易混熟，兩人快樂地和別的孩子玩 動作就是語言，他們雖然聽不懂別人的話，別人做甚麼他們也會照做。約翰是男孩子，大膽頑皮，歡喜打打結結，一不小心，跌了一跤，頭上撞破了一塊皮。陳老太太心痛，連忙把他抱回來，擦紅藥水和消炎藥膏。同時埋怨自己：

「唉，我眞的不中用了，連孩子也照顧不好。要是媳婦說我幾句，我這張老臉皮往那裡放？」

「只擦傷了一點油皮，沒有甚麼關係。」老伴兒安慰她。

「老頭子，我就怕好心不得好報。」

「妳別多心，自己的骨肉，還有什麼話說？」

話雖這麼說，陳老太太心裡還是不大熨貼，對孫兒孫女更小心照顧。一手牽着一個，不讓他們亂跑一步。

兒子媳婦春風滿面地回來。一看見男孩子頭上擦了紅藥水，兩人都趕過來圍着他。陳開先問母親是怎麼回事？陳老太太源源本本地告訴他，他又轉告太太，太太眉頭一縐，怪老太太不該把孩子帶到外面去，還說她連黑人也不如。隨即抱着女兒牽着兒子上樓。

陳念祖知道媳婦講些什麼，但他沒有告訴老伴兒。陳老太太雖然不懂媳婦的話，但看得出媳婦的臉色，她像挨了一耳刮子。

陳開先跟着太太上樓。陳老太太叫住他：

「開先，你等會上去，我有話和你說。」

陳開先望了太太的背影一眼，看她沒有什麼反應，悄悄地走了過來。

陳老太太把兒子叫到房裡，要他坐下，她自己坐在床沿上，面對着他，她望了丈夫一眼，然後問兒子：

「開先，剛才媳婦唧哩咕嚕講些什麼？」

陳開先望望父親，一臉尷尬，然後對母親囁嚅地說：

「媽，沒有講什麼。」

「怎麼你口裡含了個大蘿蔔，哩哩囉囉？」陳老太太望着兒子說：「我耳朵聾了，聽不懂她的洋話，我的眼睛可沒有瞎！我帶孫兒到外面玩，是希望他們早點學會中國語，免得我們家裡盡是假洋鬼子，這該不犯法？」

陳開先臉上更加尷尬。陳念祖連忙打圓場：

「只怪我不好，如果我不多那麼一句嘴，你媽就不會帶孫兒出去玩。」

「中國人學中國話是那一點兒錯？」陳老太太瞪着老伴兒說：「難道從外國回來一定要放洋屁？」

陳開先看母親生氣，連忙陪個笑臉：

「媽，您別見怪，我們是不得已。」

「甚麼不得已？難道你不會講中國話，媳婦不是中國人？」陳老太太氣虎虎地問：「故意當着我們的面放洋屁，欺侮我這個老婆子？」

「媽，您會錯了意。」陳開先連忙搖頭：「瑪琍從小受美國教育，只會講點廣東話，偏偏我又聽不懂，所以我們乾脆講英語，免得多費唇舌。」

「兒子女兒是你生的，你應該教他們說國語！」老太太說。

「媽，我和瑪琍都在做事，又不是住在唐人街，周圍都是美國人，家裡也是請的黑人照顧，根本沒有講國語的機會。」陳開先說。

「你總也有休息的時候？在家裡教他們幾句總可以？」

「媽，美國的生活很緊張，我實在太忙，除了吃晚飯時和他們在一塊外，很少有時間陪他們。」

「晚上總要在一塊睡？」

「我們向來不睡在一塊，晚上也是由黑人照顧。」

「好，你這是養甚麼兒女，當初我是怎樣帶你們的？」

「媽，美國的生活方式和我們完全不同。」

「不要開口美國，閉口美國，你要記住你是中國人！」

陳開先不好作聲，望着父親苦笑。陳老太太又接着說：

「還有，兩個孩子你怎麼不取譜名？要叫甚麼約翰，南西？那麼洋里洋氣！我看將來他們連自己姓什麼都不知道。」

陳開先啞口無言，陳老太太望望老伴兒說：

「現在他們都回來了，怎麼說都是陳家的子孫，你還是替他們取個譜名。」

「媽，那沒有甚麼用處，他們的出生紙上就是那兩個名字，美國不會承認他們的譜名。」陳開先說。

「這是中國，管它甚麼美國不美國！」陳老太太又生起氣來。

「媽，他們一生下地就是美國人。」

「怎麼？他們是美國人？」陳老太太一怔，差點倒了下去。

「是，人家的法律如此規定。」陳開先解釋。

「好哇！我空歡喜一場！自己的骨肉變成了外國人！」陳老太太傷心地哭了起來。隨後又緊張地問：「你呢？你該不是美國人吧？」

「媽，我怕您不高興，還沒有入美國籍。」陳開先委婉地說。不過他是當然的監護人。

陳老太太欣慰地點點頭，隨後又說：

「媳婦想必也是美國人？」

陳開先點點頭，陳老太太又傷心落淚。

突然媳婦在樓梯口大聲喊叫：

「亨利—亨利—」

陳開先如奉聖旨地連忙跑出去。陳老太太望着兒子的背影搖搖頭，嘆口氣，黯然地對老伴兒說：

「四個有三個是美國人，我看這一個也靠不住的。」

陳念祖茫然地望着太太。想起媳婦那幾句話他也涼了半截，不過他決定埋在心裡，不告訴老伴兒。

三

幾天應酬過後，兒子媳婦都在家裡吃飯。起先大家同桌，後來媳婦覺得大家把筷子往盌裡夾菜，把湯匙往盌裡勺湯，不合衞生，他們四人另外在樓上吃。

自從約翰撞傷頭皮之後，她也不讓老太太帶孩子，要下女到樓上照顧。

這兩件事使陳老太太心裡十分難過。但她不和媳婦理論，因爲她不會講英語，媳婦也不會講國語，縱然想吵架也吵不起來。可是她和兒子沒有語言隔閡，她把氣都出在兒子身上。

「你們都講衞生！怎麼我們也活到七十歲了？美國人講衞生，怎麼美國人也得癌症，也得肺病？」她質問兒子。

陳開先起先不作聲，後來故意說是生活習慣問題，瑪琍不習慣這種吃飯的方式。

「習慣可以改變，慢慢地自然會習慣。爲什麼你們不和我們一道吃？我們兩個老傢伙天天盼望你們回國，就是希望享受一點天倫樂趣。想不到你們連飯也不和我們一道吃，連孩子也不讓我帶，這是甚麼意思？你知道『孝』字是怎麼寫的？」

陳開先覺得無法和母親說清楚。美國是小家庭制度，兒女一結婚就和父母分開，縱然來往也像作客。老年人寂寞就養猫、養狗、養鳥，或是出國旅行，那有甚麼天倫樂趣？他們過慣了美國生活方式，自己的母親却還做着舊夢。瑪琍實在不願和父母住在一塊，他還不敢說哩。

陳老太太看兒子不作聲，又接着說下去：

「媳婦是黃皮膚的外國人，你總不是外國人？你怎麼一點不懂倫理？也沒有一點男子氣，讓鷄婆還年？」

「媽，現在時代不同，女人第一。」陳開先說。

「胡說！女人第一？是你嫁給她還是她嫁給你？」

陳念祖聽了不禁一笑，隨後又對兒子說：

「開先，你們這次回國，我們本來很高興。除了你以外，我們沒有親骨肉。你哥哥在大陸，生死不明，你侄子十成當了紅衛兵。我們只當沒有他們。雖然現在時代不同，我們不希望你特別孝順，不過旣住在一塊，就要像一家人，多少要有一點親情，不要讓人家看了笑話。反正我們沒有幾年好活，你不妨做給你自己的子女看看？」

陳念祖的一番話，說得兒子俯首帖耳。陳念祖看他不作聲，又和顏悅色地對他說：

「剛纔你娘也不是責備你，她和我不同，一心想抱孫兒，有了孫兒又看不見，抱不着，好像外人一樣，你想想她是甚麼心情？」

陳開先在美國十幾年，成天跟着機器轉，只想到生產效率，想到多賺錢，實在沒有想到這些。聽了父親的話，心裡多少有點慚愧。不聲不響地出來，悄悄地上樓。委婉地把父母的話告訴瑪琍。瑪琍淡然一笑，不置可否。

「我們明天還是和父親母親一道吃飯好不好？」

「那樣吃法實在太不衞生。我們沒有回來他們還不是三個人吃？」瑪琍回答。「說實話，我眞不想在臺灣久住。」

陳開先不敢再說下去，支吾地把兒女帶下樓來，讓母親親熱親熱。但陳老太太滿腔熱情無法表達，只是抱着他們，用嘴親親。自怨自嘲地說：

「婆婆老了，不會說洋話。你們快點學中國話吧，咱們老少兩代也好談談心。」

陳開先敎兒子女兒叫婆婆，敎了幾遍，兩個孩子居然像小學生唸國音字母一樣「婆婆，婆婆……」地叫了起來。陳老太太笑出了眼淚。

「你爹好不容易把你送到美國去，現在你成了家，立了業，孫兒孫女還沒有叫他一聲公公呢！」陳老太太望着兒子說。

陳開先又敎兒子女兒叫公公，孩子也學會叫了。陳念祖笑着說：

「你們這一聲公公，花了我幾十年的心血。」

瑪琍在樓梯口拖聲拖氣地叫「南西—南西」，陳開先連忙抱着女兒牽着兒子趕上樓去。

瑪琍因爲語言不通，很少和公婆在一塊閒話家常，再加上生活方式和思想觀念的不同，更是格格不入。

瑪琍和陳開先都歡喜跳舞，週末參加外面的派對往往夜深回來。平時也愛放唱片在樓上跳跳。開收音機也不聽中國節目，單收聽美軍電臺，不然就放西洋唱片。陳念祖老夫婦雖不歡喜，可也決不干涉。他們兩人共同的嗜好是收聽平劇，或是放平劇唱片。陳開先不懂平劇，瑪琍却深惡痛絕，她說這是野蠻人的歌劇，一聽見鑼鼓聲她就雙手蒙住耳朵，或是氣冲冲地跑出去，往往使兩位老人家十分尷尬。

住了不到三個月，她就吵着要回美國，她不願意和陳念祖老夫婦同住，又說這裡的待遇太低，文化落後。陳開先也想走，但他還顧慮父母年紀太大和聘約的關係，所以遲疑不決。當他把瑪琍要走的意思告訴兩老時，兩老都呆住了，過了半天，陳老太太傷心落淚地說：

「不管怎樣，等我死了你們再走。」

「開先，瑪琍爲什麼要走？你不妨直說。只要我們辦得到，我們一定遷就她。」陳念祖說。

陳開先起初吞吞吐吐，經兩老一再追問，他才照實說了出來。

陳念祖嘆了一口氣，十分沉痛地說：

「第一點好辦，我和你母親簡單得很，隨處都可以安身，這座新房子本來就是爲你們買的，我們就是要住也住不了幾年。至於待遇，自然比不上美國，但在此時此地，你們已經是天之驕子。談到文化，她根本不瞭解這兩個字，根本不瞭解自己的國家。連你也只摸到一點皮毛！現在我眞後悔不該那麼早送你出國。」

陳開先面紅耳赤。陳老太太淚眼盈盈地對他說：

「爲了兒孫，一切我都可以忍受。你告訴她，叫她不要走。」

四

從前住的公家宿舍已經退還，不能再住，租房子又沒有合適的，而且要一筆不小的開支。他們的錢都擠到那個新房子上去了，幸好陳老太太有兩萬塊錢的私蓄，這是預備後事用的。經過這次感情的創傷，他們兩老已經心灰意冷，不想再在鬧市生活。以前他們聽說過臺灣的廟宇只要花一筆錢，就可以吃住到死。因此他們想到鄉下住廟，落個清靜。

臺北市附近的廟宇他們都去看過，看來看去，覺得內湖金龍寺倒很合適。這裡香火不盛，交通方便，風景又好，客房也差強人意，飲食方便。他們和住持交涉的結果，兩人繳一萬五千塊錢就可以住下去。

他們決定以後，也不告訴兒子。等兒子媳婦都出去時，他們收拾了簡單的行李。陳老太太又在祖宗神位前上了三柱香，從樓上把孫兒孫女抱下來，一同向祖宗磕了頭，纔吩咐下女叫了一輛計程車來。

下女跟了他們三年，問他們到什麼地方去？他們也不告訴她，陳老太太叮囑她說：

「好好地服侍少爺少奶奶，照顧約翰、南西。我想念他們時我會回來看看。」

隨後她又摟着孫兒孫女，逗他們叫公公婆婆，他們學着叫了，陳老太太又喜極而泣，陳念祖也忍不住滾下兩顆眼淚。

陳老太太給孫兒孫女每人一張一百元的新票子，又輕輕地囑咐他們說：

「不要忘記你們是陳家的子孫，不要忘記你們是中國人。」

孩子張大眼睛望着她，不知道她講些什麼？陳念祖苦笑地對她說：

「妳簡直是對牛彈琴。我們走吧！」

陳老太太一泡眼淚一泡鼻涕地離開自己的家，比五十年前出嫁時離開娘家更傷心。

住廟以後，陳念祖以大部份的時間研究佛經，陳老太太也跟着尼姑唸經。他們都絕口不提兒媳，竭力忘記他們。可是活潑可愛的孫兒孫女，總是在他們眼前跳來跳去，怎樣也拂拭不掉。

一天早飯後，陳老太太轉彎抹角對老伴兒說：

「我想去臺北一趟？」

「臺北車多人多，煤烟又重，沒有一點事，何必去找苦吃？」

「我想去看看幾位老姊妹。大家都是風前燭，瓦上霜，見一次少一次。」陳老太太說。

「既然這麼說，我就陪妳去一趟，免得妳一個人亂碰亂撞。」陳念祖說。

「眞是少年夫妻老來伴，難得你這份好心。」陳老太太欣慰地一笑。

「作了幾十年的夫妻，黃泉路上也要走在一道，免得一個人單吊。」陳念祖打趣地說。

於是兩人一道下山，慢慢地走到內湖。搭十六路車，再轉十七路車。兩個月沒有到臺北來，覺得市面更加熱鬧，和山上那種清靜生活相比，簡直是兩個世界。

到中山堂下車，陳念祖問老伴兒先到誰家？她却反問他一句：

「你看呢？」

「我又不是妳肚子裡的蛔蟲，我知道妳要看誰？」他和她打太極拳。

她望望他，臉上忽然浮起一朵微笑：

「老頭子，既然來到臺北，還是去看看兩個小伙傢吧？」

陳念祖嗤的一笑，調侃地說：

「我早知道妳葫蘆裡賣的甚麼藥，就等妳自己露出馬脚。」

「老頭子，想不到你還是這麼壞！」她笑着罵他。

她看見一個橘攤，走過去賣了幾斤橘子，叫了一輛三輪車，直接回自己的家。

「不知道那兩個寶貝有沒有學會幾句中國話？」她望着他說。

「如果讓他們進幼稚園，很快就可以學會。」他說。

「不知道現在長了多少？」

「妳沒有帶尺來量量？」

陳老太太高興地一笑，又望望老伴兒說：

「我看南西眞像她娘？」

「你看約翰像誰？」他問。

「和他老子小時候一模一樣。」

「這樣說來是屋簷水點滴不差了？」

「有種像種，無種不亂生。縱然他取了個洋名字，到底是我們陳家的人。」

「妳忘記了他是小老美？」他笑着提醒她。

「所以我不讓他娘帶他回美國去。」她得意地說：「只要他們住下來，自然會是中國人。」

三輪車踏得很快，穿過小巷就望見他們那棟花園樓房。這時他們突然有一種近「屋」情怯的感覺。他們不告而別地離開自己的家，兩個月來兒子媳婦沒有找過他們，彷彿他們死了一樣。想到這裡陳老太太突然一陣傷心，望着老伴兒說：

「老頭子，兒子媳婦眞沒有良心，他們簡直當我們死了。希望他們這時不在家裡，我眞不想再見他們。」

「你不想見他們，恐怕他們眞不想見我們呢！」陳念祖說。

到了門口，他們下了三輪車，兩人互相望了一眼，誰也沒有伸手去按門鈴，你等我，我等你，等了一會，陳念祖輕輕地對老伴兒說：

「是妳要來的，妳怎麼不敢按鈴？」

「老頭子，不知道是怎麼回事？我心虛的很？」她悄悄地說。

「要是我不陪妳來，我看妳要打退堂鼓了？」他故意激她。

她白了他一眼，突然伸手用力一按，不服氣地說：

「是我的家，我爲什麼打退堂鼓？」

下女匆匆地跑來開門，一看見兩位老主人，高興得叫了起來。陳老太太搖搖手，叫他不要作聲，又悄悄地問她：

「少爺少奶奶在不在家？」

下女搖搖頭，他們這才放心走進來。一進客廳，陳老太太就發現紅紙寫的祖宗神位扯掉了，代替的是一幅大耶穌像。老太太氣的臉色發白，大聲地問下女：

「是誰換的？」

下女不敢作聲，經兩老一再追問，才囁嚅地說：

「是少奶奶要少爺換的。」

「畜牲！」陳老太太破口大罵：「他們是從那裡來的？他們不是人生父母養的？」

孫兒約翰聽見有人大聲講話，好奇地從樓上跑了下來。一看見祖父母，驚喜得大叫：「公公，婆婆！」

陳老太太眼淚一滾，連忙跑過去把他抱住，哭了起來。陳念祖也趕上樓去把孫女兒抱了下來。

兩個孩子看見一簍大橘子，高興地拍手，搶着拿，用英語講話，唧哩咕嚕，老太太看了又好氣又好笑。

「乖兒，你們到底是中國人還是洋人？」陳老太太禁不住問。

「中國人！」兩個孩子清脆地回答。

兩老驚喜得目睜口呆，他們不知道孩子怎麼會這樣回答？老太太問下女：

「阿珠，是少爺教的還是少奶奶教的？」

「是我教的。」下女回答。

「阿珠，多謝妳！妳教的對！」老太太一疊連聲地說。「以後還希望你多多教導他們，不要讓他們像老子娘一樣變成了假洋鬼子！」

秋風落葉

一

「蟋蟀叫，查當票。」

台灣的蟋蟀不多，叫得也特別遲。然而牆脚下偶然幾聲「矅矅」，却使許莘人心中一怔，加上從魚鱗板縫裡鑽進來的陰風，吹在身上的確有點寒意，一件香港衫已經不大管用，他這才想起他和太太像樣一點兒的秋冬兩季衣裳，還在富民當舖。

他從舊得像老鼠皮的皮包裡翻出一疊當票，一共有十幾張，其中六張是活當，其他的都是死當，這是歷年來未能及時取出的。剩下的六張，全都取出要一千多塊，如果只取出三張即將到期的，也得四五百。四五百塊在別人不算是大數字，在他却眞了不起！這許多年來他是一敗塗地，他做夢也沒有想到一跤跌下去就一直爬不起來！

他望着當票發呆，他太太却沉不住氣，催促他說：

「你出去想想辦法看？把我的毛衣先取出來。再過一個禮拜又成死當了。」

「妳的毛衣也得五十五塊，再加上我的舊西裝，一共得兩百多，這筆錢誰肯借？」許莘人說。這十年來，他一直借錢度日，而且有借無還，親朋故舊，全打擾過了，有的一次兩次，就要看臉色，有的十次二十次了，還沒有拉下臉來，但是這種朋友偏偏經濟情況很差，自顧不暇，再慷慨也很難拿出一百兩百。那些能拿得出上千的同學，却一毛不拔，有的甚至把他從辦公室轟出來，不承認有他這位同學。這種人他實在再沒有勇氣去找。他的臉皮雖厚，他們的氣燄更高，完全把他罩住。

「就是借到了錢，也要買米，你的西裝留到第二步，先取我的毛衣。」她分出緩急輕重。

「冷飯炒三次，狗也不吃，妳教我怎樣開口？」

「窮撒謊，冷溺屎；嘴是兩張皮，說話無定一；你愛怎麼編就怎麼編，錢到手就行。」

「我撒的謊太多。」

「我還不是靠撒謊過日子的？不然早就餓死了！」

「那我們一道去台北，分頭去借。一隻手難按兩隻鱉，免得我一個人落空。」

「你總是拖人下水，算我倒楣！」她白了他一眼。

「人有三窮三富，瓦有三仰三合。總有一天我會時來運轉。」他不服氣地回答。

「你左轉右轉，還不是在我老娘脚邊轉？」

「十年前，老子一把抓出幾百美金也不稀罕，上酒家給小費也不止這點台幣！」

「好漢不提當年勇，今天你打壁無土，掃地無灰，還充什麼濶佬？」

她這瓢冷水潑得他豪氣全消，他默然地穿上白布香港衫，灰色西裝褲，這是唯一的一套八成新的外出服。

她也穿上花旗袍，特別畫了眉毛，塗了口紅，拿著黑皮包。她曾是歡場中人，這一打扮，還看不出窮相。

他們把兩個孩子留在家裡，雙雙出來。走到附近一個烟攤，她滿臉堆笑地向擺烟攤的老太婆說：

「阿婆，請你賒兩包新樂園，回來給你錢。」

老太婆抬起頭來用渾濁的眼光打量她一眼，慢吞吞地說：

「你們還欠五包烟錢，免談。」

「阿婆，我們到台北銀行去提現款，回頭一齊給妳。」許莘人說。

老太婆不信任地望望許莘人，他的太太連忙說：

「阿婆，他香港朋友寄來一筆美金支票，我們一道去領。現在手邊不便，決不會少妳這幾個小錢。」

他拿出一張當票在老太婆面前一晃，老太婆不識字，更沒有見過美金支票，有點捉摸不定。

「阿婆，一塊美金抵四十塊台幣，妳的香烟錢還不到一塊美金，我們怎麼會少妳的？」許莘人補充說。

老太婆的生意清淡，一天難賣幾包烟，聽他這樣說不免動心。兩眼直楞楞地盯着他說：

「要是這次你們再不還錢，以後免談，這幾包烟還要算息錢？」

「好，羊毛出在羊身上，由妳算。」許莘人伸手拿了兩包烟，分了一包給他太太。馬上拆開紙包抽出一枝點燃，過過烟癮。

他太太也如法泡製。

「財不露白，窮不露相，要是朋友們看我們連紙烟也抽不起，那更借不到錢了。」離開烟攤後許莘人輕輕地對太太說。

「眞是人刁沒飯吃，狗刁沒屎吃，你的鬼心眼兒倒不少。」她又白了他一眼。

「富貴命裡排，各自等時來。看相的說我五十歲要發大財，窮不了兩年了。」他想起碧眼山人的預言，脚步有點飄飄然。

「窮算命，富燒香，顚顚倒倒問陰陽。你信看相的鬼話？」她望着他說。

「碧眼山人靈得很，能知過去未來。」

「你以前不是也說王半仙靈得很？他說你四十六走長春運，財[illegible]重重，福自天來。你今年四十八了，怎麼還借錢度日？」

他聽了心裡很不高興，又無法自圓其說，狠狠地瞪了她一眼，把香烟一摔，憤憤地說：「妳觸我的霉頭，就算王半仙看走了眼，難道碧眼山人也瞎了眼睛？瞎猫也會碰着死老鼠，姜太公八十才遇文王，難道我就不能翻身？」

「你不要對我吹鬍子瞪眼睛，我跟你苦了十一年，但願碧眼山人的相法靈。」她委屈地說。「要不是遇到妳這個掃帚星，我決不會走這段霉運！」他餘怒未息。他確是遇上她的第二年事業一敗塗地，而且妻離子散。

「你不要癩蛤蟆咬住板櫈脚，瞎出一口氣！誰叫你走私，偷鷄不着蝕把米？老娘跟你受難不說，你還有臉往老娘頭上潑糞？」她氣得眼圈一紅，眼淚滾了出來。

他不敢再火上加油，女人都有三分潑，他更怕她那股潑勁，只好找紙烟出氣，又點燃一枝，猛抽一口。

他不再作聲，低着頭抽烟，低着頭走路，低着頭想心事。窮人思古債，病人想六親，他對於過去那段光彩的日子，無限的留戀。

光復初期，他在朋友同學中是最有辦法的一個，他是最先動腦筋做生意的人，香港、廈門、台灣，來來往往，確實賺了幾票。大陸撤退時，同學朋友們倉皇渡海，上無片瓦，下無寸土，他却在台北市區擁有房子、工廠、三輪包車。這在當年是很少有的。但他心猶未足，在生意上一味投機，又在女人堆裡打滾。在他事業的高潮時，他迷上了現在這位太太，和原配離了婚，原配是個中學教員，帶着三個子女黯然轉到南部教書。新太太不過是個過氣的酒女。

走多了夜路自然會碰見鬼，不到一年，他由高峯一個跟斗摔了下來，起初還掙扎了一陣，死馬當活馬醫，終於弄到不可收拾，像大水洗了一樣。

可是他的夢還沒有醒，幾百塊錢一個月的公務員他不肯幹，因爲那幾個錢不夠他往日一席花酒，要他磨辦公桌磨一個月，他沒有那種耐性。他儘想着一夜之間變成富翁的事情。然而偷鷄也得一把米，他一粒米也沒有，空口說白話，誰也不信。過去和他同上酒家的朋友，見了他像見了瘟神。

漸漸地他瞭解點石不能成金，一覺醒來不能變成富翁，肚子在唱空城計，他挺不下去，想找個工作暫時糊口，可是這時已經人浮於事，比他有眞才實學的人多的是，照樣沒有辦法。別人牙一咬，心一狠，踏三輪、擺書攤、賣報紙，還是把開門七件事打發過去。他拉不下這塊面皮，自然不幹這種事。他寧可借錢度日。

起初一開口總是三百五百，念舊的老同學雖然沒有這個能力，也不好意思拒絕，七拚八凑也要凑給他。可是瘦死的駱駝比馬大，他仍然要坐三輪車，講排場，抽香烟自然更不在話下，從前抽洋烟，現在抽新樂園，他認爲已經夠委屈了。

十年時間，不是一個很短的日子，這期間抖起來了的老朋友同學自然不少，可是大多數的人都是泥巴菩薩過江，自身難保。照理，那些抖起來了的老同學、老朋友對他應該有個照顧，然而事實恰巧相反，那些人都是寒暑表，反應特別快，此一時，彼一時，見了他都故意躲開，他去找他們也避不見面，甚至根本否認有他這麼一個同學。

找來找去，他還是找那些泥巴菩薩過江的朋友。他們倒還能幾十幾百地湊給他，縱然不方便，一杯清茶，幾枝香烟的招待是有的，決不像那些飛黃騰達的同學，叫門房工友轟他走路。

想着，想着，他也不禁感慨萬千。要是當初自己沒有垮下來，那些總經理、處長、董事長之流的同學，還不是和自己拍肩膀，稱兄道弟？當年少上幾次酒家，也夠現在吃一年半載；少給幾個小帳，就用不着編一套謊話要人家幾十塊錢。

突然一輛三輪車在他面前嗞的一聲刹住，車夫用粗話罵他：

「幹你娘！你瞎了眼，不想活去撞火車，別找老子的痲煩！」

他一怔，抬起頭來望望戴着斗笠的三輪車夫，無名火起，他回罵一句「幹你娘！」他的閩南語講得非常好，和本省人一個腔調，當初就因為這種方便，所以一帆風順。

車夫看他戴着一幅近視眼鏡，一身排骨，跳下車來就想揍他，他太太忙跑上前來攔住，向車夫講好話，把他拉開，他纔免掉一頓拳脚。

車夫跳上坐墊，罵他幾句，才踏着三輪悻悻地離開。

他怕挨揍，不敢回嘴，車夫走遠之後，他朝地上唾了一口，望着車夫的背影罵：

「狗眼看人低！十年前你跟老子蹬三輪老子都不要你！」

「得了！別關起門來罵皇帝。十年河東，十年河西，他又沒有看見你坐包車上酒家，你向他擺什麼窮架子？」他太太白他一眼。

「眞他媽的！人倒楣喝凉水也塞牙！三輪車夫也欺侮我了！」他把烟蒂往地上一扔，用脚一搓，搓得稀爛。

二

板橋到台北很近，火車十五分鐘就到了。

下車後他們在洶湧的人潮中，突然發現老同學謝耿民，西裝筆挺，手上提着一個大黃皮包，從容地踏上天橋。她用手肘輕輕地碰他，向謝耿民一指，輕輕地說：

「你看，謝課長剛上天橋，要不要趕上去？」

他抬頭一望，剛好謝耿民回過頭來，他連忙擧起手來向謝耿民打招呼：

「老謝！老謝！」

謝耿民一發現他，又聽他這樣大聲喊叫，厭惡地瞪他一眼，猛然調轉頭，昂然踏上天橋最後一級，轉身而去。

「媽的！丢下討飯棍，忘記叫街時！」許莘人禁不住罵了起來：「當初他在街上打流，老子一五一十地給他，如今翻臉就不認人了！」

「哼！你這些好同學！怎麼不上前去攔住他？專放馬後炮？」她冷言冷語。

「攔住他？」他瞪了她一眼：「他是大課長，我是無業游民，要是他叫警察，告我攔路打劫，那我不是自找麻煩？」

「你就是這樣膽小如鼠，沒有一點兒出息！錯過了眼面前的機會，看你今天向誰借？」他氣冲冲地衝上天橋。

他也有點後悔，沒有抓住這個機會。連忙趕上她，輕輕地說：

「妳上前去找他好不好？」

「他是你的同學，你不去要我去？」她瞪着他說：

「他已經封了我的大門，我去找他那不是送上臉給他打？」

「我去不是一樣自討沒趣？」

「不看金面看佛面，你們女人的面子總要大些，說不定能要他三十五十？」

她穿着單旗袍身上有點寒冷，別的女人都穿着短外套、毛線衣，她爲了要取出那件毛衣，也不免心動。

他們匆匆趕下天橋時，謝耿民已經走到出口，人太多，他們擠不上前，又不敢打草驚蛇，大聲喊叫。他們在人群裡鑽動，別人都厭惡地瞪着他們。他們還沒有擠近出口，謝耿民早已出站。

他們一擠到鐵柵旁邊，謝耿民正好鑽進一輛紅色的計程車。他們望着疾馳而去的計程車，輕輕地嘆了一口氣。

走出剪票口，三輪車夫和計程車夫都上來兜生意，他們一概不理，車夫打量他們一眼，又自動地去找別的主顧。

他們在車站前呆了一會，不知道往那裡去好？最後他說：

「我們還是分頭進行好些，可以多跑幾個地方。」

他並且告訴她跑那幾個地方，免得和他重複。

「那我怎麼開口？」她故意問他。

「兩斤半鴨子三斤半嘴，隨便妳怎麼說。」

「我的謊話也編得太多，這次我就說你住醫院割盲腸好了。」

「行！」他點點頭：「只要不說我死翹翹。」

「你還指望五十歲發大財？怕死？」

「眞的兩脚一伸倒一了百了，現在兩隻肩膀扛張嘴，還要吃飯，不要斷了以後的生路。」

「這樣下去活得又有什麼意思？」

「好死不如惡活，我們不是這樣活了十年了？」

「總算我倒了八輩子楣，跟着你非餓死不可！」她突然眼圈一紅。

「我們都是打春的蘿蔔，立秋的瓜，誰也別怨誰。」

她身子一扭，走向公共汽車站。他追隨過去，告訴她在火車站會面的時間，然後分道揚鑣。

三

許莘人首先去劉建春的辦公室找他。劉建春是個小公務員，正在伏案工作。許莘人走過去，輕輕地在他肩上一拍，哈哈一笑，把他拉到會客室來。

「有什麼事嗎？」劉建春連忙問許莘人。

「老朋友嘛！特地來看看你。」許莘人裝作非常輕鬆、愉快、熱情的樣子。

「莘人，你最近在那裡得意？」劉建春笑着問他。

「立人保險公司。」他掏出紙烟，輕鬆地回答。

「那很好。」

「就是太忙。」

「你是內勤還是外勤？」

「我是意外保險部的副經理，整天在外兜生意，馬不停蹄。」他故意把聲音講得格外響亮，格格地笑，頻頻地抽烟。

劉建春是個老實人，聽他這樣說也替他高興。他忽然把話頭一轉：

「老劉，我有件事情想和你商量。」

「什麼事？」

「我大孩子考取留美，保證金我已經籌了一千美金，還差點路費，現在那邊已經開學，特准他本月底趕去註册，我準備讓他坐飛機去，你能不能周轉一點款子？他一到美國保證金就可以寄回來還你。而且他是學工的，先期同學已經安排好了工作，週新一百塊，除了他自己的開支，每月還可以節省一兩百美金寄給我。」

劉建春十年前見過他的大兒子，有點印象，自從他的原配到南部去後，一直沒有再見面，但許莘人前兩年曾經爲了大兒子的學費向他借過錢，以後還爲了別的原因借過兩次，如果加上十年來的先借後借最少有七八次，但分文未還。許莘人隻字不提，他也不便問。但他自己目前的情況很窘，自己的大孩子這學期考上私立大學，東拚西凑繳了兩三千，讀中學的還不在內，沒有半年時間絕對喘不過氣來。因此他面有難色，沉吟不語。

「老劉，我們是老朋友，我也不能太爲難你，數目不拘，你看着辦好不好？將來你的孩子留美，我的大孩子也可以幫幫忙。」

「莘人，我不敢想得那麼遠。」劉建春向他苦笑：「我的孩子唸的是乙組，到美國去也只能當boy，我沒有這種打算。再說，我目前在太緊，寅支卯糧，前債加後債，簡直喘不過氣來，我一個月有多少收入？你是算得出來的。」

許莘人又換了一枝烟，接着說：

「老劉，我知道你的情況，不過我們是好朋友，孩子放棄了留美實在可惜，你能不能周轉一兩百塊錢?積少成多，我再向其他的朋友想想辦法。」

「要是我有這個力量，我還要費這番口舌?」劉建春向他苦笑。

他站起來，拍拍劉建春的肩膀，格格地笑說:

「好，老劉，你事情忙，我不多打擾，我去找長春飯店的王經理調調頭寸看。」

劉建春抱歉地說聲「對不起」，把他送到大門口，他格格笑地走了。

走到十字路口，他不知道到那家去好?他用手敲敲腦袋，低頭沉思了一會，他決定到林清泉家裡去。林清泉是民意代表，除了開會應酬沒有其他的事，也許他在家?萬一不在，林太太也很熟，這是他同學中唯一的民意代表，夫妻兩人都八面玲瓏，他有半年沒有去找他們了。

他走到離林家不到兩百步的地方，特地花了三塊錢叫了一輛三輪車，翹着腿坐到林府門口，按了電鈴，直到下女把院子大門拉開，他看到林太太，才從褲子口袋裡摸出三塊錢小銀幣塞給車夫，然後大搖大擺跨了進來。他人未到聲音先到，還帶來格格的笑聲。

林太太站在客廳打量了他一眼，屋裡傳來麻將聲。

「大嫂，老林在不在家?」他輕鬆愉快地問。

「王董事長請他吃飯去了，失迎。」林太太清脆地回答:「許先生，您好?」

「大嫂，這一向我簡直忙昏了頭。」他聳聳肩膀，兩手一攤，很有點兒洋派。「連老朋友這裡也很少來。」

「許先生，你這一向在那兒得意？」林太太又打量他一眼。

於是他把在劉建春面前的話重複了一遍，林太太聽了一笑，臉上露出兩個俊俏的酒渦。閒聊了一陣之後，他又提出兒子留美那套話。林太太看了他一眼，輕輕一笑：

「許先生，前天我才從高雄回來，我看見了大嫂和大公子，好像沒有聽他們談起留美的事。」

「我孩子昨天才趕到台北來找我。」他連忙掩飾：「所以弄得我措手不及。」

「大公子能留美倒是一件好事。」林太太順水堆舟：「許先生您馬上可以享福了。」

「大嫂，就是目前這一關難過。」他格格地笑，心裡却在發慌。

「許先生，今天眞不湊巧，淸泉不在家，他回來時我一定告訴他，看能不能在別的地方替您調調頭寸？」

「好，謝謝大嫂，我不再打擾了。」他乘機下台。

林太太把他送到門口，他故意伸手向巷子的盡頭空無一人的地方招招，表示叫車。林太太抿嘴一笑，轉身把門關上。

許莘人回頭望望關着的院門，搖搖頭，匆匆地走開，生怕林太太追他似的。走出巷口，他吐了一口氣，有點兒後悔。眞是偸鷄不着蝕把米。三塊錢在林淸泉不過九牛一毛，在他幾乎是全部家當。打腫了臉充胖子，火燒烏龜肚裡痛。

隨後他又一連跑了三家，編了三套謊話，但是一文錢都沒有借到，他們都是泥巴菩薩過江，難怪。

紙烟抽了一大半，肚子又餓得咕咕叫，傍晚的風吹在身上冷颼颼，很不好受。

「媽的！越冷越起風，越窮越倒灶。」他喃喃地咒罵，不知道罵誰。

一位山東老鄉，騎着脚踏車，後面放了一個木頭箱子，上面蓋了一塊變成灰白的大布，熱氣往上冒，山東老鄉粗啞着嗓門叫喊：

「大餅——饅頭啊！」

一面喊一面向他駛來。他聞到一陣陣饅頭香味，饞涎欲滴，他上不起館子，又怕在馬路上丟人，山東老鄉駛到身邊，他還遲疑不決，山東老鄉叫喊而過，他突然向山東老鄉背後把手一揚，急促地說：

「饅頭！」

山東老鄉耳朵很靈，連忙把龍頭一歪，轉了回來，滿臉堆笑地問他：

「老鄉，你要幾個？」

「我看看再說。」他擺起一副大人物的架子。

山東老鄉把灰布揭開，熱氣直往上冒，香味冲鼻，雪白的大饅頭整整齊齊地擺了一木箱。

「多少錢一個？」他問。

「一塊錢兩個。」山東老鄉回答。

他揀了一個，故意在鼻上聞聞，慢條斯理地說：

「麵粉好像不大新鮮？我買一個回去餵餵金魚。」

「老鄉，這是剛開包的上等白麵，您說不新鮮那全台北就找不到第二家了。」山東老鄉極力維護他的信譽：「俺賣饅頭多年，王麻子的剪刀，貨眞價實。」

「就算你是金字招牌，一個饅頭我的金魚也要吃幾天。」他遞給山東老鄉一枚五毛銅幣。

山東老鄉用紙替他包好，堆着笑臉說：

「下次請你多多關照。」

他拿着饅頭大搖大擺地走開，山東老鄉叫喊着走了。

他走進一條巷子，看看前後無人，連忙把饅頭上的紙撕開，低頭頭咬了一大口，邊吃邊嚼。一個饅頭三口就報銷了，幸好沒被人發覺。

吃下饅頭之後，他心裡不像先前那樣發慌，但是食慾更旺，他覺得五個饅頭也塡不飽他的肚子。他下意識地摸摸口袋，只好壓下這股食慾，再吃一個饅頭就回不了板橋。

跑了一下午，一無所獲，和太太在車站會面的時間還沒有到，他又想到老同學黃經文，這是一位態度最好的同學，極講情感道義，雖然是個小公務員，八口之家，只要有一點點辦法。三十五十一定湊給他。三四個月前，他實在不好意思去找他，打發太太親自上門，黃經文自己的菜錢都沒有，還向隔壁人家借了五十塊錢送她。上個月一天晚上，他又親自去找他，才知道他晚上在一家工廠做零工，彌補家用。他決定去那家工廠找他。

皇天不負苦心人，他終於找到了那家醬油工廠。黃經文正在工人群中工作，一看見許莘人反而有點不好意思。

許莘人把黃經文叫出來，故作同情地對黃經文說：

「經文，我眞不知道你這樣辛苦！你能力比誰都強，怎麼幹這種事？」

「八口之家，擔子太重，不幹這種事還能當顧問董事？」黃經文笑着回答，隨後又問他：「你現在在那裡工作？」

他掏出一張名片給黃經文，上面的頭銜是立人人壽保險公司意外保險部業務主任，黃經文看了向他道喜。他却美中不足地說：

「私人公司就是太忙，我整天在外面拉生意。」

「財忙，財忙，只要錢多，忙一點也値得。」黃經文說。

「待遇也不算好，不過兩三千塊錢。」他猛力抽口烟。

「別人騎馬你騎驢，比我這兩條腿跑總強多了。」黃經文說。

「上次聽說你大小姐想找事，所以今天我特地來找你談談。」

「你有什麼路子？」

「環球飯店的董事長是我的同鄉，下月初開幕，需要大批懂英文的大專女生，秘密招考，你叫你小姐注意看英文報，練習會話、打字，我先在董事長面前關照一聲，到時我親自帶她和我女兒一道去應試，錄取之後起碼有兩千多塊錢一個月，可以減輕你不少負擔。」

「那抵得上我幹兩個月。」黃經文坦率地說：「你小姐也到台北來了？」

「他在家專夜間部唸書，白天無課，讓她找個事做，自己維持自己。」

「要是成功了倒是一件好事。」

「董事長是我的小老鄉，又是世交，新回國的華僑，本來他要我去當副經理，我這邊的工作擺不掉，介紹她們兩人去當個小職員不會有問題。」

「該不是當服務生吧？」黃經文不放心地說：「再窮我也不能讓女兒去幹那種事。」

「不會，是寫字間裡要人。」

「那天考試？」

「過幾天我再通知你。」

「你什麼時候在辦公室？我打電話同你聯絡，到時候叫我女兒去找你好了。」

「我成天在外面跑，公司裡找不到人，你也不必打電話，我會寫信告訴你。」他連忙說，又接上一枝烟。

他和黃經文站在外面談了三四十分鐘，一連抽了五枝烟。黃經文怕別人講閒話，要進廠去，他連忙把黃經文的臂膀一拉：

「經文。我剛從北投趕到你這裡來，身上的零錢花光了，公司又下了班，找不到人，你身上方不方便？先借幾十塊錢給我坐計程車回板橋，明天還你。」

黃經文身上只有兩張公共汽車票，沒有一文錢，只好實說。

「你不可以向同事借借，轉轉手？」他望着黃經文說。

「人窮志不窮，我剛來不久，不好意思向別人開口。」黃經文回答。

他顯得有點失望，又猛力抽烟。隨後頭一抬，格格一笑：

「好吧，我到附近一個朋友家裏去一趟，要是他也不方便，我只好擠火車了。」

黃經文抱歉地望着他遠去的背影，看他只穿一件香港衫，身體越來越瘦弱，走路搖搖擺擺，恍然大悟，不禁輕輕一嘆：

「唉，二十多年的老朋友，有話不妨直說，何必兜這麼大的圈子？」

四

許華人和太太準時在火車站會面，他焦急地問她：

「怎麼？」

「你呢？」她反問他。

「打了空手！」他輕輕嘆口氣。

「那我的毛衣取不出來了！」她臉色一沉。

「難道妳也沒有借到？」他臉色發青，聲音顫抖。

「我只弄到五十塊錢？」她有氣無力地回答。

「誰給妳的？」他馬上高興起來，臉上閃過一絲笑意。

「何必多問？」她白了他一眼。

他默默地跟着她走進月台，擠上火車，九點四十五分到達板橋。擺香烟攤的老太婆還沒有收攤子，無精打采地坐在圓櫈上，她的眼力不好，自然看不見遠在幾十公尺之外的他們。他們却清楚地看見她，但不敢從她面前走過，只好繞着水溝邊的一條小路回家。

一看見老太婆，許莘人的烟癮又發作了，他摸出烟盒，抖了幾下，一枝烟也抖不出來，他放在近視眼鏡底下瞄瞄，空空如也。他用力一揉，隨手扔進汚水溝。

天下着痲紛雨。秋風掠過樹梢，飄下幾片黃葉，在路邊滾了幾下，滾進了水溝。

他們兩人同時打了個寒噤。

走近後門口，潮濕的牆脚下突然「囉—囉—」地叫了兩聲，她心裡一驚，抱怨地說：

「田螺含水過冬，我們怎麼過？」

「五十歲發大財，再過兩年就有好日子。」他說。

「呸！餓鬼在前面招手，你還做夢娶媳婦！」她唾了他一口。

他沒有生氣回嘴，也沒有揩臉上的唾沫。

一片黃葉飄在他的頭上，他更無動於衷；風一吹，黃葉落進木板屋邊的污水溝裡，隨着又黑又臭的水順流而下。他瞥了黃葉一眼，茫然地說：

「我許家的大少爺，會和它一樣？」

老夫老妻

晚飯後，我靠在沙發上看神仙家庭節目，巫婆把青蛙變成人，又把人變成青蛙。這種節目正適於茶餘酒後供人一笑，一天疲勞在這時輕鬆一下，自然有益健康。大家正嘻嘻哈哈發笑，黃太太却一面叫着一面走了過來。

「唷，你們好開心？」黃太太說。

我連忙讓坐。她的個兒大，似乎又發福了。她一坐下去，沙發就吱的一聲，彷彿一脚踩住了老鼠尾巴。

「妳的會錢有沒有？」她問內人。

「對不起，今天沒有發薪水，明天一定給妳。」內人說。

「怎麼妳又來會？」我問黃太太。她的會很多，來了一個又一個，不是得末會，就是當會頭，這個會又是她邀的。

「不來會那會有錢？」黃太太說。「現在景美木柵禁建解除了，我準備來會蓋房子。」

兩年前，她聚了兩萬多塊錢的會錢在木柵買了六十多坪地，現在值三四十萬。她眞會盤算。

「最近公佈地價，四鄉鎭漲得最多，這下妳發財了。」我說。

「賺這幾個錢算得上發什麼財？」她心猶未足地說：「不久要開路，我那塊地正好變成路邊地，變成商業中心，價錢還要高。」

「那妳最少是百萬富翁了？」我說。

「唉，苦了這麼多年，頭髮都白了，賺這點小錢難道不應該？」黃太太說。

「千該萬該，」我說。「要不是妳會打算，也賺不到這筆錢。」

「可不是？」她得意地說。「當初我要是來會買冰箱，買電視，那有今日？」

一點不錯！現在冰箱電視又便宜又好，以兩年前的價錢，現在可以買到更好的東西。但是却買不到三坪地，她已經賺了幾十個電視冰箱了。可是她來會還是不買電視和冰箱，她要蓋房子，不用說，這一着又很高明，將來靠房租就可以過得十分愜意了。

「妳這樣鷄生蛋，蛋生鷄，你們老兩口子可以享晚福了。」我說。

「享晚福？」她鼻子裏嗤了一聲：「我纔不讓那老傢伙享晚福呢！」

「怎麼？他和妳辛苦了幾十年，孩子都大了，錢也有了，妳怎麼不讓他享福？」

「我讓他享福？」她狠狠地說：「我決定和他離婚！」

這句話大出我們意料之外，五六十歲的人，兒女都大了，還離什麼婚？以前沒有聽她談過這種話，他們向來沒有大吵大鬧過，她先生黃廣平又是個沒有一點脾氣的好人，成天一張笑臉，笑起來兩眼眯成一條縫，她駡他他決不回嘴，甚至兒子駡他他也只是笑，這樣好的人那裏去找？俗話說伸手不打笑臉人，對這樣的好丈夫怎麼忍心說離婚？何況自己又不是二十歲三十歲，早就是打春的蘿蔔立秋的瓜，名符其實的老娘了。

「黃太太，像黃廣平這樣的好人，打着燈籠火把都找不到，妳還想離婚？」我說。

「梁先生，你不知道，那老傢伙人老心不老，他最喜歡女人。」

「這眞是天大的寃枉！老黃一向規規矩矩，不敢越雷池一步，難道他還有什麼風流韻事？」

「最近他在學校教畫，還弄了一個女生囘家來教，我又不在家，誰知道他們搞什麼鬼？」

「原來就是這麼囘事？」我噓了一口氣。「黃太太，妳眞是疑心生暗鬼！」

「梁先生，你不知道，現在的女孩子臉皮厚得很，只要有吃有喝，什麼事都做得出來。」

「黃太太，妳別糟塌妳們女人。」我笑着說。「老黃五十多了，又不是美男子。何況平時妳只給他一張汽車月票，沒有多餘的錢，請陽春麵都請不起，女孩子如果不是向他學畫，還圖他什麼？」

「他會在家裏弄給她吃，弄給她喝。」

「在家裏招待學生吃頓便飯也算不了什麼。」

「教畫才收她兩百塊錢一個月，還招待她吃喝，那他又爲的什麼？」她反問我。

「剛開始自然要客氣一點，日子久了他自然不會招待她吃喝。」

「日子久了毛病會更多！」黃太太肯定地說：「隔壁鄰居告訴我，昨天那老傢伙和那個小妖精兩人在家裏折騰了一整天！那還有什麼好事？」

「妳親眼看見沒有？別人的話怎麼可以輕信？」我最討厭長舌婦張家長，李家短。遇見這種女人串門子我會把她轟出去。黃廣平是我十多年的老同事，我對他最有信心。別人講他的壞話我就聽不進。

「那老傢伙就是乘我不在家才敢這樣，他怎麼會讓我親眼看見？」

她白天上班，整天不回家。黃廣平準備七月退休，調了個閒差事，巳經幾個月沒有上班。最近才由一位得力的老同學，把他介紹到一個大學裏教畫，一個星期三小時的課，其餘的時間都在家裏。他們的老大老二都在南部官校唸書，老三在北部唸大學，也是早出晚歸。

「妳既然這麼不放心，又何必去上班？在家裏坐鎮不就得了？」

「那怎麼成？」她搖頭擺手：「一個月一千多塊！」

「妳又捨不得放棄工作，又不放心老黃在家裏教畫。現在妳巳經血壓高，這樣下去不是又要得神經病？」我沒有好氣地說。

「那很簡單！」她輕鬆地說：「我不放棄工作，也不讓他在家裏教畫。」

「老黃好不容易收到一個學生，妳又不讓他教，那怎麼行？」

「所以這幾天我們一直鬧彆扭。我決定和他離婚。」

「黃太太，妳別在我面前唱戲，五六十歲的人了，這點鷄毛蒜皮的小事，離什麼婚？」我覺得事情並不嚴重，黃太太一向多心，因此開玩笑說。

「我決不是在你面前唱戲。那老傢伙太壞，我一定要離婚。」黃太太數落地說：「他不只這一次，以前我在南部，他在北部，別人每月回家一次，他終年不回家，一個男人在外面還會作什麼好事？」

「妳這又寃枉他！」我馬上糾正。「那時我們兩人日夜在一塊，他領了薪水全部寄回家，連電影都沒有錢看，還能作什麼壞事？」

「你們兩人狼狽爲奸，自然你替他講話。」她强詞奪理。

「黃太太，妳不相信我，難道也不相信妳的第五縱隊？」我說。那時她大兒子還小，她爲了要監視丈夫，藉口自己照顧不了許多孩子，要他把老大帶在身邊。其實是她要從老大口裏套取情報。這都是她大兒子自己講出來的。因爲他大兒子不願意和父親住在台北，老是吵着要回家。一天老黃煩了，責備大兒子說：「你既然不願和我住在台北，爲什麼要和我到台北來？」他大兒子委屈地說：「又不是我要到台北來，是媽怕你做壞事，要我來看住你的。」老黃這纔恍然大悟，啼笑皆非。

黃太太聽我提起往事，又有一番解釋：

「那老傢伙當面做人，背後做鬼，要不是我看得緊，早就出了紕漏。現在我和兒子白天都不在家，他一個人在家裏教畫，一男一女，還能教出什麼好事來？」

「妳要離婚，他不同意，也是枉然。」

「老傢伙說我老了，沒有人要；他有人要，他願意離婚。」

「我看他也沒有人要。」我故意逗她。

「老傢伙還以爲他俏得很呢。」她鼻子裏哼一聲：「錢統統扣在我的手裏，現在我只要他的退休金，錢一到手，我就把他掃地出門。」

「沒有人，妳要錢又有什麼意思？」

「有錢就有意思，就有辦法；我要那老傢伙有什麼用？」

我們都笑了起來。我逗她說：

「錢和兒女都靠不住，還是老伴兒好。」

「那老傢伙不是好東西，我也用不着靠他。」

「俗話說一夜夫妻百夜恩，妳何必說得這麼絕？」

「我看透了，對那老傢伙不絕不行。」

「那你們是離定了？」

「只等他的退休金。」她點點頭。「退休金一到手我就簽字登報。」

「黃太太，幾十年的夫妻，何必走這條路？你要他再找幾個學生湊，規定一個時間教，自然不會出毛病。」拙荆半天沒有說話，這纔插嘴。

「梁太太，老傢伙說再也找不到學生，而且大家的時間不一致，很難湊在一起，這分明是存心不良。」

「他又沒有登報招生，知道的人少，自然不大容易。」拙荊說。

「登報要錢，說不定偷雞不着蝕把米。」黃太太說。

「妳又怕他教一個人出毛病，又不願花廣告費，這怎麼行？」

「梁太太，我不是捨不得花錢。」黃太太又有解釋：「一來是老傢伙不是什麼名家，登了報也未必有什麼效果；二來老傢伙一見了女人骨頭就輕四兩，十個八個，一個兩個都是一樣。」

「你這樣不相信他，那就沒有辦法了。」

黃太太沒有作聲，打開皮包，拿出存款摺子、身分證、圖章，遞給我說：

「梁先生，拜託你就近代我領一下，我血壓高，實在不能再累了。」

我看存款摺子身分證和圖章，都是黃廣平的，我馬上還給她說：

「對不起，我不做這種事。」

「你放心，不是我偷來的搶來的，是他給我的。」她向我解釋。「摺子上只有三千塊錢，作不了大用。你不代我領我自己也會去領，不過我怕倒在銀行裏。」

「那妳何必急着領這筆錢？好給老黃也只那麼大的事。」

「你不知道，我要湊起兩萬塊錢的整數去買公債，活期存款根本沒有利息。」

我本來想諷刺她兩句，但她的精打細算是成功了的。那年她買地，我買電視、冰箱，我花的錢比她多，但現在這兩樣東西一萬塊錢也沒有人要，買新的不到兩萬塊錢，而她的地已漲到幾十萬，我不能不甘拜下風，可是要我代領黃廣平的錢我總覺得不大好，尤其是在他們鬧離婚的時候。我把這意思坦白告訴她，她嘆了一口氣，把摺子放進皮包說：

「梁先生，我不把你當外人，才拜託你代我領錢。你既然不肯幫忙，那明天我自己去領，要是死在銀行裏，你也未必安心！」

我們都知道她血壓高，聽她這樣說我只好答應。反正三千塊錢不是大數目，憑我和黃廣平的交情他也不會怪我。她看我答應，又把摺子交給我。但我最後一次勸她：

「黃太太，身體重要，丈夫重要。錢財是身外之物，生不帶來，死不帶去，妳何必看得這麼重呢？」

「黃先生，我不能受氣，老傢伙給我氣受，我要他作什麼？」她望着我說。「你說錢財是身外之物，你要是沒有一塊五毛錢車掌小姐決不讓你上公共汽車；你要是沒有五塊錢，你也別想吃碗陽春麵；你要是沒有一萬多塊錢，你也別想買三十二寸的電視機……這世界就是這樣子，你唱高調有什麼用？」

我被她問得無話可答，不禁啞然失笑。她又作結論似地說：

「有錢萬事足。因此我只要錢，不要那老傢伙。一旦叫他掃地出門，看他的老骨頭還輕不輕？」

我們又被她說得笑了起來，我對她說：

「黃太太，你是個厲害角色！不過我相信老黃受了冤枉。」

「無風不起浪，我會平白冤枉他？」她不服氣地說。

眞是清官難斷家務事，我不想再和她辯論。好在老黃還沒有退休，她不等到那筆退休金她是不會簽字離婚的，我還有時間和老黃談談，自然會瞭解眞相。

黃太太走後，我仍然看電視消遣，這東西最容易消磨時間。

第二天早晨上班，又在車站碰到黃太太，她正和同鄉曲先生談話，曲先生和我也是老同事，我自然走過去。曲先生和我點頭招呼，又對她說：

「黃太太，我們是小同鄉，照理我該站在妳這邊說話。可是我不能說歪理。黃先生那麼規規矩矩的老好人，妳還要疑心，這豈不是自尋煩惱？」

「老鄉，不是我自尋煩惱，是那老傢伙太不正經。」黃太太爭辯。

「妳口口聲聲要離婚、離婚對妳究竟有什麼好處？」曲先生問她。「妳又有什麼出路？」

「老傢伙就是估量我嫁不出去，所以他纔大膽答應。」黃太太說。「但是我的想法不同，我有了錢就行，何必要嫁人？」

「黃太太，妳不要迷信金錢萬能，有的時候錢不管用。百萬家財也難買老夫老妻的情感。」

「老鄉，老傢伙變了心，還談什麼情感？」

「妳不要多心，黃先生不是那樣的人。」

「我也是這麼說，她不相信。」我插嘴。

「你們男人都維護男人。」她說。

「不是我們男人維護男人，的確是妳疑心太重。」曲先生說：「以前黃先生在女中兼美術課，妳不放心，把他的事情弄掉。現在賣了天大的面子，去大學兼課，妳又鬧離婚。這樣說來，只要有女人的地方他就不能做事，那怎麼行？」

黃太太一時語塞。曲先生的話使我想起另一樁事。以前在南部時，她總是懷疑黃先生和鄰居太太有染，和鄰居太太時常吵架，不相往來。弄得兩位先生很不好意思，幸好他們彼此瞭解，沒有發生誤會，不然會打得頭破血流。

「你們只會責備我，把我看成個醋罈子。其實你們都不瞭解那老傢伙的本性。」過了一會她又這樣說。「他中學時代的同學王董事長最瞭解他，我和王董事長談起這件事，他並沒有反對我。」

「糟了！」曲先生把大腿一拍，脚一跺：「妳怎麼能和王董事長談這種事，那不是砸他的飯碗？」

黃廣平在大學兼課的事就是王董事長介紹的，所以曲先生着急。我沒有想到她已經和王董事長談過了。

「你不用擔心，王董事長和他有八拜之交，不是外人。」黃太太說。

曲先生沒有做聲。黃太太下車後，他悄悄地和我說：

「我這位小老鄉人倒不壞，就是個醋罈子。五六十歲的人了還鬧離婚，這不是笑話？錢抵不上人，把錢抓在手裏有什麼用？八十歲的老娘，誰要？」

他說的是老實話，我倒有點想笑。我補上一句：

「而且她的身體不好。」

「可不是？」曲先生雙手一拍：「高血壓、心臟病，說翹就翹，錢能買命？不如去掉那股醋勁多活幾年。」

「不過話說回來，我們也要替她想想。」

「替她想什麼？」

「女人到了這種年齡，輸光了老本，心裏發慌，生怕半路殺出程咬金，橫刀奪愛，她自然不是對手。因此只好抓住錢，像落水的人抓住一根草，心裏就產生一種安全感。」

「你的比方不錯，」曲先生說：「不過像黃先生那樣的好丈夫，防他何必像防賊？如果是我這種倔脾氣，本來沒有那回事兒，她這樣作我就非再討一個不可？」

「大概她料定了黃先生不會那麼作？」

「這可說不定！」曲先生不以爲然。「人逼懸樑，狗逼跳牆，逼的太狠了難保黃先生不會反叛？他可不像她那麼顯老，二十多歲的小姐嫁五十多歲的男人現在一點不奇。」

「要是她聽到你這一番話，更睡不着覺。」

「要不是看在同鄉份上，我眞會慫恿黃先生反叛一下，整掉她那股醋勁纔好。」

「像黃太太那股醋勁，恐怕整不掉？」

「整不掉？」曲先生冷笑一聲：「要是我，縱然她頭上長了兩隻角，我也要把它滅掉。」

「她尋死尋活你怎麼辦？」

「她要上吊，我會給他一根繩子；她要跳水，我會帶她到淡水河邊去⋯⋯⋯⋯」

「唉，你這不犯了教唆自殺罪？」我打斷他的話。

「嗨，你放心！」他向我一笑：「像她這種愛吃醋的女人，絕對捨不得死，我怎麼會犯罪？」

「看樣子你倒唸過心理學？」我望着他笑。他是粗線條的關東大俠式的人物，想不到他倒有這種細心眼兒。

「我是見人打卦。」他笑着說：「像我這位小老鄉，黃先生那樣的老好人不行。如果黃先生是個厲害角色，她決不敢這樣。」

「老天就是這樣巧安排！兩口子總有一强一弱，一個能幹一個窩囊。如果兩人都是青石板砸烏龜，那不完蛋？如果兩個都是能人，誰也不肯吃虧，別人還有飯吃？如果兩個都不好，那這兩口子就活不下去。」

「你這話對！」他手一拍。「以前我看見這種事總是氣不平，就想不出是什麼道理？原來這是天意！」

話越扯越遠，如果不是車子到了終站，我們還夠談的。現在不能不分手了。

上班後，我處理了幾件公事，就去銀行代黃太太提款。今天是禮拜六，提款的人特別多。我一等再等心裏實在煩。黃太太是有八十就湊一百，有八百就湊一千，不斷地向銀行裏存，到了相當數目就提出來作大用。我實在怕這種痳煩，如果在櫃台上擠來擠去，不如用掉輕鬆自在。但是受人之託，就得忠人之事，縱然心急如火，也只好等下去。等了一個多鐘頭，才提出三千元。要是黃太太可能眞會暈倒。

拿到錢，我忽然想到要開她一個玩笑：把三千塊錢交給黃廣平。但仔細一想，又怕她氣得腦冲血，出了人命；又怕黃廣平雙手交給她，那我不白白地做了個惡人？因此不敢開這個玩笑。

晚上，黃太太又到我家來。拙荆把會錢交給她，我把三千塊錢和存摺、身份證、圖章統統交給她。她說了聲謝謝。然後望着我們一笑說：

「我那老傢伙又不想和我離婚了。」

「爲什麼？」我問。

「他想通了。」她得意地說：「地是我的名字；活錢都在我手裏；那十幾萬塊錢的退休金也非給我領不可。他怕掃地出門，因此不想離婚了。」

我覺得黃廣平這人太好，如果他像曲先生那樣也許眞能整掉她那股醋勁。

「你們合起來一百多歲了，本來就不該離婚。」拙荆說。

「我要是不這樣整他，他就會骨頭輕。」黃太太得意地說。

星期天早晨我碰到黃廣平。他優哉游哉地在馬路邊散步，仍然笑嘻嘻，笑起來兩隻眼睛眯成一條縫。我故意問他：

「怎麼你們老兩口子最近又演了一幕喜劇？」

他向我瞇起眼睛一笑說：

「唉，眞她媽的神經病！誰要和她離婚？」

「這種事到底是怎麼引起的？」

「我那個婆娘不但是個醋罈子，還是個財迷。」黃廣平說。「以前我畫畫，她總說我浪費紙張成天嘀嘀咕咕。後來她又說我不會開畫展賺錢，人家開畫展一次賺幾十萬。你想，開畫展如果不走門路，不賠老本才怪，那有錢賺？這次兼了三小時的課，她又說錢太少，要我找學生在家裏教畫。總算有個學生自動請求學畫，她又懷疑我搞鬼。她要我多收幾個學生，不能單獨教一個人。你想，我還好意思登廣告？敲鑼打鼓地招人來學畫？我這樣折騰了好多天，現在那唯一的學生氣走了。她這纔安心下來。你想我們頭髮都白了，還有幾年好活？鬼纔要和她離婚。眞她媽的神經病，她一個人自說自話，也不怕丟人。」

我聽了好笑。開玩笑地問他：

「你是不是怕掃地出門？」

「去她媽的，」他笑着說：「我生不帶來，死不帶去，我向來不管錢的事，破廟裏都住過，我還怕掃地出門？」

「那離婚的事完全是子虛烏有的了？」

「根本沒有這回事，完全是她活得無聊，要鬧些笑話。要離我早和她離了，還等到現在！」

「惟願你們白頭偕老。」我說。

「這是個解不開的結，不老也得老。」他笑着說：「只有進了棺材纔能散手。」

恩愛夫妻

大通公司董事長胡金發五十歲生日宴會，開席十五席，都是公司裏的職員，沒有外人，大家開懷暢飲，胡董事長自己也連連乾杯。十五年來，他由八個人的小工廠，變成現在的一億五千萬元，不但他自己發了大財高興，所有的員工也有福同享，有錢同賺，因爲大家都是大大小小的股東。大通公司之所以發展得這麼快，並不是發橫財，而是由於政府扶植工商事業，和自己經營得法的結果。

徐仲達、袁鳳鳴、劉南山都是十年以上的老職員，而且都是不小的股東，他們三人的感情都很好，酒醉飯飽之後，袁鳳鳴說要請他們兩人喝咖啡，他把徐仲達、劉南山帶到一家大電影院旁邊的小巷子裏，走進一家「黑美人音樂咖啡室」。一進門彷彿進入一個黑牢，徐仲達是第一次到這種地方，他聽人說過什麼黑咖啡館之類的尋芳作樂的處所，他不禁輕輕地問袁鳳鳴：

「你怎麼帶我到這種地方來？」

「你只知道和太太恩恩愛愛，也到這種地方來見識見識，換換口味纔是。」袁鳳鳴對着徐仲達的耳朵說。

袁鳳鳴和劉南山像識途老馬，他們兩人向一個有盆景的黑暗的角落裏一鑽，徐仲達懷著探險的心情，跟著進去，他們剛一坐定，就有一個男的過來問：

「你們要那幾位小姐？」

「小雯、小虹、蘇珊。」袁鳳鳴像點菜一般內行。

「對不起，小雯，蘇珊剛被客人叫去，我叫小虹先來，過幾分鐘再叫小雯蘇珊好不好？如果你們馬上要小姐陪，我另外叫兩位新來的，她們和小雯蘇珊一樣漂亮。」那男的說。

「好吧！你先叫那兩位新來的小姐陪陪。」袁鳳鳴說。

「不，我和蘇珊是老交情。」劉南山笑著插嘴：「我要蘇珊。」

那男的很圓滑，馬上笑著說：

「你們少等一下，我去調度，保險你們滿意。」

一說完抽身就走。

「你們兩個都不是好人！」徐仲達笑著說：「怎麼在這種地方鬼混？」

「老徐，這就是人生，你天天守著太太有什麼意思？」袁鳳鳴笑嘻嘻地回答。

「他們是恩愛夫妻，不比我們。」劉南山說。

「恩愛了十幾年也倒了胃口，快四十的人了，也該找找刺激，不然白做了男人。」袁鳳鳴笑著說。

「說眞的，我們現在雖然算不上百萬富翁，生活也混得過去，不及時行樂，還等到七老八十不成？」劉南山說。

「人只能活一輩子，不能再活一次。咱們現在說老不老，說少不少，要玩就是這個時候！再過十年二十年，縱然腰纏萬貫，一擲千金，也未必眞能贏得小妞兒們的歡心？」袁鳳鳴嚼著口香糖說。

劉南山笑著附和，同時在徐仲達肩上一拍：

「老徐，聽見沒有？老袁樣樣都比我們行，他的話沒錯，你太規矩，不抽煙，不喝酒，也眞該調劑調劑！多累米發梭拉梯，一個調兒唱到底，實在沒有什麼意思。」

一個女人像幽靈似的飄了過來。徐仲達在黯淡的燈光下看出她的臉型很美，十分年輕，袁鳳鳴一把把她拉進懷裏，在她臉上親了一下，然後往徐仲達懷裏一送，關照她說：

「小虹，這位是徐先生，妳好好地灌灌迷湯，以後他會照顧妳。」

小虹趁勢往徐仲達懷裏一倒，徐仲達有點手足無措，袁鳳鳴和劉南山都一道離開，笑著對徐仲達說：

「你們兩人溫存一下，我們換個位子，一會兒再來，老徐，你可不能開小差！」

徐仲達又驚又喜，又好氣又好笑。袁鳳鳴眞是個鬼才，胡謅他姓余一點不露形色，正像他打蔴將一樣，調換一張牌三個人都不知情。

他們兩人走後，徐仲達反而有點拘束，除了自己的太太以外，他從來沒有和別的女人接近；而小虹把上半身子靠著他，像沒有骨頭一樣，並且剝了一粒瓜子往他嘴裏送，他的臉都紅起來，幸好燈光很暗，小虹沒有發覺。

「余先生，你很規矩，不像王先生李先生那樣老臉皮。」小虹覺得他有點拘束，笑著對他說。

「那個王先生李先生？」徐仲達一時沒有想過來，不禁反問。

「就是剛纔你那兩位朋友，」小虹望著他說：「怎麼，你不認識他們？」

徐仲達哦了一聲，連忙說：

「我的同事姓王姓李的太多，我不知道妳是說他們兩位。怎麼他們時常到這裏來？」

「也不一定，大概十天半個月來玩一次。」小虹邊吃瓜子邊說：「最近反而和我們疏遠了，想不到今天帶來你這位稀客！」

「我的事情太忙，沒有時間到這種地方。」徐仲達掩飾地說。

那個男的幽靈似地探進一個頭來，叫了一聲「小虹」，小虹連忙對徐仲達說：

「對不起，我去一下再來！」

徐仲達沒有作聲，小虹走後，他覺得非常無聊，忽然想起自己的太太杜美芝，平日這時一定在家裏陪他聊天看報，聽聽收音機，看看電視。或是帶著她和孩子一道去看電影，今天却坐在這種鬼影幢幢的地方，和一個不相識的女人靠在一起，心裏雖然並未愛她，但他覺得這種行爲對不起美芝。他一想起美芝對他那麼好，那麼恩愛，坐在沙發上反而如坐針毯。

「我現在還沒有回家，美芝一定著急，說不定她正到處打電話找我？」

他正想開小差回去，袁鳳鳴却帶著一位嬌滴滴的女人進來，把她放在徐仲達的身邊說：

「這是小雯，是這裏的頭牌。老余，我讓給你。」袁鳳鳴又拍拍小雯的肩說：「小雯，余先生是華僑，來台北觀光，妳可要好好地服侍，我會重重地賞妳。」

袁鳳鳴說完又飄然而去。

小雯也許以爲徐仲達眞是華僑，和徐仲達儘量溫存，她不但比小虹漂亮，談吐也很文雅風趣，徐仲達也禁不住心猿意馬，同時把她和太太美芝相比。覺得她比美芝至少年輕十歲，有一種春花初放的氣息。

「余先生，你是從美國來的還是菲律賓來的？」小雯突然問他。

徐仲達沒有防到這一著，心裏在罵袁鳳鳴害人，嘴裏只好胡謅說：

「菲律賓。」

「你是初次回國？」

「嗯，第一次。」

「菲律賓是不是比台灣好？」

「不，台灣比菲律賓好。」

「菲律賓的小姐漂不漂亮？」

「沒有台灣小姐漂亮。」

他這句話說的小雯很高興，他自己心裏却在好笑，袁鳳鳴胡扯一句，逼得他說了好幾句謊話。他從來沒有到過菲律賓，根本不知道菲律賓是什麼樣子。

小雯陪他坐了好久，那男的沒有來叫她，徐仲達也不像先前那麼不安，他覺得和小雯在一起聊天和在家裏陪太太的情調大不相同，他像喝了一點酒一般，有點微醺的感覺，小雯身上的香氣使他覺得新鮮而又刺激。

「難怪袁鳳鳴劉南山歡喜在外面拈花惹草。」他心裏這樣想。

他起身離開時，小雯在他臉上輕輕一吻，緊緊地一握他的手，還輕柔地問他那天再來？使他有點輕飄飄的感覺，出門後，袁鳳鳴笑著問他：

「老徐，在外面喝咖啡是不是比在家裏喝清茶有味？」

「你這個搗蛋鬼！」徐仲達笑著罵他：「你怎麼隨便替我改名換姓？又說我是華僑？」

「老徐，我讓你學學乖！」袁鳳鳴賣老資格：「在這種地方你還能露底？」

「可是你逼著我扯慌，我又沒有出過國，差點露了馬脚。」徐仲達說。

「反正她們也是土包子，誰又飄過洋過了海？」

徐仲達不能不佩服袁鳳鳴的鬼聰明，今天的確增長了見識和生活經驗。但他一想起美芝又有點內疚，他對袁鳳鳴和劉南山說：

「現在這麼晚了，我回家對太太如何交代？」

「扯個謊不就得了！」袁鳳鳴輕鬆地說。

「我在美芝面前從來沒有扯過謊。」徐仲達說。

「老徐，你眞不懂得做人的藝術！」袁鳳鳴白他一眼：「夫婦之間彼此也應該有點秘密。赤裸裸的有什麼意思？」

「你在嫂夫人面前大概經常扯謊？」徐仲達望著袁鳳鳴說。

「我纔沒有那麼好興致！」袁鳳鳴滿不在乎地說：「我愛怎麼玩就怎麼玩，她管得著？」

「你不怕嫂夫人吃醋？」

「她有好大的肚皮？吃得了那麼多？」

徐仲達和劉南山都嗤的一笑，袁鳳鳴又得意地說：

「她只求我不帶到家裏去，此外眼不見爲淨。」

徐仲達和劉南山又笑了起來。徐仲達笑說：

「大嫂眞好！」

「好個屁！還不是整下來的！」

「你整大嫂？」徐仲達驚奇地望著袁鳳鳴。

「起先她也是個醋罈子，不許我上咖啡館，不許我跳舞，不許我上酒家，我相應不理。她哭，我讓她哭個痛快；她不吃飯，我連水也不給她；她要上吊，我就給她一根繩子，這樣一來，她就乖了，再也不敢過問我的事。」

徐仲達大笑起來，隨後又說：

「你不怕她提出離婚？」

「離婚？」袁鳳鳴哈哈一笑：「那我正好再討一個。」

「老袁，你不懷好心，對大嫂簡直是精神虐待！」

「誰叫她管那麼多閒事？」袁鳳鳴理直氣壯地說：「自古以來，我們男人就三宮六院，三妻四妾；現在雖然時代不同，我們的交際應酬也多，要是不近酒色，不逢場作戲，還有什麼生意上門？」

徐仲達聽了好笑，又問劉南山：

「老劉，老袁講的是歪理，你呢？」

「我靠扯謊過日子。」劉南山笑著回答。

徐仲達和袁鳳鳴都大笑起來，袁鳳鳴拍拍徐仲達的肩說：

「老徐，不要放棄男人的權利！我們兩人，隨便你學那一個，保險你尋歡作樂，過太平日子，這樣活得纔有意思。」

二

徐仲達坐著計程車趕回家時，已經十二點過五分，結婚十四年，從來沒有回的這麼晏，即使有事躭擱，也要打電話回家報告行蹤．今天却沒有報告美芝，又回的特別晏，近「家」情怯，他悄悄地走到大門口，望見客廳裏還是燈火通明，簡直不敢舉手去按電鈴，他站了一會，重新想了一遍答話，調整了一下呼吸，纔慢慢舉手輕輕地按了一下電鈴。

他發覺客廳裏馬上有人出來，步履輕快，他一聽就知道是美芝過來開門，他更心虛，也更慚愧。

開門的果然是美芝，她面有倦容，但一看見他臉上像突然開了一朶花，他覺得她這一微笑，還有當年的風韻，自己又做賊心虛，便先柔聲地說：

「妳怎麼還沒有睡？」

「你不回來我怎麼能睡？」她輕輕地回答，帶點幽怨：「你到那裏去了？怎麼也不打個電話回來？害我操了這麼久的心。」

「吃過飯，老袁老劉要去打牌，硬拉著我去見習……」他一面扯謊，一面望著太太。

「你也該打個電話回來，免得我瞎操心。」她說。

「眞不巧，偏偏打牌的人家沒有電話。」

「你不會像以前一樣，去電話亭打？」

「你知道我對痲將毫無興趣，那邊的電話亭又遠，我只說看幾分鐘就走，偏偏老袁老劉一拖再拖，直拖到他們打完八圈，纔一道回來。」他攬著她的腰，邊走邊扯謊。

「他們打牌，你陪著公子趕考，熬夜傷身，何必？」

「老同事，好朋友，偶爾湊湊他們的興，這有何妨？」

「今天董事長做壽，不比尋常，我怕你喝多了酒，出岔子，計程車橫衝直撞，叫我怎麼不躭心？」

「我一向不喝酒，不會出事。」

走進客廳，她替他把西裝上衣脫下，領帶解開，掛上衣架，隨後又打開冰箱，倒出一杯自製的酸梅湯給他，她在他旁邊坐下，笑著問他：

「今天有什麼馬路新聞沒有？」

徐仲達每天下班回來，都要把公司裏的情形和馬路上所見所聞，講給太太聽，十多年來如一日，這是每天晚飯後談話的資料，有時他迫不及待地一走進門就告訴她，即使是看見兩隻鷄打架，他也一五一十地講給她聽，她已經聽成了習慣，因此問他。

「有。」他心裏有點內疚，爲了使她歡喜，他決定編一兩件，他一口喝完酸梅湯，又在她臉上輕輕吻了一下說：「剛纔我在巷口看見余家的大小姐和一個男的非常親熱。」

「她是大學生了，自然會談戀愛。」

「我覺得她還是孩子，」他笑著望望太太：「我們戀愛的時候妳好像比她大？」

「也不過大一兩歲。」她笑著回答，臉上有點嬌羞。

「現在的女孩子膽大臉皮厚，她見了我無所謂，不像妳那麼害羞，生怕碰見了熟人。」他越說越對路，不覺得自己是在扯謊。

「你別糟蹋人，可不要到外面瞎講。」她笑著勸他。

「這是獨家新聞，我只說給妳一個人聽。」他在她耳邊輕輕地說，她心裏十分高興。

接著他還編了兩件馬路新聞，美芝都信以爲眞，他心裏也漸漸平靜。最後她笑著問他：

「今天有沒有看見鷄打架？」

「今天只看見幾隻漂亮的小母鷄。」他眼前突然晃著小虹小雯的身影，連忙笑著掩飾。

美芝沒有介意，像平常一樣，歡歡樂樂地挽著他走進臥室。

三

他暗自慶幸美芝沒有盤根問底，自己第一次在她面前說謊居然成功。

第二天袁鳳鳴見了他先察顏觀色，隨後纔問：

「昨夜回家，河東獅吼沒有？」

「我太太不是那樣的人。」徐仲達欣慰地說。

「難道她也不問問?」

「隨便問了幾句。」

「你怎麼回答?」

徐仲達便把應付太太的情形告訴袁鳳鳴，袁鳳鳴向他一笑:

「用老劉和我的法子對付太太，萬試萬靈。怎樣?今天晚上我帶你去另外一個地方好不好?」

「不，不，可一而不可再。」徐仲達搖搖頭，他覺得昨夜回家太遲，如果今夜又是一樣，美芝一定會懷疑。扯謊也要天才，他自認是一個不會扯謊的人。何況美芝對自己實在太好，背著她在外面拈花惹草，說不過去。

袁鳳鳴並不勸進，一笑置之。

過了幾天，徐仲達自己心裏却像有鬼，會時常想起小雯小虹，他覺得她們和美芝不同。奇怪!他有點歡喜那種「不同」。他眞想自己偷偷地溜去玩玩。

這天下午下班時，袁鳳鳴突然過來對他說:

「老徐，我請你吃晚飯，快打個電話回家請假。」

「什麼事?」徐仲達問他。

「一不借錢，二不託你說人情，沒有什麼事，只是請你嚐嚐海鮮。」袁鳳鳴一面說，一面抓起徐仲達桌上的電話遞給他。

徐仲達只好向太太請假。

袁鳳鳴把徐仲達帶到「夢鄉」酒家，劉南山已經在座，桌上有酒有菜，身邊還有一位夢露型的酒女。

「好傢伙，你們又做好圈套套我。」徐仲達笑著罵他們兩人。

「老徐，你別狗咬呂洞賓，」劉南山笑著站起來。「這種好地方，我們不帶你，你怎麼找得到？」

袁鳳鳴却不聲不響地召來兩位漂亮的酒女，把一位年輕的往徐仲達身邊一塞，那位酒女笑著坐下，同時拉他入座，他打量她們三人一眼，個個都穿的旗袍，身上金碧輝煌，氣派風度都高小雯她們一等，人自然也更漂亮，使他有點目眩神迷。

他向來不愛喝酒，但在那個叫做丁香的酒女一口酒，一口菜頻頻誘導下，一連喝了好幾杯。袁鳳鳴看他醉眼惺忪，舉動忘形，不禁和劉南山會心地一笑。袁鳳鳴本來想讓他喝醉，把他送到旅館，讓丁香陪他，劉南山却悄悄地對他說：

「不要性急，先讓他淺嚐卽止，那有貓不吃魚的，以後還怕他不來？」

徐仲達喝到七八分醉，袁鳳鳴劉南山兩人突然站起來要走，徐仲達反而有點戀戀不捨，丁香又挾了一塊肚片餵他，然後扶著他站起來，他把整個上身靠在丁香的身上，搖搖擺擺地走出來，走到樓梯口他還在丁香的臉上輕輕地摸了一下。袁鳳鳴看了好笑。

他們叫了一輛計程車，送徐仲達回家，涼風一吹，徐仲達的頭腦清醒不少，他拍了一下自己的腦袋：

「該死！我怎麼喝這麼多酒！」

「美人，醇酒，不喝錯過了機會。」袁鳳鳴調侃地說。

「你們兩個都不是好人，怎麼把我帶到那種地方？」徐仲達望望他們兩人說。

「別再僞君子了，先前你恨不得一口把丁香吞下去呢！」劉南山也取笑他。

「酒能亂性，都是你們搗的鬼。」

「我們又沒有勸你喝酒，是你自己情不自禁，怎麼能怪我們？」袁鳳鳴笑著說。

徐仲達自己想想也覺得有點臉紅，平時自己喝酒最能控制，無論如何不過三杯，怎麼今天好像著了魔？丁香把杯子送到嘴邊他就喝，把菜送到嘴邊他就吃，看她那副討人喜歡的樣子竟不忍拒絕，要不是他們兩人要走，自己可能喝個爛醉，還不知道要鬧出什麼笑話？露出什麼醜態？想到這裏他不敢再責怪他們，不再作聲。

他們兩人把他送到巷口，就把車開走，讓他自己回家。美芝看他喝得滿臉通紅，連忙扶住他，扶到沙發上坐下，從冰箱裏取出一塊冰鎮西瓜給他解酒，然後輕言細語地問：

「你今天怎麼喝這麼多酒？」

「今天的酒好，老袁老劉一勸再勸，不覺多喝了兩杯。」徐仲達頭腦已經完全清醒，他的謊也扯的很圓。

「好酒淺嚐並不是壞事，喝多了就傷身體。以後最好控制自己。」她說。

他望著她笑。跟前突然出現了丁香的幻影，她和美芝並排站在他的面前。丁香的髮型很美，臉孔白嫩，唇紅齒白，旗袍閃閃發亮，胸部突起，腰特別細，曲線玲瓏，搖曳生姿，年輕、動人；美芝頭髮蓬鬆，面孔暗黃，穿著家常布袋裝，上下一般粗，相形之下，又老又醜。他連忙雙手蒙住眼睛，不願再看。想不到美芝這麼差勁，不如丁香，也不如小虹、小雯。

「仲達，你怎麼的？」美芝不知道是怎麼回事？連忙抱住他，輕輕地問。

「別動我，我頭痛。」他不耐煩地說，獨自走進臥室。

四

以後，徐仲達時常和袁鳳鳴、劉南山進出歡場。起初還打電話回來敷衍敷衍，愛上了舞女孔裘麗以後，連電話也不願打，天天十二點以後回家，美芝勸他，他就說公司業務忙，應酬多，稍一盤問，他就發脾氣，因此時常爭吵，一天吵過之後，他率性在孔裘麗那邊過夜，美芝一直等到天亮，傷心極了。第二天他又很晏回來，美芝又親自開門，進房後才對他說：

「夫妻吵架也不是什麼大不了的事，你怎麼在外面過夜，也不通知我一聲，害我等個通宵？」

「誰叫你等？」他瞪著眼睛反問她。

「你不回來我怎麼放心？」

「妳有這些閒情，那妳天天等好了，何必廢話？」他把鞋子一甩，和衣往床上一躺。

「仲達，你這兩三個月來變的太大！」她忍住氣說：「我自問沒有什麼不對的地方，你到底是怎麼回事？今天不妨坦白對我講。」

「妳也不去照照鏡子？」他虎的坐起來，厲聲說：「告訴妳，以後少管我的閒事！我煩透了！」

「仲達，你以前不是這樣對我，你不要被狐狸精迷住了心竅。」

「告訴妳，我心裏明白的很！」他冷笑一聲。

「那你是存心和我過不去了？」

「隨妳怎麼說，只是少管我的事！」

「我們是夫妻，我不能不管。」

「妳想管也管不著！我給妳吃好的，穿好的，住好的，妳還不納福，那妳是自找苦吃！」

「我不要過這種沒有感情的生活，我情願過十年前的苦日子。」她想起十年前他們的工廠還沒有組成公司，老闆沒有發大財，他也是個小職員，靠薪水生活，租房子住，他們的感情卻好得很，誰都說他們是恩愛夫妻。這樣的恩愛一直維持到兩三個月前，並沒有因爲環境一天天好轉，錢一天天多而改變。最近他突然變了一個人，如果是因爲有吃，有穿，有住，有錢而改變，她情願過十年前那種苦日子。

「妳愛吃苦妳自個兒吃，我可不生的那麼賤。」他白了她一眼。

「仲達，你怎麼變的這麼快？怎麼這樣鐵石心腸？一點也不念十幾年的夫妻情份？」她絕望地哭泣。

他看她哭心裏更煩，哭的樣子又不好看，心裏更加厭惡。她看他一點也不同情，一點也不回心轉意，越哭越傷心，他卻越看越討厭，越聽越煩，穿起鞋子就往外走，她知道拉不住他的心，也不攔阻。

他直接到舞廳去找孔裘麗，孔裘麗的藝名叫白薇，是紅舞女，才二十二歲，人長的比小雯、丁香更好看，墨水也喝得更多，談吐、風度都很高雅，他是一見傾心的。

白薇發現他走了不久又再回來，知道是有事，陪一位客人跳完最後一支舞就過來陪他。他一看見她就心花怒放，笑逐顏開。

「你怎麼去了一會又來？」她笑著問他。

「我想和妳談談。」

「今天已經談了不少。」

「還有一句重要的話沒有談。」

「什麼話？」

「明天妳去找房子，我們住在一塊，不必到這兒來上班。」

她低頭想了一下，尖尖的手指在檯子上畫來畫去，然後擡起頭來望著他說：

「找房子倒不是什麼難事，不來上班我一家人生活不下去。」

「我想辦法。」他爽快地說。

「恐怕不是長久之計？」

「妳看怎麼辦？」

「我不想拆散你的家庭。」她笑著搖搖頭。

「要是妳願意和我結婚，我就摔掉那個包袱。」

「我看不像你說的這麼簡單。」她世故地一笑。

「我有這個决心和勇氣。」

音樂突然響起，她拉着他站起來，輕柔地說：

「我們跳吧。」

她像一塊吸鐵石，他自然也跟着她走，輕盈起舞。婚前他常和美芝跳，婚後卻跳的很少，更不會一個人上舞廳。和白薇認識之後，幾乎天天跳，一跳就是兩三個鐘頭，因此他越跳越好。兩人翩翩起舞，他像年輕了十歲，又變成了二十多的小伙子。

一連跳了三支，他才帶白薇出去。

他快樂了一夜，美芝卻哭了一夜，但她不想和他離婚，因爲她實在愛他，而且有兩個孩子。但是她忍受不了孤單寂寞。徐仲達白天很少回家吃飯，晚上也不一定回家，縱然回來，兩人也無話可說，他們中間像砌了一道牆。

她本不打牌，但是由於寂寞，經不起別人的慫恿，也以麻將來消磨日子。她是個聰明人，打了幾場就很精。

打麻將的自然不都是太太，也有先生。和她同桌最多的是一位許登閣許先生。許先生只有四十來歲，和徐仲達的年齡不相上下，人很風流瀟洒，牌尤其精，他們打了幾回牌之後，他常常在重要關頭給她放張子，時間久了，彼此越來越熟，「熟不拘禮」，一切都隨便的多。一次她坐在許登閣的下手，許登閣掉了一張牌在桌子底下，他低頭彎腰到桌下去檢，卻趁機捏了美芝的脚脛一下，美芝心頭一震，像小鹿一樣蹦蹦跳跳；不久他又打了一張卡五萬給她和了一個清一色，他放了銃，他包，美芝心裏完全明白是怎麼一回事。

這天晚上徐仲達又沒有回家，她越想越凄涼，越想越氣。想到許登閣，她的心就亂跳，臉上發燒。兩個男人的影子像走馬燈樣在她眼前轉來轉去。對於丈夫，她是又愛又恨，他完全不念十幾年的夫妻情份，一心在外面尋歡作樂，把她忘到九霄雲外，她空擔着恩愛夫妻的虛名；對於許登閣，她有一種奇怪的感覺：一想到他，一看到他，自然會心跳臉紅，迷惑紊亂；他又彷彿是一個站在岸邊伸着援手的人，而她又正掉在苦海裏面，快要滅頂。

她想來想去，輾轉不能入睡，滾得骨頭都根根疼痛，最後她咬咬牙，自言自語：

「好吧，沒良心的東西！我要報復！」

第二天下午，她正在睡午覺，突然聽見電話鈴響，她以爲是丈夫打回來的，連忙去接，一聽，却是許登閣的聲音，她又是失望，又是驚喜。許登閣的電話是從旅館打來的，她的心跳的格外厲害，她正不知道如何是好時，許登閣說了一聲「我等妳」就把電話掛斷。

她在房間裏轉來轉去，坐立不安，心亂如麻。最後突然銀牙一咬，往梳粧台前一坐，連忙梳梳頭髮，塗塗口紅，又從衣櫥裏挑了一件最時髦的旗袍穿上，站在大鏡子面前照照。她忽然發覺自己和十年前一模一樣，臉上沒有一根皺紋，頭上也沒有一根白髮。她得意地一笑，又恨恨的自言自語：

「沒良心的東西！我那一點不如別人？」

她隨手拿起一隻白皮包，匆匆地走了出去。

五

一天下午一點多鐘，徐仲達因爲有事突然回家，恰巧在巷口碰見美芝花枝招展地出來，他看了又驚又喜，又有幾分妬忌！想不到她又和十年前一般風韻？美芝驀然碰到丈夫，心裏一驚，臉色慘白，兩隻脚像痲木了一樣，不能移動．因爲她正是去和許登閣幽會，自然心虛。

「走，回去。」徐仲達把她一位，她便脚不由己地跟著他走，差點啊的一聲哭了出來。

徐仲達把她帶進臥室，關好房門，低沉地問：

「妳打扮的這樣花枝招展，究竟到那裏去？」

她啊的一聲，撲在他的懷裏哭了起來，又是委屈，又是羞恥，哭得十分傷心。

徐仲達有點摸不著頭腦，輕輕地問她：

「究竟是怎麼一回事？」

她坦白地向丈夫說出她和許登閣的關係，又哭著要求徐仲達：

「仲達，你殺了我吧！我不想活了！」

徐仲達又羞、又惱，又十分內疚，此刻眞如萬箭穿心，他怔怔地站著，眼淚直流，他做夢也沒有想到會發生這種事情？他如夢初醒，想來想去自己犯錯在先，使本來恩愛的夫妻忽然變成怨耦，如果再意氣用事，和美芝離婚，馬上會家破人亡。他咬咬牙，決心吞下這個苦果，含著淚對美芝說：

「這不能完全怪妳，我是鬼迷了心竅！快四十歲的人了，還走這樣的矇懂運！該死！我眞該死！」

「我也該死！我也該死！我爲什麼會想到向你報復？」她邊說邊哭，哭成了淚人。

懊悔、羞憤，像兩柄利劍，刺穿了他的心，眼淚向肚裡流，看看美芝羞愧欲死，他內疚更深，同時又怕下女和孩子知道，特別壓低聲音對她說：

「千萬別讓下女和孩子知道！過去的讓它埋葬吧！從現在起，我們從頭做起，不要再花了心。」

「如果不是你先玩花了心，我決不會做出這種醜事！」

布販與偷鷄賊

一

掌燈時分。

陳大發冒着大雪趕到葛家鎭。這是一個七八十戶人家的小鎭。也許是由於大雪的關係，家家關門閉戶，連悅來客棧也關了門。

他是悅來客棧的常客，十幾年前賣布就常在這裏落脚，最近幾年一年三節收賑，也在這裏一宿兩餐，現在他又冷又餓，如渴驥奔泉，直奔悅來客棧。

他在大門上搥了兩下，矮胖胖的老板葛天民連忙把大門打開。他衝着葛天民說：

「怎麼？你眞的發了橫財？這麼早就關門，連生意也不想做了？」

「天寒地凍，又是這麼晏了，誰想到你會闖來？」葛天民笑着回答。

「那一年我不送幾文給你過年？」陳大發拍拍身上的雪花，頓頓脚，這纔大步跨進門檻。

堂屋裏有兩個客人坐着烤火，燒的是樅樹樁，青煙直冒。他走過去把手伸在火上，邊烤邊搓，隨後一屁股坐在方桌邊的長櫈上，兩隻手往桌上一擱，笑着對葛天民說：

「來半斤高粱，弄點臘味，吃飽了喝足了我好趕回去。」

「你瘋了！這樣大雪天，還想漏夜翻過摩天嶺？」葛天民怔怔地望着他。

摩天嶺是一座險峻的山嶺，上下三十里路，白天都不好走，何況雪夜？再則虎豹出沒，强人剪徑，尤其是年關，更不太平。昨天就有個鹽販中途被搶，還送了性命。無怪葛天民聽他說要趕回去大爲震驚，因爲他的布店開在嶺那邊的縣城裏。

「我好好地怎麼會瘋？」陳大發笑嘻嘻地回答。「明天是年三十，我怎麼能不趕回去？」

「明天吃了早飯再走也不會遲，何苦要晚上趕路？」葛天民說。這裏離縣城不過四五十里地，半天就可以走到。

「我家裏有事，你不知道。」陳大發說。

「我看你是閻王出告示，鬼話連篇！」葛天民白他一眼：「我拆穿來講，你無非想回去抱那個心肝寶貝小老婆。」

陳大發的大老婆是個「觀音身」，他快四十了還沒有一男半女，前兩個月纔討了一位年輕漂亮的小老婆，葛天民親眼見過。

「隨你怎麼說，今天晚上我非回去不可。」陳大發笑着回答，語氣却十分堅定。

「陳大哥，你別色迷心竅！」葛天民苦口婆心地硬勸：「我們相交十幾年，我親眼看見你從小布販變成大老闆，賺那份家業可不容易。現在你無兒無女，萬一路上遇到强盜老虎，你不是白白地辛苦半生？」

陳大發笑了起來，指着葛天民說：

「葛老弟，你怎麼咒我？」

「陳大哥，不是我咒你。路上實在不太平，昨天壞了一個鹽販，一個臘月裏老虎就吃了三個人，你何必玩命？」

「生死有命，我不信邪。」陳大發坦然地回答。

「陳大哥，你別仗着會幾路拳脚，要知道强盜都不是弱者，你雙拳難敵四手。再說老虎是銅筋鐵骨，你又不是武二爺，你未必能夠對付？」葛天民打量他說。

「別說是摩天嶺，刀山我也要上去。」陳大發摸摸鬍椿子：「你只管快上好酒好菜，讓我吃飽喝足，別再婆婆媽媽。」

葛天民嘆了一口氣，掠了兩位烤火的客人一眼。那兩位客人一直低頭烤火，不言不語。他心裏更是七上八下。他忽然想了一個主意，不如弄點好酒好菜，把他灌醉，讓他安靜地躺一夜，明天再走。

他正要到廚房去告訴老婆預備飯菜，那兩位客人突然起身，向他拱拱手說：

「葛老板，我們告辭了。恭喜你新年發財。」

「好說，好說，彼此，彼此。」葛天民笑着把他們送到門口。

這是兩個三十郞當的大塊頭，比陳大發大一號，陳大發看的淸淸楚楚，但他不認識他們。

「你認不認識這兩個人？」葛天民關好大門，轉身回來，陳大發衝着他問。

葛天民搖搖頭。

「他們來了好久？」

「你來時他們剛吃完飯，不過個把時辰。」葛天民回答：「我還以爲他們會住夜哩。」

「你知道他們往那裏去？」陳大發又問。

「我沒有問。」葛天民又搖搖頭，拔脚向後面走。走了兩步又回過頭來向陳大發一笑：「你是不是有點胆怯了？」

「嗯，我駭的發抖。」陳大發笑着回答。

葛天民又好氣又好笑，逕自去廚房吩咐老婆弄菜，自己帶了一錫壺酒出來，煨在火邊。

陳大發和他坐在原先那兩人坐的小櫈上烤火。葛天民問他：

「你這次收布賬，總共收了多少現款？」

「五百多塊現洋。」陳大發照實回答。

「錢財有沒有露白？」

「我塞在板帶裏，捆在腰上，誰也看不見。」

「牆有縫，壁有耳，你這麼大個財神，一定有人打眼。」葛天民提醒他：「不是我圖你一宿兩餐，大雪天，走夜路，我實在替你躭心。」

「我完全心領，」陳大發向他笑笑：「不過我還是要走。」

「小老婆眞的那樣迷人？」葛天民瞪着他說。

「我出來六七天，家裏的事實在放不下心。」陳大發心平氣和地回答。

「有什麼事放不下心？她未必敢偷人？」

「諒她不敢。不過我實在希望早點下種，早點得力。你看我轉眼四十，後面連個影子都沒有，怎麼不急？」

「你荒了一二十年，何在乎這一朝一夕？」葛天民嗤的一笑。

「你不要見笑，我的福氣本沒有你好。」陳大發隨手提起錫壺，對着壺嘴喝了一大口，酒香四溢。

葛天民老婆端了一個托盤過來，把盌筷酒杯擺在桌上。臘肉、臘魚，猪舌、猪耳朶，都是下酒的好菜。

陳大發首先坐上長櫈，葛天民也跟着過去，搭訕地說。

「省得你一個人自斟自酌無聊，我陪你喝幾杯。」

於是兩人對飲對酌，葛天民吃一口菜，勸一杯酒，又慫恿他猜拳。他爲了想把陳大發灌醉，自己也拚着一醉。

兩人喝得酒酣耳熱時，大門突然剝剝兩聲，葛天民輕輕嘀咕幾句：

「遲不來，早不來，是那個孤魂野鬼，偏偏在這節骨眼上闖來？」

但他還是走過去打開半邊大門，一個滿頭滿身雪花，中等身材，三十多歲的陌生人，側着身子擠了進來。

「老闆，我飢荒得很，有沒有現成的飯菜？」陌生人說。

「請吧，」葛天民往桌上一指：「我們剛吃。」

陌生人看了陳大發一眼，說聲「得罪，」就在陳大發左方坐下。葛天民連忙從廚房裏拿出酒杯盌筷，放在他的面前，他便狼吞虎嚥地吃了起來。

葛天民原先想把陳大發灌醉，這一下掃了他的興。陳大發也只喝了五六分，就開始吃飯。吃飽了飯，陳大發從懷裏摸出一個小熱水袋，裏面沒有水，他把袋子遞給葛天民說：

「麻煩你替我灌一袋好酒。」

「你眞的要走？」葛天民怔怔的望着他。

「我向來說一不二。」陳大發點點頭。

「好吧！」葛天民脚一頓，去廚房裏替他灌了一袋酒再交給他：「忠言逆耳，作朋友也只能作到這種地步。」

陳大發一笑，迅速地摸出一塊大洋遞給他。葛天民看也不看一眼，衝着陳大發說：

「我窮也不窮在這一塊錢上，一二十年的交情，今天就算小弟作東，以後想請恐怕也沒有機會了！」

「好吧，來年我連娘帶囝加倍奉上。」陳大發笑嘻嘻地說，又把那塊大洋塞了進去。「現在我就告辭、惟願你年年如意，歲歲平安。」

「怎麼，你連打狗棍也不帶一根？」陳大發走到門邊，葛天民突然提醒他。

「下這麼大的雪，狗都躲在窩裏睡覺，要棍幹什麼？」陳大發邊說邊拉開門拴，大步跨了出去。

葛天民心裏忐忑不安，追到門口，大聲地對他說：

「陳大哥，祝福你一路平安。」

「說不定會被老虎吃掉，」陳大發笑着回答。「說不定會遇上強盜。」

二

雪越下越大，地上已經有三四寸深。到處一片雪白，走路用不着手電馬燈，陳大發心裏反而高興。

走了兩三里路的平地就上摩天嶺。他發現上摩天嶺的路上有人的脚印，大雪還沒有蓋平。他想是誰有這樣大的胆子敢在雪夜上摩天嶺？這人一定不稀鬆平常。如果是趕夜路的，他倒希望和他結個伴，一個人實在寂寞；如果是强盜歹人，那可有點麻煩。至於老虎豹子他並不怎麼害怕，下大雪時牠們多半不出窩來。

他蹲在地上研究脚印，看樣子不止一個人，而且有淺有深，也不是同時踩的。像這種雪天，這條路白天都很少人走，何況夜晚？自己仗着會幾手，才敢冒險，此外又有誰吃了豹子胆呢？八成兒不是好人。

他用脚把路邊的雪掃掉一些，找到幾顆拳頭大的鵝卵石，檢起三顆揣在懷裏，當作武器。「不管是誰，如果想謀財害命，我就先讓他一命歸陰。」他這樣想。他不單拳脚上還能對付三五個人，扔石頭也可以打下樹上的烏鴉喜鵲。

摩天嶺兩邊的路只有兩三尺寬，又狹又陡，平時都不好走，雪下結了冰，上坡更滑，一不小心，便會滑倒，或是倒退好幾尺。他走了不到兩里，就累出滿頭大汗。

他站在一塊大石邊吐口氣。望望上面，望不見摩天嶺。山上的竹子被大雪壓彎了腰，枯樹枝上也積滿了雪。松樹、杉樹像撑着一柄柄的白陽傘。

他偶而回頭一望，離他里把路的地方也有一個人上來，彷彿跟踪自己的。

「怪！莫非我的錢財眞的露了白？」他這樣狐疑。但他一時想不起來在什麼地方疏忽了？「看樣子這傢伙不是什麼好人！」

他摸摸懷裏的石頭，石頭已經偎熱。他腰上纏了五百多塊大洋，懷裏又塞了三塊鵝卵石和一個酒袋，棉襖鼓鼓的，人也不大舒服。他鬆鬆棉襖外面的藍布腰帶，掏出酒袋喝了一口，向下面那人自言自語：

「夥計，你別見財起意，你一個人討不到便宜。」

那人根本聽不見他的話，只是低着頭往上爬，那樣子也很吃力。

陳大發不想等他，調轉身來趕路，他希望雞叫以前趕到家裏。想到家，自然想到十月間才娶回家的「帶喜」。她只有二十歲，細皮白肉，眉目如畫，唇紅齒白，人人都說她是美人胎子。只是家裏窮，他才能以五百大洋娶來作小，希望她傳種接代。他很歡喜她，想起她那股羞羞怯怯的味兒，他就心花怒放。

「帶喜，你要是能替我生下一男半女，我眞會把妳當作觀音娘娘。」他心裏這樣說。

想到「帶喜」，他的脚步自然加快，勁頭十足，他彷彿年輕了二十歲。

他一口氣爬了四五里路，一頭一身是雪。在一個轉彎的路邊，他忽然被什麼東西絆了一下，定睛一看，才發現是一具屍體，脚伸在路中，身體歪在山上，全身被雪蓋住，脚硬得像兩根鐵柱子。他頭皮一麻，打了一個寒噤。他想這大概就是那個被害的鹽販？

他怕遭遇埋伏，馬上摸出兩塊鵝卵石握在手裏，打量了周圍一眼，急急趕路。

「要是眞遇到那班謀財害命的傢伙，我一定要取他的狗命！」他心裏這麼想，石頭握得更緊。「三塊石頭最少可以打傷三個人，諒想他們人不太多。一頓拳脚也可以打發幾個。」

他望望後面，後面那個人和他的距離似乎更近。他咬咬牙，自言自語：「你要是不懷好意，我先結果你。」

他一步未停，走的更快。突然後面嘩啦一聲，他猛然回身，原來是山上雪崩，他吁了一口氣。他有點後悔不聽葛天民的話。夜長夢多，縱然平安爬上山頂的息肩亭，還有同樣遠、同樣險的下山路。要是眞的遇到一大夥持刀帶槍的强盜，送了性命，那眞寃枉。他離鄉別井，好不容易在外面掙起那份家當，沒有人繼承，那多可惜？說不定「帶喜」也會被別人接收過去？想到這裏他最難堪，有一種說不出來的酸溜溜的味道。

走着、爬着，他終於望見山頂上的息肩亭。可是他發現息肩亭裏同時有人向下探望。他心裏一震，看樣子是遇上了麻煩！

後退嗎？下面又有一個人，這個人他雖然自信可以對付，但是退到那裏去呢？回悅來客棧嗎？他怎麼能丢這個人？

咬咬牙，他又繼續往上爬。好在息肩亭上只有一個人探頭探腦，大概人不會多。

「管他的，刀山我也得上去！」

他一步步往上走，越走越近，亭子上又多出一個人，就是在悅來客棧烤火的傢伙。

「狗東西！居然在這種地方攔路打刼！」他心裏暗駡。

離亭子只有兩三丈遠時又站出一個人，他覺得情形有點嚴重。他握緊石頭，像握着兩個冰冷的鐵球。

「只要你們一動手，我就先要你們的狗頭開花。」

快接近亭子時，他一個箭步跳上山邊一塊大石，佔了一個有利的位置。他看看還有四五個人蹲在亭子的另一個角落，圍成一圈。他離開他們有一丈多遠。

「陳老板，我們等候你好久了。」並排站着的三個人中間一位年長的首先發言。

「奇怪，他們怎麼知道我是陳老板？莫非老早就在打我的主意？那兩個在客棧裏烤火的傢伙自然是眼線了！」

想到這裏他突然大吼一聲說：

「你們既然知道我是陳老板，想必也知道我的拳脚！告訴你們，乖乖地讓路，別打歪主意！」

「陳老板，我們是一番好意。」那位年長的說。

「你們是幹什麼的？三更半夜聚在這種地方，還有什麼好意？」陳大發仍然大聲吼叫。

「陳老板，說來話長，請你先到亭子裏來吃便飯再說，沒有別的菜，只有一隻全鷄，不成敬意。」

陳大發眞的摸不着頭腦，這些人他一個也不熟識，怎麼會招待自己吃飯？而且是此時此地！其中一定有詐！

他不下來，指着他們說：

「你們別假殷勤！我可不上你們的圈套！」

「陳老板，你是我的恩人，我是誠心誠意報答你。」那年長的說。

「我陳大發不會作孽，也沒有施恩於人，我們既不相識，那來的恩怨？」

「陳老板，你眞是貴人多忘事，那我只好跪下了！」那年長的眞的跪下去，別人也跟着跪下去。

陳大發怔怔地站在石頭上，莫名其妙。那年長的又說：

「陳老板，你記得十五年前你救了一個偷鷄賊的性命吧？我就是那個被人打得半死的偷鷄賊！」

陳大發這纔恍然大悟，立刻想起十五前的往事。

三

他是個布販。

那天太陽下山時，他賣完了布，準備到悅來客棧投宿，經過離葛家鎭兩三里的一個村莊時，他望見小橋頭也圍着一堆人，他三步兩步趕到那裏，原來十幾個男人圍着一個陌生人拳打脚踢。那人已經被打得鼻青臉腫，牙齒打掉，嘴巴打歪，褲子裏流屎流尿，腰都伸不起來。他連忙大叫：「不要打，不要打，什麼事？」

那些人突然住手，一齊望着他，氣勢洶洶地說：

「他是偷鷄賊，怎麼不要打？我們還要把他丟到水裏去！」

「千萬使不得！」陳大發連忙搖手。「一隻鷄能值幾個錢？人命關天，你們不怕王法？」

那些人人多嘴雜，有一個人說他是同黨，第二個人馬上喊打，兩個年輕人不容分說，一齊趕上來打他。他一手一個，把他們摔了幾尺遠連忙抓住偷鷄賊，往橋上一推，叫他快跑。偷鷄賊受了重傷，一時跑不動，他站在橋頭，擋住那些人。那些人上來一個，他手一揮就把他們摔倒，有的摔到橋下，木橋很窄，只能一個人來往，他們最多只能兩個人同上，兩個人來也兩個人倒。

偷鷄賊喘息了一下，好了一點，便向橋那邊的山路逃跑。這些人看跑了偷鷄賊，都把怨氣集在陳大發身上，接二連三向他猛攻。他知道偷鷄賊逃走了，心無顧慮，更是應付自如。他一面防衛，一面笑着對他們說：

「你們完全誤會，我不是偷鷄賊的同黨，我是賣布的老陳。」

大家突然冷靜下來，有人見過他肩着高高的布捲，經他這一說，才知道是誤會，於是大叫一聲：

「不要打了，他眞是賣布的老陳！」

大家一起住手，他向大家拱拱手：

「得罪，得罪！剛才我怕諸位鬧出人命，吃官司，坐黑牢，所以才勸諸位不要打，想不到諸位也把小弟看作偷鷄賊？不容分說，纔弄出這場誤會。現在我向諸位陪個禮，也奉勸諸位：「得饒人處且饒人。」

說完他一揖到地，弄得大家面紅耳赤。他們剛才又嶺教過他的拳頭，知道不是他的對手，馬上見風落篷地說：

「陳老板，這眞是不打不相識。這次我們冒犯，請你多多包涵。」

「好說，好說，」陳大發又拱拱手。「我陳大發做的是小買賣，還請諸位多多關照，賞盌飯吃。」

「陳老板，你太客氣囉？以後歡迎你時常到我們村裏來。」

「多謝，多謝。我陳大發就此告辭了。」

他雙手一拱，快馬加鞭直奔悅來客棧。

三

那偷鷄賊看他半天沒有作聲，又問：

「陳老板，你想起來沒有？」

「嗯，嗯，有那麼一回事。不過我早已忘得乾乾淨淨了。」

他笑着跳下大石，丟掉手中的鵝卵石，雙手把偷鷄賊扶起，問：

「你老哥貴姓？」

「小弟姓林，眞的沒有臉見人。」偷鷄賊紅着臉說。

「那次你逃到那裏？」

「我逃到山上徒弟家裏，休養了個把月才好。那次要不是你這位大恩人，我早見閻王了。」

「你怎麼知道我姓陳？」

「是後來聽說的。我徒弟當中也有人見過你，知道你。」

陳大發哦了一聲說：

「這一點小事，想不到你一直記在心裏？」

「陳老板，我是知恩必報，何況你這樣的大恩大德？」

「你怎麼遲不報，早不報，偏偏這麼巧？」陳大發好奇地問。

「說實話，我一直想報你的大恩。當時我就囑咐徒弟們，隨時留心你有什麼困難，我們好全心全力幫助。」偷鷄賊說：「可是你陳老板的生意越做越旺，由布販變成布攤，由布攤變成兩間店面，眞是年年如意，歲歲平安，我想報也報不上。」

「難道今天我有什麼急難？」

「早兩天我就聽說你這次在外面收賬，身上裹了不少現洋。偏偏這幾天摩天嶺上下又很不太平，所以我派了幾個徒弟暗中跟隨你，一方面是給我通消息，如果遇上了強盜也可以替你助助威。」

「林大哥，多謝你的美意，」陳大發拍拍偷鷄賊的肩膀：「難道你們不怕強盜？」

「強盜遇上賊，也佔不到多少便宜。」姓林的一笑。

「這些都是你的徒弟？」陳大發指着其餘的七個人說。

「嗯。」姓林的點點頭，又指指快走近亭子的那個人說：「還有那一位，剛好湊成八仙過海。」

陳大發回頭一看，剛上來的這人正是最後在悅來客棧同桌吃飯的人。站在姓林的身邊的兩個人的，正是在悅來客棧烤火的那兩個人。

「陳老板，你沒有受驚吧？」剛上來的這人笑着問。

「我差點把你當成歹人。」陳大發笑着說。

「我們也算不得什麼好人。」姓林的笑着接嘴。「陳老板，現在可以賞光吃飯了吧？」

陳大發早就聞到飯香雞香，聽他這樣說嘴裏更饞。他連忙在懷裏摸出酒袋，舉在空中搖晃：

「這裏有上好的高粱，大家喝兩口驅驅寒氣。」

於是大家蹲在地上圍成一圈，姓林的拿來一隻黃泥裹燒的叫化雞，把泥巴敲掉，雞毛自然脫落，他撕下兩隻雞腿，雙手遞給陳大發，連說「不成敬意」。陳大發不便推辭，接過來咬了一口，覺得風味特殊，比別的做法好吃。

酒醉飯飽，一身暖和。陳大發想走，姓林的吩咐徒弟抬來一副用竹桿柳條臨時紮結的兜轎來往陳大發面前一放，請他坐上。

陳大發不肯坐，姓林的硬把他扶上去。

「林大哥，這怎麼好意思？」陳大發說。

「陳老板，我們的人手多，你不能太累，你回去還有更重要的事做。」姓林的說。「惟願你早生貴子。」

陳大發臉上一紅，心裏好笑。他想姓林的耳目真靈。

幾個人前呼後擁地把他抬下山。他無論如何不肯再坐，也不要他們再送。他們知道離城裏不過五六里路，都是陽關大道，也就不再勉強。

陳大發握着姓林的手說：

「林大哥，我心裏有一句話，不知道該不該講？」

「陳老板，請指教吧。」姓林的回答。

「我想送點本錢給你做生意，不知道你願不願意改行？」

「陳老板，多謝你的好意，這不是我一個人的問題。」

「你還有什麼困難？」

「我有一百多個徒子徒孫，他們都是窮人，天寒地凍時都要靠此爲生。」

「這總不是正路。」

「我也知道這不是正路，但是我對徒子徒孫的規矩很嚴。」

「林大哥，幹你們這一行的還有什麼規矩？」

「陳老板，這是我們自己興的。第一、孤寡的不偷。第二、不能一網打盡。誰要是犯了一條，我就砍斷他一根手指。我們只爲了過冬活命，決不傷天害理。」

陳大發摸出三十塊大洋交給他，他不肯受。陳大發說：「這是我的一點心意，你給他們作壓歲錢，買四兩肉一家大小過個年。以後如果有什麼困難，你再來找我。」

姓林的雙脚一跪，他的徒弟統統跟着跪下。陳大發連忙把他們扶起，把錢塞在姓林的手上：

「你們都是善良百姓，多謝你們的照顧，我走了，後會有期。」

姓林的一時說不出話來，兩顆眼淚悄悄地滴在雪地上。

陳大發走了幾十公尺遠，姓林的突然追上幾步，大聲地說：

「陳老板，惟願你早生貴子。從今以後我們決不偷雞！」

芳隣

隔壁搬來了新房客，一家三口。女的三寸金蓮，走路一搖三擺，黑香雲紗短褂，長褲，乾乾淨淨，頭髮梳的蒼蠅站不住脚，後面一個綹髻盤的十分好看，面孔雖不怎麼漂亮，眉眼却十分靈活，胸口像鼓着兩個大蓮蓬，大概她年輕時不穿馬甲？講話彷彿熱鍋爆豆子，而且聲音十分高亢，一聽就知道是廣濟老兒；她左手拿着白銅水烟袋，右手三個指頭夾着長紙捻，一面呼嚕呼嚕地吸烟，一面指揮丈夫和十三、四歲的女孩子搬家具。

女孩子的長相還不如她，皮膚比她的更白、眉眼比她的更活，身體很好，沒有纏足。眼睛不時觀望那女的臉上的顏色，似乎十分怕她。

男的個子不大，看來和女的一般高矮，也是一身黑香雲紗褂褲，皮膚稍顯黝黑。說話輕言細語，無論那女的怎麼大聲聒噪，他總是一臉笑容，毫不生氣，對那女孩子也是和顏悅色，三十多歲的男人，全身沒有一點火氣，眞比六十多歲的房東黎牧師的涵養還好。

他一面搬東西，一面笑着和我們打招呼：

「在下新來乍到，以後還得請列位好鄰好舍多多關照。」

隨後他又自我介紹說他姓徐。

本來他滿面笑容，又是這麼客氣，大家對他的印象格外好。

那女的看丈夫和別人打招呼，也向大家點點頭，做作地笑笑。

徐先生一住進來，很快地就和左鄰右舍混熟了。他的謙虛和氣，很得人緣。因此，大家對他女人的一點格格不入之感，也無形中消滅了。加之她也能說會道，又會打牌，一上麻將桌，仇人也是好朋友了。

徐先生把家安頓好之後，第四天就出門做生意去了。他是跑水碼頭的，上至武漢三鎮，下至南京海上，都有他的足跡。

他走的這天下午，來了一位年齡和他相彷，口音完全一樣的男人，只是個子比他高大一點。這男的在徐家和在自己家裏一樣。本來徐家只租一間臥房，客廳廚房是和劉家共用的，他一來就進入徐太太的臥室。她對這個男人比對徐先生親熱。起先我們還以為這男的不是他的哥哥就是弟弟，最少也是表兄弟。吃了晚飯之後，這男的還不走，而且搬出竹床在大院子裏的槐樹下乘涼，他們兩人坐在一塊，剝菱角，吃嫩藕，毫不避嫌，最奇怪的是，那男的居然留在徐家過夜。

劉太太是個愛說話的女人，第二天早晨她就到我們家裏，在廚房裏和伯母唧唧噥噥。我在漱口，裝作沒有聽見，她以為我小，並不十分介意，其實她每一句話我都聽的清清楚楚，而且瞭解是什麼意思。

「江師母，妳說好笑不好笑？」劉太太一開頭就這麼說。

「什麼事好笑？」伯母問他。

「徐生先昨天一走，那男的就來了。起先我以爲是客，那曉得他在這裏過夜？」

伯母是一個不愛管閒事的人，她不知道這件事，聽了微微一怔，特別壓低聲音對劉太太說：

「劉太太，人靠一張臉，樹靠一層皮，妳千萬不要隨便講話？」

「江師母，我幾時隨便講話過？不信妳過去看看，」劉太太把伯母的袖子輕輕一拉：「他們兩人還沒有起床。」

「這倒有點奇怪？」伯母沉吟地說。她沒有見過這樣的事，平時她總像猫兒唸經似地對上高中的姐姐講三從四德。

「這還不算奇怪，」劉太太說：「奇怪的是，兩人也不避諱一下。」

「這怎麼對得住徐先生？」伯母皺眉一笑：「普天之下也找不到那樣一個好男人。」

「我一落眼，就覺得徐師母有點不對勁！要是我們這樣不守婦道，十條命也歸了陰！」劉太太說。

「劉師母，這件事我們讓它爛在心裏。萬一漏了口風，吹到徐先生的耳朵裏，說不定眞會出人命。」伯母小心謹愼地說。

劉太太走後，伯母特別望了我一眼，唸了兩句賢文：

「各人自掃門前雪，休管他人瓦上霜。」

我知道她的意思，故意裝佯問她：

「伯母，剛才劉師母和你打什麼電報，我一句也沒有聽淸楚。」

「沒有聽見更好。色字頭上一把刀，不論男女，總要規規矩矩。」

伯母又趁機教訓我。其實她的顧慮是多餘的。吃過早飯以後，徐太太就春風滿面地過來要打牌，伯母打量了她一眼，推說搭子不夠。她說有劉太太，伯母又說。

「還是三缺一。」

「我家裡有個客人，他可以湊數。」她馬上回答。

伯母不好再拒絕。她閒來無事，就只歡喜打打小麻將，她有一副全骨頭的好牌，左鄰右舍總是找上門來，徐先生徐太太也來打過兩次，他們特別歡喜這副牌，所以徐太太自動找來。

那男的是個老江湖，任何人都一見如故。徐太太只說他姓何，伯母和劉太太心照不宣，一句不問。

姓何的牌打得好，牌品也不壞，不像徐太太喜怒形於色，聒聒噪噪，把牌打的乒乓響。我看不出他有什麼不好的地方，只是一臉的「嫖客相」。他和徐太太儼如夫妻，使我有點撲朔迷離，分不出究竟誰是徐太太的丈夫？

徐太太的女孩子「帶弟」，在徐太太的面前規規矩矩，徐太太對她吼叫一聲，她會嚇得渾身顫抖，像貓兒脚下的老鼠；徐太太對她眼睛一橫，她也會馬上垂手低頭，一副可憐的小丫頭樣子。她搬來的第二天，就挨了一頓好打，徐太太用劈柴渾身上下亂打，用掏耳的銀挖子在她嘴上手上亂戳，戳得她像案板上的肉猪一般尖叫。別人不便拉勸，徐先生好話講了一堆，徐太太相應不理，反而怒目相向，粗野的駡他，那些話似乎不應該出自她的口。說也奇怪，只要徐太太一離開帶弟，帶弟會馬上把眼淚一抹，又找別的孩子玩，如生龍活虎，那張嘴巴尤其厲害，死的能說成活的。

她看見徐太太坐上了牌桌，就悄悄地向我招手，我好奇地走了過去，首先問她：

「何先生是妳的什麼人？」

「叔叔。」她曼聲應着。

「你們只有一間房，你叔叔在那裡睡？」

她的大眼睛在我的臉上掃了一下，沒有回答，反而駡我一句：

「你少管閒事！」

我知道這時沒有別人和她玩，她又不甘寂寞，我轉身就走，她連忙把我拉住，輕輕地說：

「我告訴妳，你可不許告訴別人？」

我點點頭，他指指徐太太的棗木床。我又問她：

「妳呢？」

「我天天睡在閣樓上。」

「前天妳娘怎麼那樣狠心打妳？」

「她就是那個脾氣，這又不是第一次。」她平淡地回答。

「她打妳像打偷牛賊，別人的娘從來不那樣打孩子。」

「不是她自己身上落下來的肉，她自然不心痛。」她嘟嘟嘴說。

「怎麼？妳不是她生的？」我有點奇怪，仔細看看她，眞的一點也不像徐太太。

「她連屁也沒有放一個！我三四歲時她纔帶來的。」她嘴角一撇，眼睛向上一翻。

「她帶妳作女兒還是作童養媳？」

「起先說不定她打的什麼主意？現在把我當丫頭。」

「妳爹待妳倒很不錯。」我看徐先生待她倒像待女兒。

「那有什麼用？爹常在外面跑碼頭。」

「妳叔叔是不是常在妳家裡？」

「嗯，他比爹在家時還多。」她點點頭說，隨後又脚一頓：「該死！我怎麼說溜了嘴？我不該告訴你這麼多！」

「妳想收回去？」看她一臉懊悔的樣子，我笑着問她。

「話說出了口怎麼收得回來?」她眼瞪瞪地望着我：「我只要你發誓不告訴別人。」

「我不會發誓。」我搖搖頭說。

她看我不願發誓，又氣又急，用食指指着我說：

「你要是告訴別人，嘴上長疔，閻王鈎你的舌頭!」

「我上洋學堂，不信這些鬼事。」我笑着回答。

她沒有辦法，咬咬牙，恨聲說。

「好!隨你去嚼舌根!大不了我挨一頓打!」

徐太太突然在桌上拍的一聲，帶弟和我都嚇了一跳。她的牌打的眞響，而且嘴裡不乾不凈地叫嚷。

「打牌怎麼生這麼大的氣?」我有點奇怪，我沒有看見誰打牌像她這副德性。

「糟!八成兒是輸了錢。」帶弟皺眉苦臉地說。

她本來是想找我玩玩，突然聽到徐太太在牌桌上生氣，她也冷了半截。我趁機溜回來。

徐太太面前的現款分了家，三吃一。我看看她，粉團般的臉，變成了猪肝色，本來有點翹的嘴唇，翹得更高。恰巧這一牌何先生已經九張條子下地，誰放銃誰包，她聽筒子淸一色，偏偏摸來一張四條，她考慮了半天，捨不得拆自己的筒子打，最後她用力打出去，嘴裡同時說：

「老娘偏不信邪，你要和?老娘和你拚命!」

何先生正要四七條，他一高興，笑着把牌往桌上一倒：

「清一色，滿貫！」

徐太太把桌子一拍，跳了起來，指着何先生的鼻子駡：

「死人！你專和老娘作對！老娘筒子清一色，你怎麼不讓老娘和？」

何先生馬上陪笑說：

「讓我先過過癮，妳的錢我不要好不好？」

徐太太聽他這樣說，笑着坐下，白了何先生一眼：

「你掃了老娘的興，還想老娘的錢？做夢！」她一面說一面端起白銅水烟袋，呼嚕嚕地吸烟，她的烟袋擦的雪亮，和她的衣服一樣，乾乾淨淨。她是我們這個院子裡最乾淨最注重打扮的女人。

她沒有給何先生錢，何先生一點也不在乎，他嘴角上吊着一枝烟，十分得意。

八圈下來，徐太太一個人輸。回去以後，就藉故打帶弟，又像打偷牛賊，一面打，一面駡：

「妳這個掃帚星，自從妳進門以後，老娘事事不如意，妳處處惹老娘生氣，不是老娘愛打人，是妳自己生得賤，一天不打妳妳就過不得……」

帶弟殺猪一樣地尖叫，何先生笑着去拉，她反手給何先生一鷄毛撣子，何先生喲了一聲，雙手把頭一抱，她又噗哧一笑，臉上的戾氣全消，露出幾分狐媚。隨後又綳着臉對帶弟說：

「快去弄飯，要是又弄出夾生飯，小心老娘揭妳的皮！」

早晨她特別買了一條鱖魚，四兩猪肝，一條嫩藕，一隻猪肚，比徐先生在家時的菜好。

起先我們以爲何先生頂多住一兩天就走，說不定徐先生那天回來？去武漢來回不過三兩天，去上海來回也不過十來天，要是徐先生回來碰上了那怎麼辦？那不要打得天翻地覆？我們都暗自躭心，何先生和徐太太却若無其事，不是打打麻將消遣，就關起房門不出來。

劉太太看不順眼，不時過來和伯母嘀咕：

「徐太太眞是膽大臉皮厚！要是徐先生闖回來了，白板對紅中，看她怎麼下得了台？」

「皇帝不急，何必急壞了你這個太監？」伯母笑着回答。

「十場人命九場姦。我們同屋，我怕鬧出人命。」

「徐先生的修養好，我看不會動刀動槍？」

「別的事情還可以忍，綠帽子可不好戴，徐先生的修養再好，恐怕也不願意四脚爬。」劉太太作了一個烏龜手勢。

「偷來的鑼鼓打不得，照理何先生應該早點走，免得兩人見面將了軍。」伯母說。

可是何先生不走，他在鵲巢裡一住住了半個月，天天有酒有肉。何先生很會喝酒，每頓飯半斤高粱，更是春風滿面，徐太太也陪着他喝一兩杯，她喝了酒臉上白裡泛紅，斜着眼角望何先生，說話也比平時輕柔的多。他們兩人對酌，帶弟可不能上桌，這是徐太太興的規矩。

徐先生在家時，挾菜給她也得看看太太的臉色，何先生却只向徐太太討好，把好菜往徐太太盌裡挾，可不會想到在灶脚下的帶弟。

一天，徐先生突然回來，他一走進院子的大門，我們都暗自躭心，生怕他和何先生演鐵公鷄，因爲何先生正躺在他床上養神，徐太太捧着水烟袋坐在他身邊聊天。

徐先生滿面笑容，向鄰人打招呼。大家向他點點頭，有的一臉的同情；有的一臉的揶揄；有的一臉的好奇，準備看笑話似的。更有些小子躡手躡脚地跟在他的後面，走進屋去。

徐太太看見他，一點也不驚嚇羞愧，也沒有歡喜的表情，平平淡淡招呼了他一下。何先生從容地從床上坐起來，輕鬆地說：

「辛苦了，這趟下水生意怎樣？」

「有點油水。」徐先生笑着回答。

他們兩人像好朋友似的，使那些站在客廳裡看笑話的小子大失所望。我也覺得徐先生眞是宰相的肚皮，要是別的男人看見這種情形，一定會暴跳三尺，不抓住何先生的胸脯，也會抓住徐太太的頭髮，一陣猛打。他却若無其事，坦坦蕩蕩，有說有笑。而且打開白布包裹，抓出一大把糖來分給看笑話的小子們吃。使他們喜出望外，一哄而散。

中午他們三人同桌吃飯，歡歡喜喜，徐太太讓徐先生特別多挾了一點菜給帶弟，飯後徐先生和何先生又同桌打牌，打完八圈，吃過晚飯，何先生才走，大搖大擺而去。

大家看見這種情形都很奇怪，一場鐵公鷄沒有上演，徐先生和何先生還如兄如弟，都猜不透是什麼把戲？

劉太太沉不住氣，又和伯母嘀咕：

「江太太，這眞是今古奇觀！徐先生這個人眞是死了血，睜開眼睛做烏龜！」

「我說了他是個好人。」伯母笑着回答。

「江太太，好人也不是這個好法！」劉太太提高聲音說：「我那一位雖然也是個老好人，我要是像徐太太一樣偷人養漢，我的骨頭都會被他一根根拆開！」

「誰像你劉先生那樣一個醋罈子？」伯母解嘲地說。

「不論男女都有四兩醋，誰像徐先生這樣沒有血性？」劉太太貶徐先生。

「妳別糟蹋好人。」伯母指指隔壁，輕輕地搖搖手。

「什麼鬼的好人？」劉太太撇撇嘴。「我就瞧不起這種軟骨頭。」

「如果妳是徐先生，那妳怎麼辦？」伯母笑着問她。

「這還不簡單？」劉太太眉毛一揚：「河裡有水，岸上有索，隨便她走那一條路！」

「要是她不肯死呢？」

「我會送她下地獄。」

「看不出妳比男人的心腸還硬？」伯母笑嘻嘻地望着她。

「屎難吃，氣難受，綠帽子更不好戴！」

伯母很同情徐先生，終於輕輕地嘆口氣說：

「想不到徐先生這樣的好人，會遇上這種事？眞是佛頭上着糞，粉壁牆上糊牛屎！」

「誰叫他沒有半點剛性？」劉太太一點也不同情徐先生。

「也不能怪徐先生沒有剛性，只怪徐太太太潑。」

「女人再潑也潑不過男人！她偷人養漢她還有理？」

伯母被劉太太說得啞然失笑。隨後特別提醒她：

「妳別口沒遮攔，小心吹到徐太太的耳裡，找妳吵架？」

「她敢？」劉太太鼻子裡哼了一聲：「我會把她的×撕爛，要她偷不得人！我眞想打這場抱不平。」

「劉太太，我服了妳。」伯母笑着搖頭。

話剛說完，徐先生走了過來，伯母先怕他聽見她們兩人的談話，連忙上前一步招呼他：

「徐先生有何見教？」

「江太太，飯後無事，我想陪妳摸個八圈？」徐先生笑容可掬地回答。

伯母自從發現徐太太與何先生的事，常常婉拒徐太太打牌，不得已時寧願把牌借給她，讓她在自己家裡打。徐先生要求打牌，她卻不好意思拒絕。笑着回答：

「好，你剛回來，我就陪妳摸八圈。」

徐先生邀劉太太入局，劉太太本來不願意，但她的牌癮很重，又自我解嘲地說：

「好吧，我的手癢，就陪你摸八圈。」

結果是三缺一，徐太太自然湊上。

徐先生的手風很壞，四圈牌沒有開和，可是他不哼一聲，仍然滿面笑容，打牌也是那麼輕輕地放在河裡，聽不到一點響聲。徐太太的手風却很好，心裡高興，有說有笑，和一個清一色萬子時，她笑得前仰後合，嘴巴張的很大，露出上面門牙旁邊的一顆金牙。第二個四圈徐先生的手風還沒有轉好，徐太太的手風却已變壞，她把牌打的鷄飛狗跳，怨天尤人，徐先生勸她：

「妳輕一點，打牌是消遣，何必生氣？」

「都是你這個倒楣鬼，把老娘拖下了水。」徐太太啪的一聲打出去一張九條。

這場牌徐先生和徐太太大輸，牌一結束，徐太太端起白銅水烟袋翹着屁股就走，她的三寸金蓮在青石板地上發出咚咚的聲音。伯母贏的最多，有點不好意思，等徐太太走回家，她輕輕地對徐先生說：

「徐先生，徐師母輸的錢我退回她好了，免得她生氣。」

徐先生連忙搖手，笑着回答：

「江師母，這是那裡的話？贏了錢還能興退？她就是個氣泡魚兒，請妳不要介意。」

「徐先生，你的涵養眞好。」伯母看他輸了錢還是笑瞇瞇，徐太太駡他也不回嘴，不禁讚他一句。

「江師母，我要是和她一樣，那不天天打架？」徐先生用手指指隔壁說：

徐先生的話剛說完，徐太太就在家裡大聲駡帶弟，接着是帶弟的尖叫，徐先生連忙起身，向伯母和劉太太雙手一拱：

「對不起，我要告辭，不然帶弟遭殃。」

徐先生走後伯母對劉太太說：

「以後不要再和徐師母打牌了，免得惹她生氣。」

「打牌自然有輸有贏，她生氣關我們屁事？」劉太太憤憤地說：「我看是何先生走了，她心裡不自在，借題兒做文章。」

「奇怪？徐先生那一點不如何先生？她爲什麼要做這種事？」伯母望着劉太太說。

「這就叫做水性楊花，我看她是天生的賤貨！」劉太太大聲地說。

伯母連忙掩住劉太太的嘴，生怕徐太太聽見，幸好她正在打帶弟，又打又駡，聲音比劉太太的更高。

「妳這個賤貨！一天不打妳就骨頭作癢！我一看見妳這副死相就討厭！」徐太太的聲音。弦外之音似乎是駡徐先生。

「妳輸了錢何必找帶弟出氣？妳越打她越糊塗，不如息息怒，養養神。」徐先生勸她。

「放你娘的屁！誰說老娘輸了錢找她出氣？」徐太太罵徐先生：「告訴你，老娘是看不順眼！」

「馬虎一點，看不順眼也看了十年。」徐先生心平氣和地說。

「你滾遠些！別在老娘面前囉囉嗦嗦！老娘偏不信勸，你越勸我越打！」

「好，好，好！我走開些，妳別打她。」徐先生一疊連聲地說，同時聽見他的脚步聲。

「男子無志，鈍鐵無鋼！」劉太太憤憤地說。

第二天徐太太的兩個太陽穴上貼了兩塊黑藥膏，說是頭痛，人不舒服。徐先生在家裡住了十天，她總是無精打彩的樣子，板着臉不說話，一開口就罵帶弟。徐先生走後，何先生一來，她就把太陽穴上的膏藥揭掉，有說有笑。

以後徐先生回來，何先生才走，兩人彷彿換班似的，少則十天，多則半個月，十分自然，毫無爭吵。不過徐太太可不一樣，她對何先生比對徐先生好的多。這樣過了兩年多，一直相安無事，我們也見怪不怪，希望看他打架的心理早就沒有了。

何先生忽然有三四個月不見踪影，這眞是少有的事，我們心裡反而有點奇怪，但是誰也不便問徐太太和徐先生。

一個夏天的下午，何先生突然出現在院子裡，使我們大吃一驚。他穿着白紡綢短褂長褲，瘦骨嶙峋，手裡拄着一根拐棍，走路慢吞吞，臉上多了一副黑眼鏡，右眼還貼了一塊白紗布，完全變了形。

徐先生連忙過來牽着他進屋，徐太太也不吃驚，他們兩人彷彿早知道何先生的情形。可是徐太太對他冷冷淡淡，以往何先生來時她是親自倒茶，現在却吩咐帶弟倒茶；以往她把自己的白銅水烟袋遞給他吸，現在却叫徐先生遞紙烟給他。而且她只和何先生支吾了幾句，就逕自進房，讓何先生怔怔地坐在堂屋裡。

徐先生反而殷勤地招待他，陪他聊天，問他的眼睛有沒有希望復元。

何先生嘆了一口氣，過了一會纔說：

「眞是屋漏偏遭連夜雨，生意失敗了，這隻眼睛也瞎定了！」

「留得青山在，不怕沒柴燒。你好了以後，大家再湊點本錢，未嘗不可以起來。」

何先生抬頭茫然地望望徐先生，過後瘦削的臉上浮起一絲感激的微笑。

徐先生留他吃晚飯，要徐太太拿錢給帶弟買一斤高粱，徐太太半天不作聲，徐先生再催時她把嘴一撇說：

「沒有錢喝什麼馬尿？你還想老娘倒貼？」

何先生的臉一紅，徐先生連忙從腰間衣帶裡掏出一塊銀洋交給帶弟，輕輕地囑咐她買一斤好酒來。

何先生有點坐立不安。說話也無精打彩。三人同桌吃飯時，徐太太旣不喝酒，也不講話，倒是徐先生不時和他們兩人交談，打破沉默。

可是何先生始終落落寡歡，他偶爾抬起頭來想和徐太太談話，徐太太看了他那副黑眼鏡和右眼上的紗布，又顧左右而言他。

飯後不久，何先生就起身告辭，徐太太也沒有一句話挽留，徐先生却把他送到大院子門外，而且叫了一部黃包車讓他坐了去，徐先生回到家裡反而埋怨徐太太：

「人家倒了楣，妳也應該客氣一點，怎麼這麼冷冰冰的？」

「看他那副樣子我就有點討厭。」徐太太把嘴一撇說。

「旣有今日，何必當初？」徐先生問。

「橋歸橋，路歸路，天下沒有不散的筵席，相好也沒有一輩子的。」徐太太理直氣壯地回答。

「妳這人眞是反臉無情。」徐先生搖搖頭說。

「老娘就是這個樣子，你不知道？」徐太太兩眼一瞪。

徐先生不再作聲，反而過來和伯母聊天。

這次他在家裡住了半個月，徐太太對他比以前好些。我們以爲何先生不會再來，想不到徐先生走後第三天晚上，又來了，仍然柱着拐棍，戴着黑眼鏡，只是右眼上的紗布取消了，看樣子那隻眼睛是瞎了，不然他不會柱拐棍，戴黑眼鏡，走路也慢呑呑。

徐太太沒有讓他進房去，也沒有遞水烟袋給他，只叫帶弟倒了一杯茶，遞了一枝香烟。看樣子何先生有意再續前歡，主動地和她談話，裝出笑臉，他現在的笑也沒有從前那種男性的魅力。徐太太只是抱着水烟袋呼嚕嚕地抽烟，眼睛望着別處，半天纔講一句冷冷冰冰的話。

挨到十點多鐘，何先生自己走進房去，徐太太却冷冷地說：

「我這裡不是旅館客棧，你最好另找別家。」

何先生身子一顫，脚步停在房門口，回頭望了徐太太半天，突然把拐棍在青石地上一篤，咬着牙說：

「眞的天下最毒婦人心，算我瞎了眼睛！」

他一氣衝了出去，過門檻時，差點摔了一跌。

劉太太看了憤憤不平，講了幾句公道話，徐太太和她大吵一架，劉太太也不是弱者，指着徐太太的鼻尖罵：

「你這個賤人，妳還有臉和我吵？妳是蠍子心，又毒又狠，妳快點跟我滾出去！」

徐太太一跳三尺高，用水烟袋打劉太太。劉太太把馬桶裡的屎尿澆了她一臉一身，臭不可聞。徐先生一回來，徐太太就吵着搬家，第三天他們眞的搬了。徐先生和帶弟押着行李家具在前面走，她捧着白銅水烟袋在後面一步三搖。

「現在我眞佩服徐先生的海量！」劉太太忽然對伯母說：「虧他和這種女人配在一塊。」

世界通先生

我正在午睡，朦朧中突然聽見後面的梁太太在厨房窗口外面對我太太說：

「汪太太，老胡死了，你知不知道？」

梁太太是有名的大嗓門，這一說話完全把我的睡意吵醒了。起先我還以爲是村公所的工友老胡死了，老胡患胃癌，上個禮拜大家才凑錢把他送進醫院開刀，癌在現在還是不治之症，開刀也不過是盡盡人事，患胃癌的老胡死了，在我聽來並不奇怪。我太太卻大驚小怪地說：

「哎喲！上個禮拜還是活生生的，怎麼就死了！要是不開刀恐怕還要多活幾天呢！」

「嗨！妳扯到那裏去了？」梁太太扯開嗓門嗨了一聲說：「我是說妳們的老鄉老胡死了，妳怎麼扯到村公所的老胡身上去了？」

「是常常到我們家裏的老胡死了？」我太太追問一句。

「不是那個老胡還有別個老胡？」梁太太說。

「哎喲！」我太太又哎喲一聲：「那是怎麼回事，怎麼我一點也不知道？」

胡雲龍離開台北已經三四年，過年過節才回台北姐姐家裏來一趟，一回姐姐家裏也必到我們家裏來玩，因爲我們是同鄉。雖然在家鄉我們並不認識，但一流落在外自然就親熱起來。去年過中秋他沒有回台北，過年也沒有到姐姐家來，原先我們以爲他又和姐姐夫嘔氣，後來纔聽說是身體不好沒有回台北，是怎麼不好？傳說他在中部和一位酒女有來往，花掉了大半積蓄，又說是他放賬倒了，心裏很不痛快。這兩件事都是傳說的不知是眞是假？我們也懶得查問。有一件事卻是眞的，就是他到中部以後，因爲是住在山村，有錢也沒有地方花，平日更加省吃儉用，儘量存錢。存錢幹什麼？他姐姐夫說大概是想結婚，他對我們說是買書讀，他說他買的書都很厚很貴，也許是眞的？在台北時我只知道他脅下經常夾著一本中文本的「世界通史」。厚厚的一本書加上一副黑邊眼鏡，蓬著一頭亂髮，不修邊幅，兩眼望著天，彷彿不屑於看人，那樣子很像個勤學的大學生，和懷才不遇的名士。在中部那種山村，是否經常夾著厚厚的書，那就不得而知了。至於他是怎麼死的呢？梁太太似乎也不大清楚，只是籠統地對我太太說：

「聽說他省吃儉用，一身是病——」

我太太嘆了一口氣，以後就沒有聽見她們兩人談話的聲音。梁太太是個愛管閒事的人，也許她陪我太太去胡雲龍姐姐家裏去了？

我一聽說是胡雲龍死了，我就坐了起來。我不像我太太左一聲哎喲，右一聲哎喲，我也沒有嘆氣。我背靠在床架上，靜靜地回想胡雲龍的一切。

老胡——胡雲龍，矮小個兒，連中等身材也夠不上，頭髮像豬鬃一般粗硬，十分不聽話地翹在頭上，眉也很黑很濃，烏雲蓋日地壓在眼睛上。兩眼好像不服氣似地露出一種桀敖不馴的神氣和狠勁，彷彿隨時要找人打鬥和口角的樣子。眼睛上面戴著一副黑邊眼鏡，脅下夾著一本厚厚的「世界通史」，這又增加了幾分書卷氣。這是他給我的第一印象。

也許他知道我唸過幾本閒書，偶爾也提提筆。第一次和我見面就大談學問和世界大事。我是個不學無術的人，最怕人家在我面前談學問和世界大事，看見他脅下那本厚厚的「世界通史」我就先矮了三尺。他在我面前侃侃而談，談到嘴角白沫直噴，我還是不接一句嘴，只是洗耳恭聽。大概他怕我耳聾，還不時咳嗽兩聲，提高嗓門。爲了避免過份單調，他講得對的地方，我故意點點頭。他看我點頭，更是眉開眼笑，講話的聲音更大，彷彿是和誰吵架；又彷彿在戲台上唱二進宮的生旦黑頭，一較嗓門高低。

可能是他對我的洗耳恭聽，十分滿意。他突然把話題一轉，非常愉快地說：

「汪先生，你到底是個讀書人，我講的道理你都聽得進。我姐夫是個沒有知識的人，我對他講天下大事，或是談學問上的事情，簡直是對牛談琴！」

「我和你姐夫一樣，只是偶爾看看閒書，連報紙的社論都很少看。」我說，他講的那些天道理，大學問，有很多地方和我瞭解的似乎不大相同，不知道是他對還是我對？但是我懶得花那些閒心思，更不想和他爭辯。

「汪先生，你要是多看正經書，你的學問會更大。」他把「世界通史」拿到手上，得意地說：「我們是老鄉，我不瞞你說，我只讀過兩年小學，我就是自己看書，專看正經書，不看小說和麻衣柳莊，我的錢都花在書上，不是我吹牛，個把大學生，眞抵我不上。」

聽說他只讀過兩年小學，居然能看「世界通史」，我對他更肅然起敬，自然讚揚了他幾句。他更起勁地說：

「有一次我到師大夜間部去旁聽，那位教歷史的老先生，講錯了好幾處。我眞想轟他下去。以後我就懶得去聽，大學教授也不過如此！」

我覺得這位老鄉眞是個奇人！只讀了兩年小學，全靠自己閱讀，他的知識居然超過了老教授，眞的了不起。

他對我們第一次的談話——實際上是他說我聽——非常滿意。大概他所要說的話已經說完了他又把「世界通史」往脅下一挾，側著身子向我點點頭，邊走邊說：

「老鄉，我不再打擾了，今天我非常高興。」

「我也很高興，你不多玩一下？」我說

「不玩了，我要到公墓上去看書。」他拍拍「世界通史」說。

我們附近的山上有一座公墓，三兩天就有死人擡上山，墳墓幾乎比房屋還多。墳墓雖然修得很整齊，但那一排排的十字架，看來總不大舒服，因此我總是避免上那種地方去。山上安靜的地方很多，想不到他偏要跑到那種地方去看書？

「看書何必到那種地方去？」我說。

「姐姐家裏太吵，公墓上安靜得多。」他說。

「你不怕？」我笑著問他。

「我在死屍堆裏睡過，」他提高聲音，神氣地回答：「還在乎公墓？」

我這纔想起老早聽說他當過兵，似乎是他姐夫說他當過下士，他自己卻對別人說他當過少校。不管是下士也好，少校也好，既然當過軍人，膽子自然大些。看他那對眼睛，我毫不懷疑他的勇氣。

「這麼厚的一本書，你要多久看完？」我又指指「世界通史」問他。

「我不像人家走馬看花，我看得很仔細。」他持重地回答：「我已經看過兩遍，這是第三遍，我要仔細研究研究。」

我望著他夾著「世界通史」，硬著頸子向公墓走去，我對他是欽佩多於疑惑。

聽說他賦閒住在姐姐家裏已經兩三個月，他姐夫曾經介紹他一個雇員工作，這年頭當雇員也不容易，但他沒有幹上一個月就不幹了。爲什麼？我不十分清楚，也沒有打聽，後來還是他自己在閒談中無意透露的：

「老鄉，我姐夫和別人總說我驕傲，其實那裏是我驕傲？是他們不讀書，什麼都不懂，譬喻說，我當雇員的那個單位，我的上司們連公文都不會辦，我指出他們的錯誤他們還不服氣，自己是飯桶，還說我驕傲……。」

「如果你不講他們，那就沒有事了。」我看他年輕，規勸他一下。

「老鄉，我是個直性子，看不順眼的事我就要講，國家就是在那班飯桶手裏弄糟了！」他理直氣壯地說。

我想現在就是鄉愿太多，的確把很多事弄糟了，像他這樣不計個人利害，未嘗不是好事？我正躭心他一時找不到工作，常常住在姐姐家裏總不是辦法，何況他姐夫的經濟情況並不好，想不到他的辦法倒不小，居然在一位畫虎名家那裏找到一份工作。他去了一個月之後我才知道，而且是他親自告訴我的。我和那位畫家有一面之緣，他名滿天下，胡雲龍能在他那裏工作的確不壞，如果胡雲龍能留心學畫，三年五載之後未嘗不可以成名？開一次畫展，不也名利雙收？胡雲龍似乎也很滿意他這份工作。我問他在那邊作些什麼事？他輕鬆地說：

「送送畫，收收款，寄寄信，工作十分輕鬆。」

「待遇怎樣？」

「一千塊錢一個月，管吃管住。」

「那的確不壞。」

「老鄉，當初你要是學畫，那就好了！」他忽然惋惜地說。

「怎麼個好法？」我笑着問他。

「聶先生一幅畫賣五六千，都是要人和大商家訂的。生意好得很！」他大聲說：「其實他畫一幅畫要不了多少時間，有的三幾筆就成，一張紙就賣幾千，不像你這麼吃力不賺錢。」

「那你可以向他學學。」我說。

「我不是搞這種路道的人。」他搖搖頭。

「那你要搞什麼？」

「我想搞政治，搞政治才眞能出頭。」

那是我碰都不敢碰的事，我不再作聲。他看我閉口不言，又回到原題上來，他奇峯突起地說：「其實，我看聶先生的老虎也沒有什麼了不起，不過是會宣傳交際。他那筆字眞的比我的還差勁。」

我不懂字畫，不知道好壞。不知道聶先生是否浪得虛名？他的批評是否正確？我又沒有表示意見。

他在聶先生那裏幹了半年，又回到姐姐家來。我問他爲什麼不幹？他振振有詞地說：

「老鄉，你不知道，聶先生收了不少學生，有外國人、中國人，還有許多女生。」

「他收學生也不是什麼壞事，你爲什麼不幹？」我插嘴問。

「你不知道有一位莊小姐，是師大的學生，家裏很有錢，他拼命追我，纏得我沒有辦法，我只好不幹，故意對聶先生說我到台南去做事，，免得他糾纏。」

大學生，家裏又有錢，這對他不是很有幫助？送上門的姻緣，他爲什麼推掉？我實在有點奇怪，不免責怪他說：

「這麼好的機會，你怎麼放掉？」

「老鄉，你不知道！他把我當作大學生，常常向我請教，我雖然能夠指導她，但我連小學文憑也拿不出來。再說，她家裏又很有錢，我是個窮光蛋，我不想高攀。所以乾脆摔掉。」他說的很輕鬆，我倒有點替他惋惜，同時也佩服他的硬氣。

這之後他賦閒很久，好像同姐夫家裏鬧的不大愉快，時常跑到我家裏來。有一天，我去他姐夫家裏，小客廳裏坐了許多人，都是老鄉親戚。胡雲龍正在和大家爭論，爭得面紅耳赤，鼓著兩眼望着大家，頭髮豎起，像隻要打架的公雞。他看見我來了彷彿要表現一手給我看似的，更大聲向大家反攻，口沫亂飛，噴了一團在他外甥女兒臉上，他外甥女兒很氣，迎著我說：

「汪伯伯，我舅舅是『世界通』，他總是瞧不起別人，不管誰到我家來，他都要逞強，專和別人抬槓，讓人家下不了台他纔高興。剛纔我問他希臘文化是從那裏傳過去的，他不知道；問他克里特島在什麼地方？他回答不出來。反而惱羞成怒，要和我們打架的樣子。剛纔又噴了我一臉口沫，你看看這成什麼樣子？」

他外甥女兒是大學生，唸的是是歷史系。胡雲龍說「世界通史」他看過兩三遍，看的很仔細，我沒想到他答不出那兩個問題。我看他面紅耳赤，不好作聲，他外甥女兒又說：

「哦，對了，汪伯伯，舅舅說你很佩服他的學問，說他是『世界通』，現在請你評評，看他通了沒有？」

我正感覺爲難，他父親連忙喝住她：

「小蘭，不要沒大沒小。舅舅沒有不對的。妳能有好大的學問？敢在汪伯伯面前賣弄？」

小蘭氣得身子一扭，跑進房裏去。幾位老鄉馬上笑着和我打招呼，胡雲龍替我倒了一杯茶，幾句家鄉土話一講，大家又和和氣氣，有說有笑，只有胡雲龍還有點耿耿於懷。

以後我避免到他姐夫家去，生怕再碰見胡雲龍和大家抬槓，胡雲龍也有一個多月沒有來我家玩。一天他突然來向我辭行，說是要到中部鄉下去作事。我想想沒有什麼送行，只暗示他說：

「到鄉下更可以好好地讀書，不會有人和你辯論。」

「老鄉，那天是我外甥女兒胡說，他們幾個人擡我一個人，還是沒有把我擡倒，要不是看你的面子，我要好好地刮他們一頓。」胡雲龍的反應很快，他馬上向我解釋：「我的那些親戚都沒有頭腦！外甥女兒雖然上了大學，也沒有什麼了不起。」

我知道他對那些親戚同鄉不滿，不想再談這些問題，只囑咐他保重身體，早點成家立業。

他走後一星期，給我來了這麼一封信：

繼棠鄉兄：

余來中縣，以數日矣！每想其同鄉中無人，蔽戚無知無識，實在氣噴，兄是弟爲一知己，死而無撼。今後余當努力做學問，彌補失學痛苦，做人上人，報達知己，要言不一。敬祝
福安

弟胡雲龍上

看了這封信，眞使我啼笑皆非。不知道那麼厚的「世界通史」他怎麼讀得下去？

突然想到他已經作古，我心裏又特別難過。不知道他是不是用功過度，啃書本啃出病來？我連忙下床，趕到他姐夫家去，恰好半路上碰著他姐夫。我劈頭就問：

「老胡是得什麼病死的？」

「醫生說他一身是病！」他姐夫頹喪地回答：「心臟擴大，腎臟病、肝炎，十二指腸潰瘍……
……」

「怎麼會有這麼多毛病？」我幾乎叫了起來。

「還不是自作聰明！」他姐夫嘆了一口氣。「他自己看醫書，亂吃藥，亂診！病就越診越多！一住進醫院就不可救藥。」

「他的身體很好，怎麼會病？」

「這又是自作聰明！」他姐夫又嘆了一口氣。「他怕胖，怕血壓高，不吃肉，也不吃油，只吃一樣沒有油的空心菜，頭髮都枯掉了。長期營養不良，怎麼不病？」

「聽說他的錢被人騙了，有沒有這回事？」

「我也不大淸楚，聽說有人帶他上酒家，認識一個酒女，花了些寃枉錢。」

「聽說以前在聶先生那裏有一位師大的莊小姐追他，他纔不幹？」

「也許是他自作多情？不過我知道他和聶先生鬧翻了纔回來的。」

「這次他生病是那天到台北來的？怎麼我一點也不知道。」

「上個禮拜我接到他同事的一封信，說他病危。我和我太太連夜趕到台中，醫生說他長期營養不良，病情複雜，病根太深，沒有希望。他自己也知道會死，一定要回來看看親人，死在台北。我只好把他轉到××醫院，沒有驚動任何人。」

「這次眞難爲了你。」我知道他的情況不好，胡雲龍也不大佩服他，他能一手料理胡雲龍的後事，眞不容易。

「是我把他帶出來的，後事自然也由我來料理。」

我問他到那裏去？他說到殯儀館去，三點鐘要火化。我便和他一道去殯儀館。

胡雲龍已經入殮，我沒有見到他最後一面，只看到一個薄薄的大白木盒子往大火爐裏送。

他姐姐哭得死去活來。他姐夫流著眼淚輕輕地對我說：

「這位老弟是自己整死自己的。他一向自作聰明，眼睛長在頭頂上，以爲自己眞是世界通……」

「他的世界通史到底看完沒有？」我問他。

「天知道！」他嘆口大氣：「我只看到他把那本世界通史挾出挾進……」

「如果他能由小學、中學、大學，受到完整的教育，他可能眞的成爲世界通？用不着那本書來撑門面。」

「唉！那本害人的世界通！」他望着鐵爐裏熊熊的大火，胡雲龍的遺體剛好放在火上，他連忙用手帕蒙住眼睛，抽抽噎噎地哭泣起來。

「苦命的兄弟呀，你一生好强好勝，怎麽這樣短命？」胡雲龍的姐姐搶天呼地，大聲哀號。

寶珠的秘密

快過年了，陳德裕還沒有回家。陳太太許寶珠心裡又惱又寂寞。她惱的是丈夫變心變得這麼快，甜蜜的生活不到兩年，她生下小珠後他就藉口生意太忙，應酬太多，先是晚上一兩點鐘才回家，慢慢地一個禮拜最少有一夜不回家。向他查問，他就說有日本客人來了或是美國客人來了，董事長要他陪陪，她要是說：

「白天陪倒也罷了，怎麼晚上還要你陪？」

他反而理直氣壯地回答：

「上酒家，上夜總會，上觀光飯店，哪是一兩個鐘頭就玩得完的？」

「那是客人的私事，與你有麼相干？」她說。

「我吃的是這碗飯，怎麼不與我相干？」他似笑非笑地反問。

「難道日本人美國人晚上不睡覺？」

「睡覺也得我安排。」

「你又不是洋人的聽差，怎麼管這些事？」

「他們是大主顧，衣食父母，服侍得周到，才賺大錢。」

「這才奇怪？作生意是將本求利，難道還要拉馬帶皮條？」

「妳眞土！一點也不懂得現代的生意經。」

他反而調侃她。她的確不懂這些，她高中畢業不久，就和他結婚，沒有作事的經驗。他四十歲了，作過很多事，世故經驗自然比她足，她沒有辦法和他理論，後來不回家的次數漸漸增多，甚至一連兩三天都不回來，她很生氣，曾經和他大吵一架，他仍然振振有詞，說是陪客人到日月潭、關子嶺、大貝湖觀光，來去當然要兩三天。她曾經去公司打聽，有時一致說他是陪客人到中南部去了，有時又吞吞吐吐，指東說西，根本找不到把柄。她知道他對同事們一定有過關照，所以不再去公司打聽。只好一個人在家裡生悶氣，傷心。當初她本來並不十分願意嫁他，她嫌他年紀大了將近二十歲。但他很會講話，很會討她的歡心，而且事業如意，又有經濟基礎。要是嫁一個年輕人，一定夠吃苦。現在的男人不到三十以上休想出頭，休想打下事業基礎。爲了過安定舒適的生活，爲了避免走上姐姐那種牛衣對泣和三日一吵，五日一鬧的貧賤生活，她終於嫁了他。起初兩年他對她的確不錯，想不到他會變心？她爲了打發寂寞的日子，先是去看電影，有時一天看兩場。但看到銀幕上的情人或夫妻那種恩愛親熱的鏡頭，她心裡更加難過。那些電影明星彷彿在向自己挑戰示威，彷彿故意奚落自己，使她感到被遺棄的悲哀。有一個時期她不敢去看電影，大部份時間悶在家裡，看看雜誌、小說。而她愛看的「社會言情小說」和「歷史小說」，又多半寫男女之間的事，有的作者還專寫做愛，越看心裡越煩惱，不看日子又打發不過去。恰巧左鄰右舍的太太們多半淸閒無事，她們都歡喜打牌，她們發現她寂寞無聊，就來邀她打牌。起初她有點猶豫，因爲她不會打，可是她們說：

「誰一生下地就會打麻將？還不是一回生二回熟？妳這麼聰明，保險打了幾牌就會。」

就這樣她學會了打牌。

打牌倒是一個最好消磨時間的方法，她心裡也確實平靜了一陣子。但是女人的耳朵長，嘴巴快，她們知道她先生常常十天半月不回家，故意把他作話題。

「男人沒有一個好東西，總是吃在嘴裏望在鍋裡」江太太說：「我看妳陳先生八成兒是在外面有了姘頭。」

她心裏也一直這樣想，但爲了面子關係，她極力替丈夫辯護：

「不，我陳先生確實是生意太忙。」

「再忙，也沒有日夜不回家的道理。」江太太說。

「他的職務不同，他常常要陪外國顧客到中南部觀光。」

「扯謊又不要本錢，你信他的鬼話？」江太太鼻子裡嗤了一聲。

「十年前我那個死鬼也是和陳先生一樣，」王太太接嘴：「後來還不是被我抓住了他的狐狸尾巴。」

「妳用什麼方法抓住的？」許寶珠連忙問。

江太太和王太太相視一笑。王太太賣弄地說：

「這可不能告訴妳。那老傢伙現在已經改邪歸正，我要替他留點面子。」

她有點失望，她覺得王太太在她面前賣老資格。王太太已經四十出頭，林太太和江太太不相上下，只有她最年輕，今年才二十三歲，是她們之間的小妹妹。

林太太看出她的心情，以一種打抱不平的心理對她說：「要是妳陳先生眞的在外面有了姘頭，妳也不必守活寡。妳還年輕得很，現在光桿多的是，妳還怕找不到人代理？對付賤男人這眞是最好的法子！」

許寶珠心一動，臉一紅，沒有作聲，江太太却笑着說：

「林太太，陳太太是個規矩人，妳怎麼給她出歪主意呢？」

「我就是愛打抱不平。」林太太理直氣壯地回答：「如果先生在外面軋姘頭，太太爲什麼不可以打野食？」

「要是被先生知道了怎麼辦？」江太太問。

「彼此，彼此，現在男女平等，大不了離婚。」林太太滿不在乎地說。

「妳說得倒輕鬆，」江太太望着林太太一笑：「小妹不像我們老油條，她臉嫩得很，她才不敢作那種事？」

「誰又是生來作賊的？還不是逼上梁山？」林太太說。

「妳是不是上過梁山？」江太太笑着打趣。

「我那死鬼可沒有那麼大的狗膽！」林太太自負地說：「他要是敢軋姘頭，我就敢偷人養漢。」

許寶珠睜著眼睛望著林太太，她第一次聽見女人這樣大膽講話。林太太看許寶珠那樣望着她，又以老大姐的口氣對她說：

「小妹，我是直腸子，講話不會轉彎抹角。好男人很少，好女人也不多。怎麼來，怎麼去，不能單方面吃虧，這纔叫男女平等。」

許寶珠想想林太太的話也很有道理。一想到丈夫又一個多禮拜沒有回家，心裡就氣，越想越疑。

打牌雖然能消磨時間，却也帶回更多的煩惱。

江太太的話更增加了她對丈夫的疑心。她說男人沒有一個好東西，吃在嘴裡，望在鍋裡。這可能是她的經驗之談？她比自己大十歲以上，世故經驗自然比自己多，對男人的暸解自然比自己深，自己就不知道男人是這樣的。當初丈夫對她那麼甜言蜜語，如果她想天上的星星他都會摘下來，她做夢也沒想到他會變心。現在果然變了，這樣的男人能說他好嗎？自己還年輕得很，又不是老太婆，長得也並不醜，他還不知足，這不是吃在嘴裡望在鍋裡嗎？常常一兩個禮拜不回家，不是有姘頭那纔怪！

但是怎樣抓住他的狐狸尾巴呢？她曾經翻過他的西裝口袋，既沒有發現過兩張電影票根，又沒有發現過一封情書，甚至襯衫上，手絹上，也沒有發現過唇印，或是一點口紅跡子，他的尾巴沒有露出來，怎麼抓呢？她也暗地裡跟踪過他幾次，但他好像後腦壳上都長了眼睛，沒有露出一點破綻。兩次是到公司上班；一次是去觀光飯店。她以爲這一下定可以抓住，但他却和一個高大的洋人出來，他對那洋人好像部屬對待長官。一次是他和一個日本人上夜總會吃飯，看表演。這都和他說的話符合。可就沒有看見他單獨和女人一道，也沒有發現他藏嬌的金屋。但他常常不回家，她決不相信他沒有鬼！但怎麼抓住他的狐狸尾巴？她實在想不出辦法。請私家偵探嗎？不但要錢，台北好像還沒有這玩藝。王太太說她抓住過她先生的狐狸尾巴，但她又不告訴自己是怎麼抓的？自己又不好意思再去問，因爲這一問不就等於告訴她自己的先生有外遇嗎？這不但丟先生的人，自己也沒有面子。事情沒有弄明白以前，她不想這麼做。

林太太的話最直爽，那是報復賤男人的最好辦法。她斷定她丈夫是屬於「賤」的一類，但自己又怎樣報復呢？她沒有這種經驗。一想到丈夫這次有二十天沒有囘家，她就生氣，就心煩意亂

江太太又來邀她打牌，看她無精打彩，向四週打量了一眼，悄悄地問她：

「怎麼？陳先生還沒有囘家？」

她笑着搖頭，又故意扯謊說：

「他昨天來了電話，說要陪兩個日本人到東京去，一定趕囘家過年。」

「妳一個人坐在家裡無聊。走，我們到王太太家裡去摸八圈。」江太太邊說邊拉她的手。她實在心煩意亂，不想打牌，一上牌桌，自然又會張家長，李家短，自然又會談到她的丈夫，江太太是個歡喜說話的人，而且愛開玩笑，她又最年輕，她們常常倚老賣老，尋她開心，有些話常常使她臉紅心跳，因此她對江太太說：

「不！今天我不想打牌。」

「不打牌幹什麼？一個人在家裡枯坐？」江太太問她。

「快過年了，我想出去買點東西。」她說。

「何必一個人出去買東西？等陳先生回來一道去買不好？」江太太說。

「他事情忙，又不會買，等他回來也是白等。」她故意這樣說：「眞到年邊，豆腐也賣成肉價錢，何必駄貴？」

「嘖，想不到妳年紀輕輕的倒很會過日子？」江太太調侃地說：「只要妳陳先生在外面少花一把，少上一次酒家，妳就吃用不完了，何必省那幾個錢？」

「說眞的，今天我不想打，明天再奉陪好了。」她委婉地說。

江太太也不好再勉强，廢然走開。

江太太一走，她又覺得空虛無聊，一顆心無處安放，想起丈夫她又氣又恨，心中暗罵：「不知道死到那裡去了，這麼久都不回來！」

她眞的決定出去。她走到梳粧台前想化粧一下。她在鏡子裡看見自己圓圓白白的臉，沒有一點皺紋。雖然比不上那些電影明星，但絕不是醜八怪，比起王太太，林太太，實在算得是個美人。「想不到那死鬼怎麼會變心？」她對着鏡子沉吟半天，又望望牆壁上的結婚照片，也發現不出自己那一點配不上他？自己這樣年輕，他應該滿意？

她匆匆地塗好口紅，在旗袍上加了一件短大衣，拿起黑枕頭皮包，輕輕對下女說：

「我出去買東西，小珠醒了妳好好地帶着她，不要出去。」

下女是個十五六歲的小女孩子，乖乖地點點頭。

她搭上五路車，在衡陽街下車。

她悄悄地走到先生服務的公司，看看他在不在？她有好久沒來，來一個突擊檢查，或者會發現他？她就會逼着他回家。走近他的寫字間，不見他的人影，坐在他對面的吳先生低頭做事，沒有發現她，她走進去他纔抬起頭來，笑着說了一聲：

「陳太太，好久不見，妳好？」

「吳先生你好，」她也笑著回答，又指指丈夫的位子：「德裕呢？他那裡去了？」

吳先生抓抓頭皮，滿臉堆笑地說：

「老陳出差去了，妳不知道？」

她不願意失面子，反而强作歡笑地說：

「我以爲這兩天他該回來了？所以順便來看看。」

「老陳一回來，我就要他向妳報到。」吳先生機警地說：「大嫂，妳要不要錢用？老陳下半月的薪水還沒有領，圖章在我這裡。」

她皮包裡還有一千多塊錢，本來不急要錢用，聽吳先生這樣說，她靈機一動，不如先領去再說。

「正好，我要辦一點年貨。」

吳先生馬上在抽屜裡摸出圖章，打發下女去出納室領了出來，下女交給他，他又雙手轉給許寶珠，笑着說：

「大嫂，妳點點看，是不是兩千？」

她沒有點，往皮包裡一塞，又問：

「這個月是不是雙薪？」

「是，」吳先生點點頭。「等年終紅利一道發。」

「今年紅利多少？」她又問。

「還不知道。」吳先生故意搖頭說。

「去年德裕領了一萬五，今年出口更好，紅利應該比去年多吧？」

「我也希望這樣。」吳先生圓滑地說。

她一提起皮包，吳先生馬上站起來恭送，走到寫字間門口，他笑着加重語氣：

「大嫂，老陳一回來，我就要他向妳報到。」

她沒有作聲，默默地走下樓。她想起汪太太的話：「男人沒有一個好東西！」她像游魂一樣，沒有目的地亂走，突然她想起兩三個禮拜沒有看電影，她便轉向西門町，她可以趕上四點五十這一場，這一場客人最少，用不着買黃牛票。她心裡還有一個新念頭，希望在電影院門口碰上丈夫，說不定他帶着什麼野女人來看電影？要是被她碰上那不是捉姦成雙？那就可以給他一個下馬威，鬧翻了那棟房子少不了她的，另外還可要一筆贍養費，她還年輕得很，還怕嫁不到人？

她眼睛東張西望，特別注意街上成雙成對的男女。在成都路，她發現一個男人的背影很像她丈夫，一位身材窈窕，裝束入時的女人緊緊挽着他。她碎步上前，和他們擦身而過時故意回頭望了一眼，那男的却不是她丈夫，那是一對恩愛夫妻，男人三十上下，女的和自己的年齡相仿，她有點羡慕，又有點失望。

她轉到國際戲院，戲院門口已經站了不少人，成雙成對，她看看沒有她先生，望了望樣片，不太合意，又拐到兒童戲院。兒童戲院門口也站了不少人，也沒有發現她先生，樣片也不合意，她又轉到豪華那邊，那一連有幾家戲院，她看中了「樂聲」的樣片，男主角英俊，女主角很美，這是她看電影的第一原則。她買好票，離開映還有十分鐘，她在附近幾家戲院門口轉了一下，沒有發現自己的丈夫。她這才進場看電影。

這是一張所謂「新潮派」的片子，男女主角都很大膽暴露，動作和對白同樣火熱挑逗，使她感到呼吸都有點急促。九十分鐘的時間，她像喝了一杯烏梅酒，甜蜜中有點微醺。

散場後她在一家精緻的小吃店吃了一碗排骨麵，然後逛街，準備買點東西回去。她在一家店鋪的窗櫥外面看看樣品，發現有個男人也在瀏覽。她側過頭去看了他一眼，覺得似乎有點面熟。這人比他先生年齡還大一點，但有一股男人的魅力，顯出中年人的成熟和瀟洒。她禁不住問他：

「你是不是住在永和鎮？」

他回過頭來看她，笑容滿面地說：

「我不在永和鎮，不過我常到永和鎮看朋友。」

「難怪我好像見過。」她笑着說。

「說不定我們同過車。」那男的很健談。

「可能是。」她點點頭。

「妳想買點什麼？」

「我想買點年貨。」

「買年貨怎麼不同先生一道。」

「我先生不管我的事。」她艾怨地說。

「反正我沒有什麼事，我帮帮妳的忙。」他很自然地說。

她聽了很高興，不自覺地點頭微笑。

於是他們一道走進去，他帮忙她選購東西，她覺得這男的很內行，細心，而且風趣。他代她選的比自己挑的還稱心如意，她心裡十分高興。

她買了兩大包東西，他替她提了一包，走到街上他說：

「我們找個地方聊聊好不好?」

她毫不考慮地點點頭，高興地跟着他去，她覺得這男的好像一塊吸鐵石。

他們邊走邊談，她不知不覺地走進一家旅社，她跟着他停在一〇三號房間門口，看見女服務生開門，她纔想起這是一家旅社。但她彷彿着了魔一樣，不想退出。

想起丈夫快有一個月沒有回家，她就有點恨，她覺得林太太的話不錯。

那男的一跨進房間，她便如影隨形地跟了進去，反手把門關上，彷彿把整個世界關在外面。

她面前站着一個瀟洒可愛的男人，她腦海裡重現著電影裡那一幕火熱的鏡頭，沒有丈夫，沒有孩子，沒有顧忌……。

十點多鐘，她先走出旅舘，叫了一部計程車，鑽了進去。

街上燈火輝煌，車水馬龍，行人摩肩並踵，但是沒有發現自己的丈夫，她心裡很高興。

計程車停在門口，她提出兩大包東西，付了車錢，從容地按了一下門鈴，她以為來開門的一定定是下女，萬萬沒有想到是自己的先生。

一看見丈夫她就一怔。他氣勢洶洶地問她：

「妳到那裡去了？」

情急智生，手裡的兩包東西成了她的擋箭牌，她馬上把紙包向他一揚，大聲回答：

「買東西去了！你還有臉問我？」

他看見兩大包東西，又聽到她這種口氣，彷彿洩了氣的皮球，馬上陪個笑臉，把她手上的紙包接過去。

走到客廳，她把短大衣脫下，往沙發上一扔，反過來問他：

「你怎麼還記得這個家？還想回來？」

「出差完了，自然會回來。」他說。

「你這些謊話我聽厭了！」她白了他一眼，突然覺得他有點討厭，這是從來沒有的感覺。以前他隔了一些日子回來，她雖然生氣，心裡還暗自歡喜，還想籠絡他，現在完全沒有這種意思。

「分明是在那個狐狸精那裡泡了這個把月。」

「妳不要胡猜，請拿證據來？」他心平氣和地說。

「證據？」她鼻子裡哼了一聲：「我要是抓到證據，早到法院告你通姦，請求離婚了！」

「唉，」他笑着走近她，擁着她走向臥室，在她耳邊輕輕地說：「我們恩愛夫妻，何必說這種傻話？」

「什麼恩愛夫妻？你和野女人快樂消遙，讓我守活寡！」

她無限委屈似地嚶嚶地哭泣。

他把她摟在懷裡，在她背上輕輕地拍拍：

「是妳多心，根本沒有那回事！我可以對天發誓，沒有外室。」

「你不要哄我，我一直被你蒙在鼓裡，你們男人都不是好東西！」她用食指在他額上戳了一下。

「只要妳們女人好，我們男人就壞不起來。」他捉住她的手，在她臉上親了一下。

「像我這樣安心守活寡的女人，那裡去找？你還有什麼話說？」她故意把頭扭開，退後一步，望着他說。

「寶珠，妳眞是個好太太！」他滿臉堆笑地說：「可惜現在不興貞節牌坊，不然百年之後，一定要後人替妳豎一座。」

他雙手把她抱起，她把眼睛閉上，彷彿騰雲駕霧。她腦海裡出現的却是一個個高敏，那陌生而又親切風趣的男人。

奇緣

我一到岡山，就在車站附近找了一家不大不小的「南台」旅社，服務生把我領上三樓，問我要雙人房間還是單人房間？我是孤家寡人，又是個窮小子，不想打腫了臉充胖子，隨口答應了一句：「單人的。」她世故地打量了我一眼，我也看了她一眼，她幹這一行總有十年八年，是個老手，雖然已經三十來歲，還有幾分風韻，要是時間倒退十年，也可以顛倒不少人。

她大概知道我住不起雙人套房，不再多講，帶我一直向過道的盡頭走，一串鑰匙在她手裏叮叮噹噹，塑膠拖鞋在地板上踢踢踏踏，屁股自然也晃來蕩去，很有韻律，不是賣弄風騷。

走到盡頭，她指着並排的兩間房門回頭對我說：

「這兩間房是空的，先生，你要那一間？」

「請妳打開看看？」我說。

她把一〇六號房間打開，彈簧床，小條桌，壁橱，木椅，設備不壞，可惜沒有窗子，只是牆壁上和天花板之間，三面都隔着木條子，作爲空氣流通的地方，光線不好，我請她打開一〇七號房間看看。

一〇七號房間設備和一〇六一樣，但是多了一個窗子，滿室明亮，我伸頭向窗外看看，下面是連接不斷的水泥瓦屋頂，斜對面的街角上是警察派出所，派出所的屋頂上輕飄着鮮艷的國旗。我很滿意，回頭對服務生說：

「好，就是這一間。」

她把桌上的熱水瓶茶壺隨手帶了出去，我從公文包裏拿出手巾香皂在對面公用的洗臉池裏洗臉。我剛洗好臉進房，服務生也把熱水瓶茶壺送來，向我要身份證登記。

我喝了一杯茶，就把房門帶上，提着公文包下樓，在櫃台上取回身份證，出去辦事。

這個小鎮和幾年前已經大不相同，街上十分熱鬧，新建的店面很多，裝璜也很漂亮，裏面的貨色擺得滿滿的，台北有的東西這裏都有。

我無心逛街，趕着去接洽公務。大半個下午的時間，都消磨在別人的辦公室裏，幸好一切順利，可惜下班時間已到，還拖了一個尾巴要等明天上午處理，不然我不必在岡山過夜。

我在一家小館子裏吃過晚飯之後，獨自逛街，又看了一場在台北買不到票的電影，纔回旅社。這時樓上的客人已經很多，我想洗澡，浴室已被別人佔用，等了二三十分鐘，纔輪到我。

洗過澡一身輕鬆，晚風從窗口一陣陣吹進來，吹走了南台灣十月的燠熱。我躺在床上打開電晶體收音機，音量開得很小，這是我每天睡覺前的一種享受，幾年來我就靠這架手掌大小的收音機打發單身漢的寂寞。

我正在收聽平劇「除三害」時，突然聽見一〇六號的房門打開，好像不止一個人走進房間。「除三害」唱片十分精彩，我懶得聽隔壁房間的動靜，反而把音量開大一點，放在耳朵旁邊聽。

忽然有人輕輕地敲我的房門，我連忙打開，原來是服務生，她輕盈淺笑地走了進來，比白天更多兩分風韻，她笑着輕輕問我：

「先生，要不要小姐？我可以介紹年輕漂亮的。」

我住旅館的經驗很多，我知道這是她們主要的收入，旅館只供給她們吃住，並無工資，假如她們不做這種勾當，那怎麼養家活口？我不是道學夫子，又是單身漢，瞭解單身漢的苦惱，毫不怪她，只說不要。但是她並不走，反而笑容滿面地和我搭訕：

「先生，說眞的，一點不假，只有十七歲，比得上電影明星。」

女孩子的確越來越漂亮，比電影明星漂亮的女孩子也多的是，我知道她不是存心騙我，但是我沒有這等閒錢，笑着拍拍口袋，搖搖頭，攤開手，她還是笑嘻嘻的說：

「很便宜，住夜纔兩百，我不相信出門人兩百塊錢也不帶？」

她眞是個老手！但我身上確實沒有兩百塊錢，因爲離開台北時我借了兩百塊錢給張做買孩子的奶粉，不然我會動心。

「阿巴嫂，下次再來，這次身上不便。」我說。

「你先生要是不相信，我可以先叫來給你看看，保險滿意！不漂亮包換。」她連忙補充說。

我把我全部財產亮給她看，笑着對他說：

「要是一夜風流，明天付不出旅舘錢，妳可不能報警？」

她無可奈何地笑着離開。我發覺她晚上的態度比白天好的多，白天沒精打彩，不大愛說話，晚上有說有笑，彷彿年輕了幾歲。

她剛走不久，我就聽見一〇六號房間有女人啜泣的聲音。我有點奇怪，既然到了這種地步，又有什麼好哭的？客人是花錢買笑，不是花錢買哭呀。越是老資格越會裝笑臉，初出道的雛兒也不會這樣哭哭啼啼的。

只聽見女人哭泣，沒有聽見別的聲音。我把收音機關掉，存細聽，還是女人輕輕啜泣的聲音，我想過去問問，又怕她是單身女人，惹騷惹臭，這年頭還是「各人自掃門前雪，休管他人瓦上霜」好。以前我愛管閒事，吃過不少苦頭。

那女人越哭越傷心，竟「唔……唔……唔……」地哭出聲來。我走近牆邊，把耳朵貼着牆聽，也許他會邊哭邊訴？我想聽她說些什麼？

她只是哭，一句話也沒有講，不過哭聲裏還帶着幾分恐懼。突然一個粗暴的男高音砂鍋爆豆子般地跳出來：

「哭，哭，哭！誰叫你爸把妳輸給我？」

我聽了一驚，那女的原來不是娼妓，是她父親把她輸給別人的。

他這一罵，那女的哭得更傷心，聲音更大。那男的又半嚇半哄地說：

「別掃我的興，你爸既然把妳輸給我，妳就得聽我擺佈，不然我把妳賣給台北的綠燈戶，夠妳哭的。」

女的聽了似乎更加害怕，大聲哭泣起來，男的也大聲威嚇她。我不能自掃門前雪，換上香港衫，戴上墨鏡，走出房間，重重地敲了兩下一〇六號房間的門。我彷彿打足了氣的皮球，房門幾乎被我敲垮。

那女的立刻停止哭泣，男的暴怒的問：

「誰——？」

「開門！」我的聲音比他的更大，而且是命令口氣：「不必問是誰。」

那男的彷彿被我的聲音鎮壓下去，沒有作聲，也沒有開門，我又在門上重重地敲了兩下，催他開門。門輕輕拉開，我看見一個中等身材，廿上下，瘦瘦削削的男人，臉上有點驚恐，兩隻眼睛十分精靈，他看見我一身便衣，馬上臉色一整，胸脯一挺，大聲大氣地說：

「我不認識你，你最好少管閒事！」

「對不起，我遇上了，不得不管！」我大步跨進房間，那男的個子比我小一號，我不在乎他，

那女的瑟縮地躲在床頭，靠着牆壁，像一頭受驚的小鹿，又好奇的望望我，蒼白的臉上掛着兩行

清淚，在燈光下閃閃發亮。

「她是我花錢買的，你管不着！」男的倔强地說。

「哼！」我瞪了他一眼，哼了一聲說：「你把人當猪，可以隨便買賣？」

他聽了一怔，沒有作聲，我逼進一步說：

「我來買你們兩個，你要多少錢，儘管開價！」

他張大眼睛望着我，隨卽滿臉堆笑地說：

「朋友，別開玩笑，有話好說，請坐，請坐。」

看他軟了下來，我率性唬他一下，把手放進屁股口袋，低沉地對他說：

「這裏不是談話的在方，請你到派出所去同我講價。」

他臉上一陣慘白，躬着身子一疊連聲地說：

「好，好，好！我先去小便一下，馬上來。」

他望了那女的一眼，迅速地退出房外，向拐角處的廁所方向匆匆走去，轉眼不見。

我一個人不便留在房裏，也退出房外，我看了那女的一眼，她又感激又惶惑地望着我。我安慰她說：

「別怕，我陪妳到派出所去解決。」

她不作聲，眼圈一紅，滾出兩顆眼淚。

我站在房門外左等右等不見那傢伙回來，我疑心他有什麼毛病，服務生却笑嘻嘻的走過來，老遠我就對她說：

「阿巴嫂，請妳看看一〇六號的房客在不在廁所裏面？」

「溜了。」她輕鬆地一笑。

「想不到那傢伙做賊心虛。」我高興地說。

「先生，你別高興！」她世故地說：「這種人不好惹，你得特別小心，出了事我可不負責任。」

她這番話像冷水澆頭，當初我完全沒有想到這一點。要是他再來，那就不好對付，這種人少不了有些狗肉朋友，他們身上又少不了刀子之類的兇器，我又沒有帶槍，赤手空拳，動起武來就不是對手。但是我不願意在兩個女人面前示弱，故作鎮定，心裏却在想找一件什麼東西防身。

那女的聽見服務生那樣說又嚇得嚶嚶哭泣起來。我安慰她說：

「不要怕，一切有我。妳關起房門睡覺好了。」

「先生，我怎麼睡得着覺？我眞怕他把我搶走。」她哭着說。

「那我送妳去派出所好了。」我也怕我無力保護她，送她到派出所去最安全。

「不，不。」她搖搖頭。

「派出所最安全，他決不敢去派出所搶妳。」我說。

「派出所會把我送回家。」她哭着說。

「回家不好？」我有點奇怪。

「那人會去我家要人。」

「你家裏可以不承認。」

「不行！我養父是個酒鬼，賭鬼！縱然那人不去，他也會把我賣給別人。」

我完全沒有想到這些事，看樣子我又找了麻煩，我望望服務生，輕輕地問：

「她叫什麼名字？」

服務生似乎也不清楚，略一遲疑，那女的就搶着說：

「我叫林月。雙木林，月亮的月。」

她的耳朵眞靈，聽她說話的口氣像是喝過幾瓶墨水，國語也說得很標準。我驚奇地望望她，頭髮蓬亂，兩眼紅腫，面孔白白的，長得很清秀，一身花裙子，乾乾淨淨，身材小巧玲瓏，看來楚楚可憐。服務生好像重新發現她似的讚了一聲：

「喲！卡水！」

她的臉孔微微一紅，我問她：

「林小姐，你今年十幾？」

「二十。」她清脆地回答。

我以爲她只有十七八歲，看不出她已經二十，服務生聽了向我一笑：

「正是一朶花，先生，你打斷了人家的財路！」

「人不是猪，他怎麼可以隨便買賣？」我對服務生說。

服務生看看我的臉色不對，馬上陪個笑臉：

「先生，我們女人生來薄命，要不是這樣賣來賣去，你們男人玩什麼？」

服務生在這種地方躭的太久，她也是靠這種可憐虫吃飯的人，近墨者黑，見怪不怪，我責備她也無益，因此我轉問林月：

「你家在那裏？」

「楠梓。」

「楠梓離這裏不遠，那人爲什麼不直接把妳帶到台北，反而在岡山過夜？」

「先生，他是壞人，不存好心。」她又哭泣起來。

我怕她也把我看作壞人，隨即把黑眼鏡摘下來，放進香港衫口袋。她注視了我一下，臉上彷彿有一股喜悅和信任。我想到她說的那個壞人可能再來，不能不作準備，我輕輕地問服務生：

「妳有沒有打狗棍？」

她望着我，似笑非笑，又故意搖搖頭。我又對她說：

「隨便找件什麼東西給我！」

「你準備打架？」她歪着頭問我。

「我不能不保護她！」我指指林月，又指指自己：「我也不能等着挨揍。」

「我們開旅舘的只求平安，不想惹事。」她帶着幾分警告口氣說。

「要想平安，如果他們來了妳最好先報警。」

「我不敢惹那種人。」她用力搖頭。

「妳不敢惹他們，以爲我很好惹？」我故意威脅她。

她打量我一眼，退後一步，陪着笑臉勸我：

「先生，你是過路客人，最好別管這件事。」

「我不能讓她被人賣進綠燈戶，」我指指林月說：「何況我已經管了，不能再打退堂鼓。」

「先生，這件事眞使我們左右爲難！」她皺着眉說。

「眞怕出事，妳就報警；要是林月被他們搶去，我就告你們勾結歹人。」我怕我一個人保護不了林月，又威嚇她說。

她被我嚇住，怔了半天，突然對我說：

「先生，我找樣東西你防身。不過有話好說，不到萬不得已不要動手。」

我點點頭，我先是想保護林月，並不想打架。只是度過今天晚上，明天我準備護送她去婦女會，這樣我就盡了責任。

服務生看我點頭，高興地一笑，連忙轉身跑到甬道口那間她們住的榻榻米房間的樓板底下抽出一根兩三尺長的廢舊自來水管，雙手遞給我，懇求地說：

「先生，說眞的，這只是防而不備，千萬不要打架，這東西也可以打死人的。」

我把水管在牆上敲敲，發出錚錚的聲音。我故意對服務生說：

「要是那傢伙想來搶林小姐，我會要他的腦殼開花！」

服務生馬上臉色泛白，我對房裏的林小姐說：

「林小姐，關門睡覺，一切明天再說。」

說完我就轉身預備回到自巳的房間。林月突然跑下床急切地說：

「先生，我怕，請你別走。」

「林小姐，我不能整夜站在妳房門口。」我笑着回答。

「請你在我房裏睡，我怕……」

「林小姐，這怎麼成？」

「那我躲在你的房裏？……」

「同樣是瓜田李下……」

林月紅着臉不知道如何是好？服務生在旁邊暗笑。我安慰她說：

「妳關門睡覺好了，要是那傢伙敲門，妳就叫我。」

「先生，要是叫你不醒那怎麼辦？」她哭喪着臉說，聲音有點發抖。

「放心，我不會睡得那麼死。」

說完我就進房，林月連忙關上房門，生怕那傢伙闖進去似的。

服務生站在我房門口，似笑非笑地望着我，我問她還有什麼事？她調侃地說：

「先前我替你介紹小姐你說沒有錢，這位自己送上門你又不要，我看你這人眞迂！」

我不甘心被她取笑，馬上以牙還牙：

「要是妳肯免費，我不拒絕。」

「該死！」她右手向我一指，調轉頭就跑。

我哈哈大笑，把水管在牆上用力一敲，大聲對她說：

「這東西也可以打死人！」

她頭也不回。我小心地把門關上。

我把水管放在枕頭底下，和衣躺在床上，看看手錶，已經十二點二十五分，在平時我早已呼呼大睡，此刻却毫無睡意，我眞怕那傢伙找了幫手來尋仇，到了口的肥肉他怎麼肯這樣放棄？眞把林月帶到台北，賣給綠燈戶，那他準可以大賺一筆，如果他一直帶林月坐夜車去台北，也不會碰上我，出這個岔子，偏偏那傢伙見色起意，不存好心，結果對他對我都是個大麻煩。

我睡不着，在床上翻來覆去；想開收音機，這時各電台都已停播，收聽不到任何節目，只好瞪着眼睛望着天花板，天花板上有兩隻壁虎在追逐，吱吱地叫，一隻小一點的在前面跑，驚驚慌慌，也許那是一隻母的？這情形有點像林月；望望窗外，窗外的燈火沒有先前那樣輝煌，也很少人聲，車聲，市面漸漸沉靜。

林月在隔壁房間唉聲嘆氣，我的床靠着牆壁，我的頭又睡在這邊，她的聲音雖然不大，我還是聽的很清楚，聽得見她心裏那種委屈幽怨混合着驚恐，我猜得出她沒有睡，是坐着的。難道眞像服務生說的女人都生來薄命？林月爲什麼遇着那樣的養父？爲什麼這樣命苦？要不是陰錯陽差住在我的隔壁，現在早已被那傢伙糟踏了，以後的神女生涯自然更苦。

我左思右想，不能入睡，突然林月貼着牆壁輕輕地喚我：

「先生，先生，你也沒有睡？……」

「沒有。」我也輕輕回答。

「眞對不起，我不知道怎樣感激你？」

「是我遇上的，不必感激。」

「要不是你先生熱心腸，我這一輩子就在今夜完了！」

「也許妳的命不該那樣？」

「先生，我是黃蓮命，……」抽抽嗒嗒的聲音。

我最怕女人哭，她一哭我更心煩意亂。我對她說：

「林小姐，不要再哭，過了荒年有時年，也許妳以後會走好運。」

她嘆了一口氣，停止哭泣，過了一會兒說：

「謝謝你，你這樣的大恩，我還沒有請敎貴姓？」

「我姓李，木子李。」

「李先生，你眞是一位救星。」

「事情還說不定：：：」夜長夢多，我正躭心那傢伙會來把她搶走，不禁衝口而出，一說出口我又連忙止住，我怕增加她的恐懼。

突然甬道那頭響起了脚步聲，我連忙抓起水管，翻身坐起。林月驚恐地挺着牆壁：

「李先生！有人！有人！：：：」

「妳把門關緊，我有準備。」

她跑到門邊，試了試門拴，又跑回原處急切地對我說：

「李先生，我怕！你可不可以過來？」

「不必，我在這裏更好照顧妳。」我怕她礙手礙脚。

脚步聲一步步走近，我的心猛烈地跳起來。林月抖着聲音說：

「李先生，我怕！我怕！我躲到你房裏好不好？」

「不要過來，鑽到床底下去！」我吩咐她。

她很聽話，我聽到她迅速地往床底下爬。我也悄悄地走到門邊，雙手握緊水管，我的血管在膨脹，心快要跳出來。

脚步突然在甬道中間停住，隨後聽見開門的聲音，大概是一〇三或是一〇四號房間的客人回來，我知道是一場虛驚，但我還不敢大意，我怕那傢伙使詭計，他不是個笨人。過了很久沒有動靜，我才敲敲牆壁說：

「林小姐，現在可以出來。」

我聽見爬動的聲音，隨後林月喘着氣貼着牆壁說：

「李先生，不是他。」

「看樣子不是？」

她長長地吁了一口氣，唸了一聲「阿彌陀佛。」

「林小姐，兩點多了，妳睡覺吧，我會照顧妳。」

「我睡不着，李先生，你睡吧，有事我會叫你。」

爲了使她安心，我只好裝睡。但躺上床不久，我眞的睡着了。

在睡夢中我突然聽見有人剝剝地敲門，我抓起水管，一躍而起，兩步衝到門邊，沉聲喝問：

「誰？」

「是我。」服務生輕鬆地回答，有點調侃的意味。

我把門拉開，她看我一手舉起水管，嗤的一笑，我看外面沒有人，也笑着問她：

「那傢伙沒有來？」

「來了，一隊三個。」她賣弄地說：「還帶了刀。」

「他們怎麼不上樓？」

「我把他們嚇走了。」她得意地說。

「瞎吹牛！」我白了她一眼。

「不是吹牛。我騙他們說你報了警，警察正埋在你們兩人的房間，張網捕魚。他們聽了掉頭就跑。」

「阿巴嫂！你是吃這行飯的角色！」我大手在她肩上一拍。

她故意把身子一扭，白我一眼：

「先生，放尊重一點，不要動手動脚。」

我馬上從褲子口袋裏摸出五十塊錢，往她手上一塞：

「給妳買枝口紅，小意思。」

我這樣的大手面顯然出乎她的意外，她怔了一下，馬上眉開眼笑地說：

「多謝，多謝！你先生眞是個好人！」

「好人都死光了，活着的都不是好人！」

我把她往外一推，她抱着熱水瓶笑嘻嘻地走了。

林月打開門，走到我的房門口，站在我的面前，她頭髮上有灰塵，眼睛更紅，臉色更白，一副楚楚可憐的樣子。

「妳昨天晚上沒有睡？」

她點點頭。我勸她去睡一會兒，她不肯。我洗臉，她也跟着我洗臉；我上廁所出來，又發現他站在廁所門口；我走進房間，她又站在我房門口；她如影隨形地跟着我，生怕我跑掉似的。我知道她是驚弓之鳥，便對她說：

「林小姐，妳去收拾一下，我們一道離開旅舘。」

「李先生，我身上一文錢都沒有，我付不出旅舘錢。」她紅着臉說。

「我代妳付好了。」三十塊錢一夜，我還付得出。

「謝謝你。」她眼圈一紅，滾出兩顆眼淚。

她去房間收拾東西，我迅速地穿好衣服，提着公文包出來，她提着一個小包袱，站在房門口等我。

我把兩間房錢交給服務生，服務生笑着打量我們一眼，又奉承我兩句：

「你眞是好人，好心定有好報。」

我知道是那五十塊錢的小賬換來這句話的，我領先下樓，她又在後面送來一句話：

「李先生，不要錯過了好機會。」

我帶着林月走出旅舘，我走一步，她跟一步，她像是我的影子。

「我們先吃早點，然後我陪妳去婦女會。」我把昨天晚上的計劃告訴她。

「不，我不去婦女會。」她用力搖頭。

「婦女會會保護妳，妳怎麼不去？」我奇怪地望着她。

「只有你能保護我，我什麼地方也不去。」

「我的力量有限，而且我一辦好公事馬上就回台北。」

「我跟你去台北。」

「那怎麼行？」我吃公家的大伙食，住公家的單身宿舍，一個月只有幾百塊錢，她跟我到台北，我把她怎麼安置？

「你既然救了我，總不忍心又把我拋掉？」她望着我眼圈發紅，臉也發紅。

「林小姐，本來送佛應該送到西天。可是我的收入太少，吃在嘴裏，穿在身上，台北那種地方處處要錢……」

「我不聾不瞎，有手有脚，我可以做事，不要你負擔。」

「妳的意思是——？」我望着她，不能確定她話裡的意思。

「我決定跟你。」她臉一紅，頭一低，囁嚅地說：「希望你不嫌我醜，不嫌我沒有知識。」

她的話使我又驚又喜，我不知道她怎麼會起這個主意？我覺得她十分純潔天眞，故意開她的玩笑。

「台北不是好地方，妳不躭心我把妳賣掉？」

「不會，不會，你不是那種人！」她笑着搖頭。我第一次看見她笑，笑的很嫵媚。

吃過早點，我要去辦未完的公事，叫她坐在派出所對面的豆漿店等我，她不肯，一定要跟着我走。

「放心，我不會跑掉。」我笑着對她說。

「好不容易度過一夜難關，一離開你我就害怕。」她說。

我只好帶着她走，她手裏提着小包袱，她却變成了我的大包袱。公事很快辦好。她在大門外等我，一看見我出來，好像見了幾年不見的親人似的高興，使我不忍以任何理由撇下她。好在台北有養女會，婦女教養院之類的機構，我把她帶到台北放在同事張僘家裏擠一兩天再看。

我自己有一張普通車票，我身上的錢勉強可以替她買張普通車票。上了火車，離開岡山，她彷彿離開了魔窟一般高興，慢車人多，車上已經沒有座位，我們擠在廁所旁邊，她緊緊地靠着我。

車到台北，我直接帶她去張僘家裏。張僘住的是眷屬宿舍，他們兩夫妻和我的感情很好，我想讓林月和他們的大女兒一床睡。

我們到張僘家時，他們正在吃晚飯。他們兩夫妻看我帶着林月十分驚奇，我略略介紹了一下就把他們兩夫妻拉到厨房裏，把經過情形詳細說出來。他們兩人聽了好笑，最後我說：

「我想讓她暫時打擾你們一下，我再想辦法把她送進婦女教養院去。」

「傻瓜！」張僘在我肩上一拍：「這眞是天作之合！逆天不祥，你怎麼可以把她往外送？」

「我實在無力養家活口，何必讓她跟着我受窮罪？」

「船到橋頭自然直。」張太太接嘴：「我看林小姐人頂好的，你千萬不要錯過了這個機會！」

「我替你邀三四千塊錢的單刀會，你們到法院去公證一下，不必請酒，這樣就可以湊合成個家。」張敞熱情地說。

「李先生，不要三心二意，就是這麼辦！」張太太打邊鼓。「人家既然看中了你，又無依無靠，你好意思不娶她？」

「老弟，這是一樁奇緣，也是好心好報。成家的事包在我身上好了！」張敞拍拍胸脯。

「李先生，我看你轉運了。」張太太笑着說。

我們三人一道出來。張太太對林月特別親熱，她一面張羅我們吃飯，一面笑着對林月說：

「林小姐，你們的事我完全知道，在我家裏和妳自已家裏一樣，不要見外。過幾天再吃你們的喜酒。」

林月望了我一眼，從臉一直紅到耳根脖子上，顯得人比花嬌。

鐵傘黑驢

一

九龍溝是個聚族而居的大村，有幾百戶人家。原先此地是個强徒出沒的偏僻之地，龍從雲的遠祖九兄弟身强力壯，又都有幾手武藝，便在此地屯墾落籍。覬覦他們的强徒，吃過幾次大虧之後就不敢再犯，他們也替此地取了個名字「九龍溝」。龍家為了自保，所以世代相傳，龍氏子孫也都會幾手武藝。傳到龍從雲這一代，以龍從雲的武藝最高。不少高手來向他挑戰，都鎩羽而去。不過龍從雲不是個好勇鬥狠的人，年齡越大，越含蓄謙虛。他常常告誡子侄們說：「天下只有第七，沒有第一。」又引用韓非子的話：「儒以文亂法，俠以武犯禁。」教訓子侄們不可惹事生非。但是他又急公好義，兼之排行老大，所以得了一個「龍大俠」的外號。

龍從雲五十大壽這天，在祠堂裡筵開十餘席。正在興高彩烈的時候，突然來了一個又醜又髒白眉白鬚的糟老頭子，在祠堂門口高聲求見。親戚朋友怕這糟老頭子掃了龍從雲的興，有人自動出來把糟老頭子趕走，糟老頭子出言不遜，一定要見，龍從雲只好親自下席來見他。糟老頭子打量了龍從雲一眼，問：

「你是龍從雲龍大俠？」

「不敢，在下就是龍從雲。」龍從雲謙虛地回答。

糟老頭子從懷裡摸出一封紅紙拜帖，雙手遞給他，他打開一看，第一句話寫着「在下武鎮龍」，他倒退兩步，打量糟老頭子兩眼，凝神地問：

「閣下就是武朋友嗎？」

「不，」糟老頭子搖搖頭：「我是他的老奴。」

龍從雲哦了一聲，又繼續看下去：

「在下武鎮龍，雲遊天下，訪師求友。今到貴地，耳食大名，特來求教。請約定時間地點，以便準時赴會。」

龍從雲對「武鎮龍」這個名字，有點反感。他以前沒有聽過這名字，怎麼會突然冒出這個人來？而且這三個字又彷彿故意觸他的霉頭。但他到底是個有修養的人，心裡的不快，沒有掛在臉上。反而謙虛地對糟老頭說：

「老管家，請你轉告武朋友：在下年老力衰，早已封手，請武朋友另訪高明，恕在下不能奉陪。」說完卽將拜帖給糟老頭。

糟老頭不肯接受，振振有詞地說：

「龍大俠，你是大名鼎鼎的高手，敝東人不遠千里而來，特爲求教，如果你不接受拜帖，老奴無法交差。」

「老管家，你先把紅帖帶回去，我決不使你爲難，改天我備桌水酒，替武朋友接風，請他原諒老朽不能奉陪。」龍從雲說，隨後又問：「請問武朋友住在什麼地方？我好回拜。」

「敝東是個怪人，行踪不定，連老奴也不知道，有事他就找我。」糟老頭說。

「這就恕我失禮了。」龍從雲拱拱手，又把拜帖交還糟老頭。

糟老頭子一閃，飄退三尺，朗聲調侃：

「龍大俠，如果你不接受拜帖，豈不怕天下英雄恥笑？」

龍從雲也朗聲一笑，不亢不卑地回答：

「老管家，我龍某人安份守已，不逞英雄，自然不怕英雄恥笑。你要是不肯把拜帖帶回去，就暫時存放在老朽這裡，先進來喝杯水酒如何？」

「照理本當進去拜壽，無奈老奴一身髒臭，不敢叨擾。」糟老頭說。

這時已經有不少人站在龍從雲身後，看這糟老頭放肆無狀，有點不平。龍從雲的兒子龍元甲，年少氣盛，忍耐不住，便對龍從雲說：

「爹，進去喝酒，別和這老傢伙囉嗦！」

糟老頭向龍元甲兩眼一瞪。龍從雲連忙喝兒子一聲：

「對長輩不得無禮！」

說完隨卽摸出兩塊龍洋，遞給糟老頭，客氣地說：

「老管家既然不願進去喝杯水酒，在下只好折現，請老管家自由自便。」

糟老頭一手接過一塊龍洋，食指和姆指隨便一挾，兩塊龍洋都摺疊起來。大家不禁啊了一聲。

糟老頭隨卽在懷裡一摸，摸出一錠銀元寶，對龍從雲說：

「今天是龍大俠五十大壽，敝東人囑咐老奴奉上一份薄儀，老奴差點忘了，請少君代收吧！」

話音未了，一錠元寶便如疾矢般地向龍元甲臉上飛來，龍元甲閃避不及，想不到龍從雲隨手一抄，握在掌心。糟老頭一笑說：

「龍大俠眞的名不虛傳，難怪敝東人要想討教。」

「豈敢，豈敢！」龍從雲雙手拱了幾下：「就憑老管家這兩手，我龍從雲也自愧不如，更不用說武朋友本人了。」

「好說，好說！今天算老奴空跑一趟，回去免不了一頓責駡。敝東人一向任性，不達目的不休，說不定他會親自登門討教。」糟老頭說。

「請老管家在武朋友面前包涵包涵，就說我龍某人確是老朽，不如另訪高明。」龍從雲拱拱手說。

「多謝龍大俠的厚償！」糟老頭也向龍從雲拱拱手說：「老奴告辭了。」

他一邊說，一邊後退，比人家向前走還快好幾倍。

大家呆呆地望着他，鴉雀無聲。直到不見人影，才有人說：

「想不到這糟老頭也有幾手。」

龍從雲轉向龍元甲，教訓他說：

「以後不可以再冒冒失失！今天差點吃眼前虧！」

龍元甲低着頭不敢作聲。

龍從雲邀大家重新入席。剛才那糟老頭使大家心裡長了一個疙瘩，喝了一會悶酒，沒有講話，還是龍從雲自己打破沉悶：

「眞是無巧不成書。」龍從雲摸出拜帖邊看邊笑：「我們姓龍，偏偏就有一個武鎭龍，彷彿是我們的尅星。」

「大哥，你何必那麼客氣？」龍從雲的三弟龍從雨說：「武鎭龍既然這麼狂，那糟老頭又如此放肆，你要是答應他比武，也好乘機教訓他們一頓，免得長了他們的志氣，還以爲你眞怕他。」

「老三，饒人不是痴漢，痴漢不會饒人。」龍從雲望着龍從雨說：「我年紀大了，如果我教訓了他，不過是徒然結怨，以後的麻煩可多，你們自問有誰是他的對手？」

龍從雨和子侄們都默不作聲。他們知道沒有一個人能趕上龍從雲。對付糟老頭都有問題，何況那未露面的主人？

別人搭訕地接過龍從雲手中的拜帖看看，你傳我，我傳你，傳到龍從雲的小舅子吳振東手裡，他掠了一眼，右手突然在桌上一拍：

「這主僕二人也實在太狂！」

「來者不善，善者不來。」龍從雲說：「以前到九龍溝來找我的，又有哪一個是弱者？」

「可都沒有武鎮龍這麼狂！」

「他既是雲遊天下，本領自然很大，當然沒有把我放在眼裡。」龍從雲說。

「這口氣實在不大好受，」吳振東說：「要是那糟老頭未走，我倒要教訓教訓他。」

「你可知道打狗欺主？」龍從雲問他。

「姐夫，你既不接受武鎮龍的挑戰，又讓那糟老頭奚落一頓，傳出去了豈不有損你一世的英名？」

「我不像你們年輕人好勝，我倒不在乎這身外之名。」龍從雲笑着喝了一口酒，又舉起杯子向大家說了一聲「請！」大家都舉起杯子喝了一大口。

「大哥，我有一點疑問。」龍從雨放下酒杯，站起來說。

「你有什麼疑問？」龍從雲說。

「武鎮龍那小子既然窮吹雲遊天下，要眞是有頭有臉的人物，爲什麼我們從來沒有聽說過？」

「這也難怪，」龍從雲淡然一笑：「說不定是初出道兒的，所以才這樣盛氣凌人；要不然就是我們實在孤陋寡聞。天下太大，我們不知道的事兒多的很，豈止武鎮龍這個人？」

「大哥，照你看，武鎮龍會不會就這樣罷了？」龍從雨又問。

「這倒難說。」龍從雲摸摸下顎，沉吟了一會。

「那我們倒要防防他偷鷄摸狗。」

「他既然公開挑戰，諒他們不會破壞武林規矩。」龍從雲說。

大家又交談了一會，吃了點酒菜，草草結束。龍從雨站起來對大家說：

「今天大哥生日，想不到被那糟老頭掃了興，我帶着子侄分到院子裏練幾趟拳脚助助興，答謝諸位至親好友。」

龍從雨雙手拍了幾下，五六個年輕人都走到他跟前來，他吩咐他們說：

「各人去換衣服，到院子裏集合。」

年輕人馬上四散，他自己也去換了一身黑短上衣燈籠褲，首先來到院中。

龍家的院子是個四合院，比一般人家晒場還大，青石板地，整整齊齊。周圍是房屋走廊。閒時龍從雲就坐在走廊上看兄弟子侄們在院中練武，他隨時指點，間或下場去示範一下。

龍元甲和兄弟輩都換短裝下場，龍從雲陪着親戚朋友和族中長老坐在走廊中的石欖上觀看。

龍從雨帶着子侄們先練了幾趟拳脚，再練兵器，也表演了幾手龍家秘傳鐵沙掌，親戚朋友交口稱讚。

「憑他們這身武藝，你也該讓他們去外面闖闖，揚揚名聲。」龍從雲的兒女親家胡大爹說。

「親家，人外有人，天外有天，他們還差得遠！何必出去丢人現眼？」

「武鎮龍既然向你挑戰，你不妨乘這個機會讓他們磨練磨練，何必一口謝絕？」

「親家，比武不是兒戲，非死卽傷。我知道他們沒有一個是人家的對手，怎麽能送羊入虎口？」

「你太把自己看扁了！」

「親家，恕我說句放肆的話。會看的看門道，不會看的看熱鬧。你不是習武的，看了他們的花拳繡腿，就以爲了不得，其實只能唬唬外行，都不到火候。」

「那武功一道不是太難？」

「比十載寒窗艱苦多了！」龍從雲無限感慨：「我八歲習武，現在五十了，不過浪得一點虛名，比起前輩高手，眞算不了什麽。」

龍從雨忽然在場中率着子侄們向大家抱拳拱手，說聲「献醜，献醜。」就結束了這場餘興。

龍從雲也向大家抱拳拱手說：

「今天賤辰，承諸位至親好友本家，來寒舍熱鬧熱鬧，十分感謝。至於武鎮龍投帖比武的事，請諸位包涵，包涵！遮醜，遮醜！」

二

客人散後，龍從雲心裏暗自尋思，這武鎮龍到底是怎樣的人物？以前向他挑戰的都是親自前來，當面講好，態度都很客氣。惟有這武鎮龍倨傲不恭，打發下人來投帖，而且存心戲弄，有意激怒他。要是在二十年前，他會當面教訓那糟老頭幾句，要他主人馬上前來見個高低。現在自己的修養雖然已經爐火純青，但武鎮龍的武藝却莫測高深，要是他再親自前來挑戰，那非接受不可。顯然，武鎮龍對於自己的武藝早已打聽清楚，他對武鎮龍却一無所知，要是眞的比畫起來，那很不利。

睡覺以前，他獨自在黑暗中練了一會拳脚氣功。鷄叫以後，他又照例起來打坐練功。然後戴頂破草帽，換身破衣破鞋，從鍋底下抹了一把鍋烟，在臉上抹了幾下，出去明察暗訪，看看縣城裡面和附近鄉鎮有沒有什麼高手出現？習武的闖蕩江湖的方式往往是街頭賣藝，武鎭龍自然也不會例外，除非他是王孫公子。

他先到附近的鄉鎭走走，看看沒有什麼動靜，也沒有聽人談起有什麼賣跌打損傷膏藥的，他便轉到縣城裏來。

茶舘是打聽消息的好地方。誰家老婆偸人？誰家公公爬灰？都會在茶舘裏傳開來。江湖賣藝的更是熱門新聞。

他先到東門一家大茶舘坐下，沒有人認出他，他暗自高興。他肚子很餓，向提着花籃子的小姑娘買了一斤炒花生，一筒芝蔴餅，一面吃喝，一面留心聽別人的談話。吃飽喝足之後，還沒有聽到一點消息，倒是聽了不少葷話和桃色新聞。

以後他又跑了兩家茶舘，聽到一點消息。他跑到能仁寺去看，廣場上果然有個赤膊賣藝的中年人，只說不練，他暗暗打聽他是不是武鎭龍？結果不是。但他還是耐性地等到他練拳，練刀，看看沒有什麼稀奇。正想要走，他身邊一個青年人說武廟有個賣藝的老頭子比這人强得多，他就跟着這青年人一道去武廟。果然青石板的廣場上圍了很多人，他擠進去看，原來就是昨天下帖的那個糟老頭。

糟老頭正在耍六合刀，的確不同凡响，刀風虎虎，身子輕靈，完全不像一個老頭子。隨後他又表演了一套猴拳，一套兩儀劍，覺得這糟老頭眞是個高手。因此也更加就心，僕人如此，那不露面的武鎭龍當然更高了。

他擠在人羣中觀看，糟老頭沒有發現他，他直看到糟老頭表演完畢，從頭上取下破氈帽，仰過來向觀衆討錢時他才悄悄離開。

此時正是夕陽西下，晚霞滿天，龍從雲出了東門，踽踽獨行，心裡有點懊喪。天亮前悄悄離家，在外面明査暗訪了一整天，只看到那糟老頭，武鎭龍却眞人不露相，實在有點蹊蹺。至於另一位賣藝的中年人，他以爲決不會是武鎭龍，憑他那點本領，還不是他兒子龍元甲的對手，自然不敢狂妄到向他挑戰，所以他根本沒有把那中年人放在心上。

縣城離九龍溝有五十華里，他走了十來里路就天黑了。無星無月，路上很少人。北風呼呼。中途要經過一座斷魂嶺，嶺上野狼出沒，冬天傷害人畜更多，所以得了這麼一個惡名。因此行人決不敢單獨夜過斷魂嶺，年輕的漢子也要十個八個結伴同行，手上還要提着馬燈、扁担、棍棒之類的東西，準備隨時應變。龍從雲因爲仗着一身武功，經常在這座山嶺獨來獨往。這天他自然也不在乎。

　　他耳聰目明，上嶺時更快如猿猴，只聽見狼嗥，沒有發現惡狼擋路。下嶺時他發現路邊松樹林中有兩團大小如彈珠的慘綠光亮，他知道那是一個大狼。他身上雖然有幾粒鐵彈子，但他不願意浪費，仍然行雲流水般地下山。

　　不久他聽見後面有極輕微的脚步聲，要是普通人眞聽不出來。他知道是那頭大狼跟踪他。他快狼也快，他慢狼也慢，如影隨形。他心裡好笑，暗罵了一聲「畜牲」，故意把脚步一停。他肩上立刻搭上兩樣東西，彷彿有人從後面拍他的肩膊。他知道這是狼的詭計，誘他回頭，牠好一口咬住咽喉。他偏不回頭，故意僵在那裡，狼嘴裡呼出的熱氣，噴到他後頸窩上，癢癢的。但他仍然凝神屏息，木立不動。狼等得有點不耐，他突然感到牠兩隻前脚一按，他右掌立刻向頸後反拍，狼的尖嘴向後頸窩一撞，輕嗥了一下，咚的一聲倒在路邊。他罵一句「該死的畜牲！」隨手提起狼的兩隻後腿，往肩上一摺，一口氣趕回家。

　　家人一天不見他，心裡有點納罕。看他這身打扮，又揹着一隻死狼回來，都眉開眼笑。龍元甲問他：

「爹，你怎麼這樣打扮？」

「出去有點事兒？」龍從雲回答。

「大哥，你是不是出去暗訪武鎭龍那小子？」龍從雨問。

　　龍從雲點點頭，把狼往院子角落裡一摺，擲出七八丈遠。

（未完）

墨人補記

本集最後一篇短篇小說〈鐵傘〉原發表是偽滿和香港今日世界雜誌三九七期三九八期發現的剪上中兩期連載，三九九期雜誌缺失，是我唯一不完整的一個短篇小說，是五十多年前的作品，對個人的文學創作生涯，是一個圓缺陷，但我決定收在〈金傘〉代中短篇小說集最後面，作為警惕。我的一生並不甚滿，讓這篇小說作個註腳。我早年那個時代還有「現代化」，更沒有異化。就讓它留下一點陰影吧。

民國九十七年二月十一日下午四時十五分於紅塵寄廬

筆名是紅州司馬，我生於江州，是白居易寫〈琵琶行〉的地方，這是我另一筆名。

墨人博士著作書目（校正版）

書目	類別	出版者	出版時間
一、自由的火焰 ⎫ 與《山之禮讚》合併	詩集	自印（左營）	民國三十九年（一九五〇）
二、哀祖國 ⎭ 易名《墨人新詩集》	詩集	大江出版社（臺北）	民國四十一年（一九五二）
三、最後的選擇	短篇小說	百成書店（高雄）	民國四十二年（一九五三）
四、閃爍的星辰	長篇小說	大業書店（高雄）	民國四十二年（一九五三）
五、黑森林	長篇小說	香港亞洲社	民國四十四年（一九五五）
六、魔障	長篇小說	暢流半月刊（臺北）	民國四十七年（一九五八）
七、孤島長虹（全集中易名爲富國島）	長篇小說	文壇社（臺北）	民國四十八年（一九五九）
八、古樹春藤	中篇小說	九龍東方社	民國五十一年（一九六二）
九、花嫁	短篇小說	九龍東方社	民國五十三年（一九六四）
一〇、水仙花	短篇小說	長城出版社（高雄）	民國五十三年（一九六四）
一一、白夢蘭	短篇小說	長城出版社（高雄）	民國五十三年（一九六四）
一二、颱風之夜	短篇小說	長城出版社（高雄）	民國五十三年（一九六四）

一三、白雪青山　長篇小說　長城出版社（高雄）　民國五十四年（一九六五）
一四、春梅小史　長篇小說　長城出版社（高雄）　民國五十四年（一九六五）
一五、洛陽花似錦　長篇小說　長城出版社（高雄）　民國五十四年（一九六五）
一六、東風無力百花殘　長篇小說　長城出版社（高雄）　民國五十四年（一九六五）
一七、合家歡　長篇小說　臺灣省新聞處（臺中）　民國五十四年（一九六五）
一八、紅樓夢的寫作技巧　文學理論　臺灣商務印書館（臺北）　民國五十五年（一九六六）
一九、塞外　短篇小說　臺灣商務印書館（臺北）　民國五十五年（一九六六）
二〇、碎心記　長篇小說　小說創作社（臺北）　民國五十六年（一九六七）
二一、靈姑　長篇小說　小說創作社（臺北）　民國五十七年（一九六八）
二二、鱗爪集　散　文　水牛出版社（臺北）　民國五十七年（一九六八）
二三、青雲路　短篇小說　臺灣商務印書館（臺北）　民國五十八年（一九六九）
二四、變性記　短篇小說　臺灣商務印書館（臺北）　民國五十八年（一九六九）
二五、龍鳳傳　長篇小說　幼獅書店（臺北）　民國五十九年（一九七〇）
二六、火樹銀花　長篇小說　立志出版社（臺北）　民國五十九年（一九七〇）
二七、浮生集　散　文　聞道出版社（臺南）　民國六十一年（一九七二）
二八、墨人詩選　詩　集　臺灣中華書局（臺北）　民國六十一年（一九七二）
二九、鳳凰谷　長篇小說　臺灣中華書局（臺北）　民國六十一年（一九七二）

三〇、墨人短篇小說選　短篇小說　臺灣中華書局（臺北）　民國六十一年（一九七二）
三一、斷腸人　短篇小說　臺灣學生書局（臺北）　民國六十一年（一九七二）
三二、詩人革命家胡漢民傳　傳記小說　近代中國社（臺北）　民國六十七年（一九七八）
三三、心猿　長篇小說　學人文化公司（臺北）　民國六十八年（一九七九）
三四、山之禮讚　詩　集　秋水詩刊（臺北）　民國六十九年（一九八〇）
三五、心在山林　散　文　中華日報社（臺北）　民國六十九年（一九八〇）
三六、墨人散文集　散　文　學人文化公司（臺中）　民國六十九年（一九八〇）
三七、山中人語　散　文　臺灣商務印書館（臺北）　民國七十二年（一九八三）
三八、花市　散　文　江山出版社（臺北）　民國七十四年（一九八五）
三九、三更燈火五更雞　散　文　江山出版社（臺北）　民國七十四年（一九八五）
四〇、墨人絕律詩集　詩　集　臺灣商務印書館（臺北）　民國七十六年（一九八七）
四一、全唐詩尋幽探微　文學理論　臺灣商務印書館（臺北）　民國七十六年（一九八七）
四二、第二春　短篇小說　采風出版社（臺北）　民國七十七年（一九八八）
四三、全唐宋詞尋幽探微　文學理論　臺灣商務印書館（臺北）　民國七十八年（一九八九）
四四、小園昨夜又東風　散　文　黎明文化公司（臺北）　民國八　十年（一九九一）
四五、紅塵（上、中、下三卷）　長篇小說　臺灣新生報社（臺北）　民國八　十年（一九九一）
四六、大陸文學之旅　散　文　文史哲出版社（臺北）　民國八十一年（一九九二）

四七、紅塵續集　長篇小說　臺灣新生報社（臺北）　民國八十二年（一九九三）
四八、墨人半世紀詩選　詩　選　文史哲出版社（臺北）　民國八十四年（一九九五）
四九、張本紅樓夢（上下兩巨冊）　修訂批註　湖南出版社（長沙）　民國八十五年（一九九六）
五〇、紅塵心語　散　文　圓明出版社（臺北）　民國八十五年（一九九六）
五一、年年作客伴寒窗　散　文　中天出版社（臺北）　民國八十六年（一九九七）
五二、全宋詩尋幽探微　文學理論　文史哲出版社（臺北）　民國八十九年（二〇〇〇）
五三、墨人詩詞詩話　詩詞・理論　詩藝文出版社（臺北）　民國八十九年（二〇〇〇）
五四、娑婆世界（定本）　長篇小說　昭明出版社（臺北）　民國八十八年（一九九九）
五五、白雪青山（定本）　長篇小說　昭明出版社（臺北）　民國八十九年（二〇〇〇）
五六、滾滾長江（定本）　長篇小說　昭明出版社（臺北）　民國八十九年（二〇〇〇）
五七、春梅小史（定本）　長篇小說　昭明出版社（臺北）　民國八十九年（二〇〇〇）
五八、紫燕（定本）　長篇小說　昭明出版社（臺北）　民國九　十年（二〇〇一）
五九、紅樓夢的寫作技巧（定本）　文學理論　昭明出版社（臺北）　民國九　十年（二〇〇一）
六〇、紅塵六卷（定本）　長篇小說　昭明出版社（臺北）　民國九　十年（二〇〇一）
六一、紅塵法文本　巴黎友豐（you fonq）書局出版　二〇〇四年初版

附註：

▲北京中國文聯出版社　二〇〇三年出版　大陸教授羅龍炎・王雅清合著《紅塵》論專書

▲臺北市昭明出版社出版墨人一系列代表作，長篇小說《娑婆世界》、一百九十多萬字的空前大長篇《紅塵》（中法文本共出五版）暨《白雪青山》（兩岸共出六版）、《滾滾長紅》、《春梅小史》、《紫燕》，短篇小說集、文學理論《紅樓夢的寫作技巧》（兩岸共出十四版）等書。臺灣中華書局出版的《墨人自選集》共五大冊，收入長篇小說《白雪青山》、《靈姑》、《鳳凰谷》、《江水悠悠》（爲《東風無力百花殘》易名）、《短篇小說．詩選》合集。《哀祖國》及《合家歡》皆由高雄大業書店再版。臺北詩藝文出版社出版的《墨人詩詞詩話》創作理論兼備，爲「五四」以來詩人、作家所未有者。

▲臺灣商務印書館於民國七十三年七月出版先留英後留美哲學博士程石泉、宋瑞等數十人的評論專集《論墨人及其作品》上、下兩冊。

▲《白雪青山》於民國七十八年（一九八九）由臺北大地出版社第三版。

▲臺北中國詩歌藝術學會於一九九五年五月出版《十三家論文》論《墨人半世紀詩選》。

▲《紅塵》於民國七十九年（一九九〇）五月由大陸黃河文化出版社出版前五十四章（香港登記，深圳市印行）。大陸因未有書號未公開發行僅供墨人「大陸文學之旅」時與會作家座談時參考。

▲北京中國文聯出版公司於一九九二年十二月出版長篇小說《春梅小史》（易名《也無風雨也無晴》）；一九九三年四月出版《紅樓夢的寫作技巧》。

▲北京中國社會科學出版社於一九九四年出版散文集《浮生小趣》。

▲北京群衆出版社於一九九五年一月出版散文集《小園昨夜又東風》；一九九五年十月京華出版社出

版長篇小說《白雪青山》大陸版，第一版三千冊，一九九七年八月再版一萬冊。

▲長沙湖南出版社於一九九六年一月初出版墨人費時十多年精心修訂批註的《張本紅樓夢》，分上下兩大冊精裝一萬一千套。立即銷完、因未經墨人親校，難免疏失，墨人未同意再版。

Mo Jen's Works

1950 *The Flames of Freedom*（poems）《自由的火焰》

1952 *Lament for My Mother Country*（poems）《哀祖國》

1953 *Glittering Stars*（novel）《閃爍的星辰》

The Last Choice（short stories）《最後的選擇》

1955 *Black Forest*（novel）《黑森林》

The Hindrance（novel）《魔障》

The Rainbow and An Isolated Island（novel）《孤島長虹》（全集中易名爲富國島）

1963 *The spring Ivy and Old Tree*（novelette）《古樹春藤》

1964 *Narcissus*（novelette）《水仙花》

A Typhonic Night（novelette）《颱風之夜》

Ms.Pei Mong-lan（novelette）《白夢蘭》

The Joy of the Whole Family（novel）《合家歡》

Flower Marriage（novelette）《花嫁》

1965 *White Snow and Green Mountain*（novel）《白雪青山》

The Short Story of Miss Chung Mei（novel）《春梅小史》

The Powerless Spring Breeze and Faded Flowers（novel）《東風無力百花殘》(《江水悠悠》)

Flower Blossom in Loyang（novel）《洛陽花似錦》

1966 *The Writing Technique of the Dream of Red Chamber*（literature theory）《紅樓夢的寫作技巧》

Out of The Wild Frontier（novelette）《塞外》

1967 *A Heart-broken Story*（novel）《碎心記》

1968 *Miss Clever*（novel）《靈姑》

Trifle（prose）《鱗爪集》

1969 *The Road to Promotion*（novelette）《青雲路》

1970 *A Sex-change Story*（novelette）《變性記》

The Biography of the Dragon and the Phoenix（novel）《龍鳳傳》

1971 *A Brilliantly lighted Garden*（novel）《火樹銀花》

1972 *My Floating Life*（prose）《浮生記》

Selection of Mo Jen's Poems《墨人詩選》
A Heart-broken Woman（novelette）《斷腸人》
Phoenix Valley（novel）《鳳凰谷》
Mo Jen's Works（five volumes）《墨人自選集》
Selection of Mo Jen's short stores《墨人短篇小說選》
1978 *Hu Han-ming, the Poet and Revolutionist*（novel）《詩人革命家胡漢民》
1979 *The Mokey in the Heart*（i.e. The Purple Swallow renamed）《心猿》
1980 *The Hermit*（prose）《心在山林》
A Collection of Mo Jen's Prose（prose）《墨人散文集》
A Praise to Mountains（poems）《山之禮讚》
1983 *Mountaineer's Remarks*（prose）《山中人語》
1985 *My Candle Burns at Both Ends*（prose）《三更燈火五更雞》
Flower Market（prose）《花市》
1986 *A Mundane World*（novel, four volumes, over 1.9 million words）《紅塵》
1987 *Remarks on All Poems of the Tang Dynasty*（theory）《全唐詩尋幽探微》
1988 *Remarks On All Tsyr*（prose poem）*of the Tang and Sung Dynasties*（theory）《全唐宋詞尋幽探微》
1991 *The Breeze That Came From The East Last Night in My Little garden Again*（prose）《小園昨夜又東風》

1992 *Travel for Literature in Mainland China*（prose）《大陸文學之旅》

1995 *Selection of Mo Jen's Poems, 1992-1994*《墨人半世紀詩選》

1996 *I'll look upon the World*《紅塵心語》

Chang Edition of the Dream of Red Chamber《張本紅樓夢》（修訂批註）

1997 *Cherish thy guests and the Muses*《年年作伴寒窗》

1999 *Saha Shih Gai*《娑婆世界》

1999 *Remarks on All Poems of the sung Dynasties*《全宋詩尋幽探尋》

1999 *Mo Jen's Classical Poems and Prose Poems*《墨人詩詞詩話》

2004 *Poussiere Rouge*《紅塵》法文譯本

墨人博士創作年表（二〇〇五年增訂）

年度	年齡	發表出版作品及重要文學紀錄摘要
民國二十八年己卯（一九三九）	十九歲	在東南戰區《前線日報》發表〈臨川新貌〉。淪陷區著名的上海《大美晚報》隨即轉載。
民國二十九年庚辰（一九四〇）	二十歲	在《前線日報》發表〈希望〉、〈路〉等新詩作品。
民國三十年辛巳（一九四一）	二十一歲	在《前線日報》發表〈評夏伯陽〉書評等文。
民國三十一年壬午（一九四二）	二十二歲	在各大報發表〈苦難的行列〉、〈贛州禮讚〉（長詩）、〈老船夫〉、〈盲歌者〉、〈自己的輓歌〉、〈抹去那怯弱的眼淚吧〉、〈生命之歌〉、〈快割鳥〉、〈鷂鷹與雲雀〉等詩及散文多篇。
民國三十二年癸未（一九四三）	二十三歲	在各大報發表長詩〈鋤奸隊長〉、〈搜索連長〉、〈遙寄〉、〈寫在第七個七七〉、〈父親〉、〈受難的女神〉、〈城市的夜〉及〈火把〉、〈擊柝者〉、〈橋〉、〈古鐘〉、〈汽笛〉、〈山居〉、〈沙灘〉、〈夜行者〉、〈孤芳〉、〈蚊蟲〉、〈蒼蠅〉、〈園圃〉、〈陽光〉、〈深秋〉、〈贈某詩人兼寫自己〉、〈哀亡命詩人〉、〈自供〉、〈白屋詩抄〉、〈哀歌〉、〈生活〉、〈給偶像崇拜者〉、〈戰書〉、〈燈下獨白〉、〈夜歸〉、〈失眠之夜〉、〈悼〉、〈殘英〉、〈黃昏曲〉、〈補綴〉、〈復活的季節〉〈擬戀歌〉、〈晨雀〉、〈春耕〉、〈天空的搏鬥〉等長短抒情詩。另發表散文及短篇小說多篇。

民國三十三年甲申（一九三九）	二十四歲	發表〈山城草〉五首及〈沒有褲子穿的女人〉、〈襤褸的孩子〉、〈駝鈴〉、〈無聲的哭泣〉、〈長夜草〉、〈春夜〉、〈擬某女演員〉、〈蛙聲〉、〈麥笛〉等詩及散文多篇。
民國三十四年乙酉（一九四五）	二十五歲	發表〈最後的勝利〉及〈煉獄裏的聲音〉、〈神女〉、〈問〉等長詩與散文多篇。
民國三十五年丙戌（一九四六）	二十六歲	發表〈夢〉、〈春天不在這裡〉等詩及散文多篇。
民國三十六年丁亥（一九四七）	二十七歲	發表〈冬天的歌〉、〈流浪者之歌〉、〈手杖、煙斗〉及長詩〈上海抒情〉等與散文多篇。
民國三十七年戊子（一九四八）	二十八歲	主編軍中雜誌、撰寫時論，均不署名。
民國三十八年己丑（一九四九）	二十九歲	七月渡海抵臺，發表〈呈獻〉、〈滿妹〉，及長詩〈自由的火燄〉、〈人類的宣言〉等及散文多篇。
民國三十九年庚寅（一九五〇）	三十歲	發表〈站起來，揑死他！〉、〈滾出去，馬立克！〉、〈英國人〉、〈海洋頌〉等詩。出版《自由的火燄》詩集。
民國四十年辛卯（一九五一）	三十一歲	發表〈春晨獨步〉、〈炫與殉〉、〈悼三閭大夫屈原〉、〈詩聯隊〉、〈心靈之歌〉、〈子夜獨唱〉、〈真理、愛情〉、〈友情的花朵〉、〈啊，西風啊！〉、〈歲暮吟〉、〈師生〉、〈往事〉、〈天書〉、〈歷程〉、〈雨天〉、〈火車飛馳在海岸涼上〉、〈帶路者〉、〈送第一艦隊出征〉等詩，及〈哀祖國〉長詩。
民國四十一年壬辰（一九五二）	三十二歲	發表〈未完成的想像〉、〈廊上吟〉、〈窗下吟〉、〈白髮吟〉、〈秋夜輕吟〉、〈秋訊〉、〈渴念，追求〉、〈寂寞、孤獨〉、〈冬眠〉、〈我想把你忘記〉、〈想念〉、〈成人的悲歌〉、〈訴〉、〈詩人〉、〈詩〉、〈貝絲〉、「春天的懷念」五首，〈和風〉、〈夜雨〉、〈臺灣海峽的霧〉等及散文、短篇小說多篇。 出版《哀祖國》詩集。

民國四十二年癸巳（一九五三）	三十三歲	發表〈寄台北詩人〉等詩及散文短篇小說多篇。高雄百成書店出版短篇小說集《最後的選擇，收入〈華玲〉、〈生死戀〉、〈梅蘭馨〉、〈敵人的故事〉、〈最後的選擇》、〈蔣復成〉、〈姚醫生〉等七篇。大業書店出版長篇小說《閃爍的星晨》一、二兩冊。
民國四十三年甲午（一九五四）	三十四歲	發表〈雪萊〉、〈海鷗〉、〈鳳凰木〉、〈流螢〉、〈鵝鸞鼻〉、〈海邊的城〉、〈長夏小唱〉及散文、短篇小說多篇。
民國四十四年乙未（一九五五）	三十五歲	發表〈雲〉、〈F-86〉、〈題 GK〉等詩及散文、短篇小說多篇。香港亞洲出版社出版長篇小說《黑森林》，並獲中華文獎會國父誕辰長篇小說第二獎（第一獎從缺）。
民國四十五年丙申（一九五六）	三十六歲	發表〈四月〉等詩及散文、短篇小說多篇。
民國四十六年丁酉（一九五七）	三十七歲	發表〈月亮〉、〈九月之旅〉、〈雨和花〉等詩及長篇小說《魔障》。
民國四十七年戊戌（一九五八）	三十八歲	暢流半月刊雜誌社出版長篇連載小說《魔障》。
民國四十八年己亥（一九五九）	三十九歲	發表短篇小說、散文多篇。文壇雜誌社出版長篇小說《孤島長虹》（全集中易名爲《富國島》）。
民國四十九年庚子（一九六〇）	四十歲	發表〈橫貫小唱〉等詩及散文、短篇小說多篇。
民國五十年辛丑（一九六一）	四十一歲	發表〈熱帶魚〉、〈豎琴〉、〈水仙〉等詩及短篇小說甚多。奧國維也納納富出版公司編選的《世界最佳小說選》選入短篇說〈馬腳〉，同時入選者有諾貝爾文學獎得主威廉福克納、拉革克菲斯特等世界各國名作家作品。

民國五十一年壬寅（一九六二）	四十二歲	發表〈青鳥〉、〈兩腳獸〉、〈晚會〉、〈祈禱〉等詩及短篇小說甚多。奧國維也納納富出版公司又將短篇小說《小黃》（以江州司馬筆名撰寫者）選入《世界最佳小說選》，同時入選者有諾貝爾獎得主蕭洛霍夫，郭沫若及世界各國名作家作品。
民國五十二年癸卯（一九六三）	四十三歲	香港九龍東方文學出版社出版中篇小說《古樹春藤》。發表短篇小說、散文甚多。
民國五十三年甲辰（一九六四）	四十四歲	香港九龍東方文學社出版短篇小說集《花嫁》，收入〈教師爺〉、〈劉二爹〉、〈二媽〉、〈異鄉人〉、〈花嫁〉、〈扶桑花〉、〈南海屠鮫〉、〈高山曲〉、〈古寺心聲〉、〈誘惑〉、〈隱情〉、〈美珠〉、〈新苗〉、〈心聲淚影〉等十四篇。高雄長城出版社出版中短篇小說集《水仙花》，收入〈水仙花〉、〈銀杏表嫂〉、〈圓房記〉、〈江湖兒女〉、〈天鵝〉、〈賭徒〉、〈搶親〉、〈黃龍〉、〈風雪歸人〉、〈花子老趙〉、〈景雲寺的居士〉、〈人與樹〉、〈過客〉、〈阿婆〉、〈馬腳〉、〈小黃〉等十六篇。高雄長城出版社出版中短篇小說集《白夢蘭》。收入〈情敵〉、〈空手〉、〈師生〉、〈斷夢〉、〈黃昏曲〉、〈白夢蘭〉、〈平安夜〉、〈凱塞琳、萊蒙托夫與我〉、〈陽春白雪〉、〈亂世佳人〉、〈傷心之旅〉、〈白衣清淚〉、〈護士與病人〉、〈如夢記〉、〈除夕〉等十五篇。　高雄長城出版社出版《中華日報》連載的二十五萬字長篇小說《白雪青山》。　發表短篇小說、散文甚多。
民國五十四年乙巳（一九六五）	四十五歲	高雄長城出版社出版連載長篇小說《洛陽花似錦》、《春梅小史》、《東風無力百花殘》三部。　發表短篇小說、散文甚多。省政府新聞處出版長篇小說《合家歡》。
民國五十五年丙午（一九六六）	四十六歲	是年五月赴馬尼拉華僑文教講習會講授「紅樓夢的寫作技巧」及新詩課程一個月。商務印書館出版文學理論專著《紅樓夢的寫作技巧》，全書共十五萬字。商務印書館出版中短篇小說集《塞外》。收入〈塞外〉、〈鬍子〉、〈百合花〉、〈天山風雲〉、〈白金龍〉、〈白狼〉、〈秋圃紫鵑〉、〈曹萬秋的衣缽〉、〈半路夫妻〉、〈百鳥聲喧〉、〈風竹與野馬〉、〈美人計〉、〈夜襲〉、〈花燭劫〉等十四篇。

民國五十六年丁未（一九六七）	四十七歲	發表短篇小說、散文甚多。 小說創作社出版連載長篇小說《碎心記》。
民國五十七年戊申（一九六八）	四十八歲	小說創作社出版《中華日報》連載長篇小說《靈姑》。水牛出版社出版散文集《鱗爪集》，收入〈家鄉的魚〉、〈家鄉的鳥〉、〈雪天的懷念〉、〈秋山紅葉〉、〈學問與創作之間〉等散文七十六篇、舊詩三首。
民國五十八年己酉（一九六九）	四十九歲	商務印書館出版中短篇小說集《青雲路》。收入〈世家子弟〉、〈青雲路〉、〈空棺記〉、〈久香〉等四篇。
民國五十九年庚戌（一九七〇）	五十歲	商務印書館出版中短篇小說集《變性記》。收入〈變性記〉、〈嬌客〉、〈歲寒圖〉、〈泥龍〉、〈祖孫父子〉、〈秋風落葉〉、〈老夫老妻〉、〈恩愛夫妻〉〈布販與偷雞賊〉、〈芳鄰〉、〈沙漠王子〉、〈沙漠之狼〉、〈世界通先生〉、〈寶珠的祕密〉、〈奇緣〉等十五篇。 幼獅文化事業公司出版長篇小說《龍鳳傳》。臺北立志出版社出版長篇《火樹銀花》出版全集時易名《同是天涯淪落人》。
民國六十年辛亥（一九七一）	五十一歲	立志出版社出版長篇小說《火樹銀花》。 發表散文多篇及在高雄《新聞報》連載長篇小說《紫燕》。
民國六十一年壬子（一九七二）	五十二歲	聞道出版社出版散文集《浮生集》。收入〈文藝的危機〉、〈貝克特高風〉、〈五十年華〉等散文十三篇，舊詩六首。學生書局出版短篇小說散文合集《斷腸人》。收入短篇小說〈斷腸人〉、〈薇薇〉、〈相見歡〉、〈滄桑記〉、〈恩怨〉、〈夜宴〉等七篇及散文〈文學系與文學創作〉、〈大學國文教學我見〉、〈作家之死〉等十五篇。　中華書局出版《墨人自選集》五大冊。包括長篇小說《白雪青山》、《靈姑》、《鳳凰谷》、《江水悠悠》（《東風無力百花殘》易名）及《短篇小說、詩選》（精選短篇小說二十八篇，抒情詩一〇六首），共一百五十萬字。
民國六十二年癸丑（一九七三）	五十三歲	發表散文多篇。 列入英國劍橋國際傳記中心（International Biographical Centre Cambridge England）出版的《國際詩人名錄》（*International Who's Who in Poetry. 1973*）。

民國六十三年甲寅（一九七四）	五十四歲	出席第二屆世界詩人大會。發表散文多篇。
民國六十四年乙卯（一九七五）	五十五歲	列入正中書局出版的《中華民國文藝史》（1975）。發表〈臺北的黃昏〉新詩一首及散文多篇。
民國六十五年丙辰（一九七六）	五十六歲	列入英國劍橋國際傳記中心出版的 *Men of Achievement. 1976* 發表〈歷史的會晤〉新詩及散文、短篇小說多篇。
民國六十六年丁巳（一九七七）	五十七歲	應 I.B.C 邀請於三月間赴義大利翡冷翠出席國際文藝交流大會（The 3rd I.B.C. International Congress on Arts and Communications）。會後環遊世界。發表〈羅馬之雲〉、〈羅馬之松〉、〈翡冷翠的女郎〉、〈翡冷翠之柳〉、〈塞納河〉等詩及羅馬掠影」、〈單城記〉、〈威尼斯之旅〉、〈藝術之都翡冷翠〉、〈西雅奈與比薩斜塔〉、〈美國行〉、〈江戶、皇宮、御苑〉、〈環球心影〉等遊記。在《中國時報》發表有關中國文化論文〈中國文化的三條根〉，在《新生報》發表〈文藝界的『洋』瘋癲〉等多篇。
民國六十七年戊午（一九七八）	五十八歲	近代中國社出版長篇傳記小說《詩人革命胡漢民傳》。列入英國劍橋國際傳記中心出版的《國際名人辭典》（*Dictionary of International Biography.1978*）。《國際知識分子名錄》（*International Who's Who of Intellectual.1978*、《國際人名剪影》 *International Register of Profiles*）、《國際社會名人錄》（*International Who's Who in Community Service*），發表〈六月之荷〉詩一首。在各報發表〈中國文化的宇宙觀〉、〈中國文化的真面目〉、〈文化、社會形態與當代文學創作（爲亞洲文學會議而作）〉、〈人與宇宙自然法則〉等。出席亞洲文學會議。 列入中華書局出版的《中華民國當代名人錄》（*Who's Who of R.O.C. 1978*） 列入行政院新聞局編印的一九七八年英文《中華民國年鑑名人錄》（*China Yearbook Who's Who*）。

民國六十八年己未（一九七九）	五十九歲	學人文化事業有限公司出版長篇小說《心猿》（《紫燕》易名）。發表短篇小說〈春〉、〈杏林之春〉、長詩〈哀吉米・卡特〉及〈山之禮讚〉五首。短篇〈客從故鄉來〉、〈人瑞〉。理論〈中國古典小說戲劇〉、〈抗戰文學的整理與再創作〉（《中央日報》）等多篇。
民國六十九年庚申（一九八〇）	六十歲	秋水詩刊社出版詩集《山之禮讚》、收集六十四年以後新詩四十四首及七言絕律詩十首。　中華日報社出版散文集《心在山林》、收集〈花甲雲中過〉、〈老當益壯〉、及抒情寫景散文數十篇。臺中學人文化事業出 版有限公司出版《墨人散文集》收集〈文化、社會形態與當代文學創作〉、〈人與宇宙自然法則〉、〈中國文化的三條根〉、〈宇宙爲心人爲本〉、〈文藝界的『洋』瘋癲〉等理論性散文數十篇。在《中央日報・副刊》發表〈紅樓夢研究的正確方向〉，《中華日報・副刊》發表〈人生六十樹常青〉，《青年戰士報・新文藝副刊》發表〈山中人語〉專欄文章〈山水之間〉、〈生命長短價值觀〉、〈寶刀未老〉、〈七進七出鬼門關〉、〈報人甘苦〉、〈杏壇生涯〉等。接受《大華晚報》採訪組副主任程榕寧兩次訪問，一爲談胡漢民生平，一爲談《易經》、《道德經》、命學，並發表〈醫學命學與人生〉專文。
民國七十年辛酉（一九八一）	六十一歲	繼續撰寫《山中人語》專欄。應臺中市《自由日報》特約撰寫《浮生小記》專欄。應行政院新聞局邀請參觀本省農漁畜牧事業單位，並在《中央日報》發表〈人在福中〉散文。接受臺灣廣播公司《成功之路》節目訪問，於四月廿七日晚八時半播出。在高雄《新聞報》發表〈撥亂反正說紅樓〉（六月十七、十八日）論文。
民國七十一年壬戌（一九八二）	六十二歲	九月赴漢城出席第二屆中韓作家會議，並在東京參加中日作家會議，曾暢遊南韓、北海道、大阪至東京名勝地區，歸後撰寫〈韓國掠影〉、〈秋遊北海道〉，發表於《中央日報》。列入中華民國名人傳記中心出版的《中華民國現代名人錄》。

		列入英國劍橋國際傳記中心出版的《傑出男女傳記》（*Men and Women of Distinction*）並附照片。 列入美國 MarQuis 公司出版的《世界名人錄》（*Who's Who in the World*）第六版。 接受義大利藝術大學授予的文學功績證書。
民國七十二年癸亥（一九八三）	六十三歲	商務印書館出版散文集《山中人語》，收集散文七十篇。
民國七十三年甲子（一九八四）	六十四歲	商務印書館出版《論墨人及其作品》上、下兩冊，包括評論文章六十餘篇。 列入義大利 Accademia Itlia 出版英、法、德、義四種文字的《國際文學史》（*The History of International Literature*）及《百科全書：當代人物（*The Encyclopadeia: Contemporary Personalities*）。 端午節（六月四日）開筆撰寫已構思準備十餘年的一百餘萬字的大長篇小說《紅塵》，年底完成初稿四十餘萬字。 十月在韓國漢城舉行的第四屆中韓作家會議，事忙未能出席，但提出一萬餘字的論文〈古典與現代〉一篇。
民國七十四年乙丑（一九八五）	六十五歲	由江山出版社出版《三更燈火五更雞》、《花市》散文集等兩本，前者收入散文、理論二十四篇，後者收入散文遊記二十七篇。 八月一日退休，專心寫作《紅塵》，於十二月底完成九十二章，告一段落，共一百二十萬字，超出《紅樓夢》十餘萬字，內有絕律詩（聯）三十一首。
民國七十五年丙寅（一九八六）	六十六歲	年初開始研讀《全唐詩》，撰寫《全唐詩尋幽探微》，十一月完成，共十二萬餘字，一面在《新聞報・西子灣》發表，並連同歷年所作絕律詩三十七首，定名爲《墨人絕律詩集》，一併交與臺灣商務印書館簽約出版。 列入美國 A.B.I.出版的 5000 Personalities of the World；英國 I.B.C.出版的 *The Intemational Authors and Writers Who's Who.*

民國七十六年丁卯（一九八七）	六十七歲	訪問考察東南亞地區、國家馬來西亞、新加坡、泰國、菲律賓、香港十七天，並出席多次座談會。 商務印書館出版《全唐詩尋幽探微》（附《墨人絕律詩集》）。 《紅塵》長篇小說於三月五日開始在（臺灣新生報）連載。 七月四、五日出席在臺北市召開的抗戰文學研討會。 八月一日出席在高雄市召開的第七屆中韓作家會議。
民國七十七年戊辰（一九八八）	六十八歲	元月二日完成《全唐宋詞尋幽探微》（附《墨人詩餘》）全書十六萬字。設於美國深受世界尊重的「國際大學基金會」（The Marguis Giuseppe Scicluna 1855-1907 Intemarional University Foundation）（Founded 1973）授予榮譽文學博士學位。
民國七十八年己巳（一九八九）	六十九歲	臺灣商務印書館出版《全唐宋詞尋幽探微》。 臺北大地出版社三版長篇小說《白雪青山》。 世界大學（World University）授予榮譽文學博士學位。
民國七十九年庚午（一九九〇）	七十歲	五月應大陸黃河文化實業公司邀請，作四十天文學之旅，與北京、上海、杭州、九江、武漢、西安、蘭州等地作家座談中華文化、文學創作，坦誠交換意見，獲得一致共識、真摯友情與尊敬，廣州電視臺並全程錄影，製作專輯播出，六月底返臺後即撰寫《大陸文學之旅》專著。 艾因斯坦國際學院基金會（Albert Einstein 1879-1955 Intemational Academy Foundation）授予榮譽人文學博士學位。 榮列英國劍橋國際傳記中心出版的 IBC Book of Dedications.占全書篇幅五頁，刊登照片五張，介紹五十年創作生涯，十分翔實，篇幅之大，爲全書冠，並禮聘爲 IBC 副總裁。
民國八十年辛未（一九九一）	七十一歲	二月底新生報出版《紅塵》，二十五開本，上、中、下三鉅冊。黎明文化事業公司出版《小園昨夜又東風》散文集。 應香港廣大學院禮聘爲中國文學研究所客座指導教授。 《紅塵》榮獲新聞局著作金鼎獎及嘉新優良著作獎。

民國八十一年壬申（一九九二）	七十二歲	文史哲出版社出版《大陸文學之旅》。 應聘香港廣大學院中研所客座指導教授。 一月五日開筆寫《紅塵續集》，自九十三章起至一百二十章止，共四十萬字，六月十日完稿，《紅塵》全書共一百九十萬字。續集自十二月一日開始在《臺灣新生報・副刊》連載近年，雙破長篇鉅著及連載紀錄。中國廣播公司《中廣小說選播》節目，亦於十二月一日十四時三十分，在AM657千赫第一廣播網開始播出長篇鉅著《紅塵》上、中、下三冊，由戴愛華小姐導播，集該公司播音精英，通力合作，龍老夫人一角由播音元老白銀飾演，其餘人物均爲一時之選，效果奇佳，前所未有。　北京「中國文聯出版公司」出版《也無風雨也無晴》。 墨人故鄉九江《師專學報》，於本年起開闢《墨人研究》專欄，與《陶淵明研究》、《黃山谷研究》，並稱三大專欄，甚受教育、學術界重視。
民國八十二年癸酉（一九九三）	七十三歲	十月下旬，偕《秋水》詩刊同仁涂靜怡、雪柔、麥穗、汪洋萍、風信子、林蔚穎等爲慶祝《秋水》創刊二十周年，訪問哈爾濱、北京、西安三大都市，與當地詩人座談交流，水乳交融，兩岸詩人因而建立深厚友誼。十一月初，隻身訪問昆明、探親，昆明作協主席曉雪、八十多歲老作家李喬、小說家張昆華、《春城晚報》副總編輯熊廷武、副刊主編原因、理論家教授余斌、作家湯世傑、李錦華等集會歡迎，其中多爲白族、彝族等少數民族作家，乃以雲南少數民族文化資源努力創作相勉，深獲共鳴。資深作家彭荊風，晚間並來下榻處暢談。 繼續應聘香港廣大學院中研所客座指導教授三年。 十二月新生報社出版《紅塵續集》，全書共四大冊，其實前後一貫，爲一整體，該報爲方便，乃以《續集》名之。一生心願心血得以完成，在輕、薄、短、小及商品文學獨占市場情況下，亦一大異數。北京「中國文聯出版公司出版《紅樓夢的寫作技巧》。

民國八十三年甲戌（一九九四）	七十四歲	一月開始研讀自北京購回的《全宋詩》，擬續寫《全宋詩尋幽探微》。 四月十一日接受臺北復興廣播電臺《名人專訪》節目主持人裴雯小姐訪問：談一生寫作歷程及大長篇《紅塵》寫作經過。 臺北《世界論壇報》副社長兼副刊主編詩人評論家周伯乃先生，特自五月三十一日起一連三天出版特刊，慶祝七十晉五誕辰暨創作五十五周年，除刊出〈小傳〉、〈七五人生一首詩〉、〈中國新詩與傳統詩詞的整合〉、〈叩開生命之門〉三篇新作外，並刊出蒙古族女詩人作家薩仁圖婭的〈墨人：屈原風骨中華魂〉，及馬來西亞霹靂州立女子中學校長，詩詞家、散文作家彭士麟女士論《紅塵》與大陸作家作品比較的書信，墨人著作校長，詩詞家、散文作家彭士麟女士論《紅塵》與大陸作家作品比較的書信，墨人著作目錄、美國兩個榮譽文學博士、一個人文學博士照片三張，《紅塵》獲獎照片一張，及周伯乃〈無限的祝禱〉文等。 八月七日，中國時報系的《工商日報・讀書版・大書坊》刊出蓓齡的《紅塵》墨人專訪文章，並配合攝影記者何日昌拍攝的墨人及《紅塵》四冊照片。 大陸廣州暨南大學中文系教授兼臺港暨海外華文文學研究中心主任、評論家潘亞暾，費時月餘撰寫《紅塵續集》論文達一萬餘字的〈偉大史詩的歸結〉，於九月二十一至二十五日在臺北市《世界論壇報・副刊》全文刊出，見解不凡，對《續集》的成功更使他大吃一驚，因此，更肯定《紅塵》的史詩價值、地位。 八月二十八日第十五屆世界詩人大會在臺北召開，僅提出〈中國新詩與傳統詩詞的整合〉論文一篇，並未出席，論文則由《中國詩刊》主編曾美霞女士代讀。
民國八十四年乙亥（一九九五）	七十五歲	一月，臺北文史哲出版社出版《墨人半世紀詩選》（一九四二—一九九四）。 一月十日應臺北廣播電臺《藝文夜話》主持人宋英小姐訪問，許導播秀玲決定十日開播《紅塵》全書四冊，每日廣播兩次。 中國詩歌藝術學會主辦、中國文藝協會協辦，於五月二十二日在臺北市中國文藝協會舉行《墨人世半紀詩選》學術研討會，與會詩人、評論家六十餘人，討論情況熱烈，並印發海峽兩岸評論家王常新、古繼堂、古遠清、李春生、楊允達、周伯乃等十三家論文專集。各家均推崇、肯定新舊詩兩方面的成就與半個多世紀的貢獻。

		英國劍橋國際傳記中心頒贈二十世紀文學傑出成就獎。 榮列一九九五年英國劍橋國際傳記中心出版的 The Definitive Book of the Deputy Directors General of the IBC.佔全書篇幅五頁，刊登照片五張，爲全書之冠。
民國八十五年丙子（一九九六）	七十六歲	臺北圓明出版社出版涵蓋儒、釋、道三家思想的散文集《紅塵心語》。卷首有珍貴的文學照片十餘張。 臺北中國詩歌藝術學會出版《十三家論文》論《墨人半世紀詩選》。
民國八十六年丁丑（一九九七）	七十七歲	臺北中天出版社出版與《紅塵心語》爲姊妹集的散文集《年年作客伴寒窗》，各篇亦均以五、七言詩作題，內中作者詩詞亦多，並附錄珍貴文學資料訪問記、特寫、著作目錄等十餘篇。出任「乾坤」詩刊顧問，並主編該刊古典詩詞。 完成《墨人詩詞詩話》、《全宋詩尋幽探微》兩書全文。
民國八十七年戊寅（一九九八）	七十八歲	構思六年的以佛學精義結合修行心得化爲文學創作的長篇小說《娑婆世界》，於三月二十八日開筆，十二月脫稿。共三十八章，五十多萬字。 英國劍橋國際傳記中心（IBC）出版《二十世紀傑出人物》以照片配合文字將墨人傳記刊卷首重要位置，並頒發獎狀。大陸中國國際經濟文化交流促進會、燕京國際文化藝術研究會等七大單位編纂出版的《世界華人文學藝術界名人錄》，中國國際交流出版社出版的《世界名人錄》，均爲十六開巨型中文本。
民國八十八年己卯（一九九九）	七十九歲	本年爲來臺五十周年，創作六十周年，中國習俗八十歲，昭明出版社出版長篇小說《娑婆世界》。 美國傳記學會（ABI）出版二十世紀《五百位有影響力的領袖》，以照片配合文字將墨人傳記刊於卷首重要位置並頒發獎狀。照片及詩詞五首編入中國《當代吟壇》巨著。　美國「世界智庫」與艾因斯坦國際學會基金會」聯合頒贈墨人傑出成就榮譽獎，以紀念千禧年，並榮列中國出版的《中華精英大全》。 美國傳記學會頒贈墨人「二十世紀成就獎」。

民國八十九年庚辰（二〇〇〇）	八十歲	臺北昭明出版社陸續出版定本長篇小說《白雪青山》、《滾滾長江》、《春梅小史》；文學理論《紅樓夢的寫作技巧》，連同民國八十八年出版的長篇小說《娑婆世界》，並列爲墨人一系列代表作品，以慶祝墨人八十整壽。臺北詩藝文出版社出版《墨人詩詞詩話》。臺北文史哲出版社出版《全宋詩尋幽探微》。
民國九十年辛巳（二〇〇一）	八十一歲	臺北昭明出版社出版長篇小說定本《紅塵》全書六冊及長篇小說《紫燕》定本。
民國九十一年壬午（二〇〇二）	八十二歲	五月三日偕長子選翰赴上海訪友小住。英國劍橋國際傳記中心授予「終身成就獎」。
民國九十二年癸未（二〇〇三）	八十三歲	八月底偕夫人及在臺子女四人經上海轉往故鄉九江市掃墓探親並遊廬山。
民國九十三年甲申（二〇〇四）	八十四歲	準備出版全集（經臺北榮民總醫院檢查無任何疾病。）巴黎 you-Feng 書局出版豪華典雅法文本《紅塵》。
民國九十四年乙酉（二〇〇五）	八十五歲	此後五年不遠行，以防交通意外，準備資料。計劃百歲前開筆撰寫新長篇小說。北京「中央出版社」出版《強國丰碑》，以著名文學家張萬熙爲題刊出墨人傳略，爲臺灣及海外華人作家唯一入選者。並先後接到北京電話、書函邀請寄送資料編入《一代名家》、《中華文化藝術名家名作世界傳播錄》。
民國九十五年丙戌（二〇〇六）至民國一百年（二〇一一）——	八十六歲至九十二歲——	重讀重校全集，已與臺北市文史哲出版社簽訂出版《墨人博士作品全集》合約，民國一百年年內可以出版。此爲「五四」以來中國大陸與臺灣所未有者。